广西新产业新业态
培育与发展研究

RESEARCH ON THE CULTIVATION AND DEVELOPMENT OF
NEW INDUSTRIES IN GUANGXI

柯丽菲 著

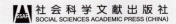

社会科学文献出版社
SOCIAL SCIENCES ACADEMIC PRESS (CHINA)

摘　要

　　当前世界正处在大发展、大变革、大调整时期，新的产业形态、新的技术应用、新的要素组合不断涌现，大数据、信息技术和产业加速融合，低碳技术和节能减排技术受到空前重视，技术含量高的新兴产业即将成为未来经济发展的制高点。在新常态的经济形势下，产业升级和经济结构的调整已经成为未来一段时期中国经济发展的重要方向之一。

　　近年来服务业已经成了中国经济的重要支柱，大力发展现代服务业已经上升到国家战略的高度，现代服务业的发展将作为未来一段时间我国调整优化产业结构的重要发展目标。近年来，为贯彻落实"大众创业、万众创新"发展战略，进一步加快转变经济增长方式，推进产业结构的战略性优化调整，提升现代服务业的规模、层次、能级和竞争力，服务业新兴业态不断涌现。服务业新业态是利用现代理念、网络技术、新型商业模式，通过创新发展起来的具有高成长性、高技术含量、高信息化和低资源消耗等特征的新型服务形式，它具有高知识密集、高技术含量、高附加值、高带动能力等特征，例如：电子商务、互联网物流、金融保险、科学研究等产业。当前，广西面临着资源环境要素制约和国内外竞争不断加剧的挑战，以及经济社会发展长期积累的结构矛盾凸显、经济下行压力不断加大等一系列问题，加快培育服务业新兴业态，完善现代服务业体系，是新常态下进一步推动经济转型升级的必然选择，是拉动经济持续增长的最直接、最快捷、最有效的方式。

　　与此同时，国民经济发展进入新常态，广西农业农村环境发生了深刻变化，资源环境约束增强，国际国内市场营销加深，比较效益提升困难，迫切需要打造新动能，推动调结构、转方式、稳增长、惠民生。广西作为脱贫攻坚的主战场，各级政府高度重视"三农"工作，积极适应经济发展新常态，坚持农业农村优先发展，实施乡村振兴战略，全区农业经济发展成就显著，农业综合实力明显增强，经济结构发生了深刻变化，脱贫攻坚取得了丰硕战果。广西认真贯彻落实中央一号文件和农业农村工作会议精神，贯彻发展新理念，紧紧围绕农业供给侧结构性改革这一主线，积极调整农业产业结构，发展壮大特色优势产业，加快推进现代农业跨越式发展，有力促进农业增效、农民增收、乡村振兴。以休闲农业、旅游农业、循环农业、会展农业为代表的农业新业态蓬勃发展，成为乡村振兴的有力抓手和农村发展的新动能。

本书在充分分析广西推进供给侧结构性改革、发展环境、机遇与挑战的背景下，深入剖析了服务业和农业这两大产业各自新业态的内涵和发展特征，借鉴国内外先进经验和研究成果，结合广西实际，选择了包括金融服务业、信息技术服务业、现代物流服务业、电子商务服务业、健康服务业、旅游农业、休闲农业、循环农业、会展农业在内的具备一定发展基础、具有较大潜在需求的服务业和农业新兴业态进行了重点研究，提出了这些新业态的发展目标、发展重点和发展对策，为广西经济社会的可持续发展提供新的驱动力。

目　录

农业篇

服务业篇

第一章

发展服务业新业态的背景、意义和内涵

第一节　经济新常态下的发展环境

在 2014 年的经济工作会上习近平总书记指出:"要正确认识我国经济发展的阶段性特征,适应新常态。"并且,习近平总书记进一步阐述了新常态的基本特征,对新常态下的经济转型升级做了三句经典的概括:中国制造向中国创造转变;中国速度向中国质量转变;中国产品向中国品牌转变。了解并把握我国当下国内经济新常态等信息,把握"十三五"服务业新业态发展面临的新形势、新基础与新要求,有助于进一步推动服务业新业态产业的发展。

一　全球正在孕育新兴产业革命

当前世界正处在大发展、大变革、大调整时期,新的产业形态、新的技术应用、新的要素组合不断涌现,大数据、信息技术和制造业加速融合,低碳技术和节能减排技术受到空前重视,技术含量高的新兴产业即将成为未来经济发展的制高点。特别是以大数据、新一代移动信息、新能源、新材料、生物技术等为核心的新科技浪潮与传统制造业、服务业加速融合,集成了一批技术突破,催生了一批产业新形态,已经改变了传统产业组织方式,并在引发新一轮产业变革。世界主要国家正以前所未有的力度加大信息、生物、绿色能源等新兴产业布局,激烈角逐战略性新兴产业技术制高点。如美国在新能源计划、先进制造业伙伴计划以及出口倍增计划等诸多法案中，提出优先发展高技术清洁能源产业，大力发展生物产业、新一代互联网产业；日本则重点发展环保型汽车、电力汽车和太阳能发电产业等；韩国在《新增长动力规划及发展战略》中明确重点发展能源与环境、新兴信息技术、生物产业等六大产业，以及太阳能电池、海洋生物燃料、绿色汽车等 22 个重点方向；德国政府在光学技术领域对研发资金的投入高达 120 亿欧元，使激光技术一直处于国际领先水平。

从全球来看，新兴产业集群主要集中在欧美等发达国家。同时，随着发展中国家新兴产业的不断发展壮大，中国、印度、巴西、南非等发展中国家也出现一批初具规模的产业集聚，形成了产业集聚遍布五大洲的发展格局。世界科技正在进入多点突破、交叉汇聚与群体突破、协同发展的新阶段，各国皆以前所未有的力度加大对新兴产业的投入，抢占未来发展制高点。在发达国家、发达地区已经占据优势地位的现况下，欠发达的新兴经济、后发展地区如果抓不住这次机会，不主动地前瞻布局，必将进一步拉大差距，进一步固化"强者恒强、弱者恒弱"的发展格局。重视发展战略性新兴产业，已是大势所趋。

二 国内步入发展动力转变新时期

面对日益加剧的全球化竞争，为加快推进我国产业转型升级，切实转变经济发展方式，掌握未来发展的主动权，更好地实现经济社会可持续发展，中央做出了加快培育发展服务业的重大战略部署。自 2013 年下半年以来，国务院相继出台了《国务院关于加快发展养老服务业的若干意见》（国发〔2013〕35 号）、《国务院关于促进信息消费扩大内需的若干意见》（国发〔2013〕32 号）、《国务院关于促进健康服务业发展的若干意见》（国发〔2013〕40 号）、《关于金融支持经济结构调整和转型升级的指导意见》（国办发〔2013〕67 号）、《关于政府向社会力量购买服务的指导意见》（国办发〔2013〕96 号）、《国务院关于推进文化创意和设计服务与相关产业融合发展的若干意见》（国发〔2014〕10 号）、《国务院关于进一步促进资本市场健康发展的若干意见》（国发〔2014〕13 号）、《国务院关于加快发展现代保险服务业的若干意见》（国发〔2014〕29号）、《国务院关于促进旅游业改革发展的若干意见》（国发〔2014〕31号）、《国务院关于加快发展生产性服务业促进产业结构调整升级的指导意见》（国发〔2014〕26号）等13个有关促进服务业发展的政策文件。在这么短的时间内，国务院密集出台这么多促进服务业发展的文件，力度之大、频率之密集是前所未有的。这些政策文件的落地，势必在全国范围内掀起服务业发展的热潮，进而带动服务业的大发展。

针对这一新形势，广西紧密结合实际，根据本地经济社会发展的新特征，充分利用全球新一轮产业革命与国内转型发展正在交汇的历史契机，广泛学习和借鉴各国及国内各地的先进技术与经验，改变传统发展理念，催生新的发展方式，构建新的发展动力，形成新的发展模式，出台了系列文件助力服务业发展。主要有：《广西壮族自治区人民政府关于促进民航业发展的意见》《广西壮族自治区人民政府关于加强金融支持扶贫开发的实施意见》《广西壮族自治区人民政府关于全面推进气象现代化建设的意见》《广西壮族自治区人民政府关于印发宽带广西战略行动计划的通知》《广西壮族自治区人民政府关于印发加快创建广西特色旅游名县若干支持和激励政策的通知》《广西壮族自治区人民政府关于促进养老服务业加快发展的实施意见》《广西壮族自治区人民政府关于促进健康服务业发展的实施意见》《广西壮族自治区人民政府关于加快发展现代保险服务业的实施意见》等。

2015年5月召开了首次广西服务业发展大会，自治区专门出台了加快服务业发展的若干意见及现代物流、文化创意和设计服务、电子商务、养老服务等一系列相关配套规划文件。为推动服务业发展，广西近年来主要采取了以下措施：一是加强市场建设，夯实内贸流通基础；二是积极发展现代物流，搞活内贸流通体系；三是大力发展电商，创新内贸流通方式；四是开展多种形式促消费，有效挖掘城乡消费潜力；五是强化市场监管调控，有效提升市场保障。

此外，广西通过"四化同步"，依靠创新发挥后发优势，集中突破一批优势产业与新兴产业的核心技术，创造新的市场需求、新的产业组合形态、新的能源资源供给体系、新的就业创业岗位，并推动新型工业化、新型城镇化、农业现代化、信息化"并联式"发展，区内经济发展已进入开辟新天地之际。资源环境约束加大，劳动力等要素成本上升，传统发展方式已经难以为继，新兴产业成为保持中高速增长和迈向中高端水平的"双目标"的核心支撑，成为培育和催生产业发展新方式、资源能源供给新体系的新生力军。"四个全面"与"三个重建"将重构服务业发展新环境，"大众创业、万众创新"和增加公共产品、公共服务"双引擎"将重立服务业发展新支撑，结构性改革力度的加大将重塑服务业发展新业态。

三 广西处于服务业发展机遇期

广西与东盟国家陆海相连的独特优势，加快了北部湾经济区和珠江—西江经济带的开放发展，广西重在构建面向东盟的国际大通道，打造西南中南地区开放发展新的战略支点，形成21世纪海上丝绸之路与丝绸之路经济带有机衔接的重要门户。在我国全方位开放新格局下，北部湾经济区和珠江—西江经济带建设上升为国家战略，打造我国西南中南开放发展新的战略支点成为国家战略，左右江革命根据地也即将成为国家战略开发之地，这给广西服务业发展带来了全面扩大开放、深化合作的重大机遇，有利于全方位引进国内外资金、技术、人才，加速广西新兴服务业的发展，提升广西发展新引擎。

"十二五"期间广西全区经济持续较快增长，新型工业化、城镇化步伐加快，农业农村发展态势良好，人民生活明显改善，人均收入水平不断提高，城乡居民消费结构加速升级，消费需求持续上升，这为发展服务业提供了广阔的市场空间；全区综合经济实力大幅提升，科技创新能力明显增强，为服务业发展提供了良好基础。同时，广西全区产业结构不断调整优化，区域发展协调推进，以创新驱动发展，调整优化传统产业发展战略，在重要领域和关键环节取得重大突破，传统产业快速转型升级，为培育服务业新业态打下了基础。

当前我国的服务业新业态产业分布极不均衡，主要集中在环渤海地区、长三角地区、珠三角地区，少数产业集聚在西北、西南地区，为此，国内对服务业新业态产业进一步深化布局调整，引导大型国有企业在中西部地区进行投资和布局，部分服务业新业态产业从沿海发达省份向中西部有条件地区转移的步伐加快，促成了西部地区服务业新业态产业由自然资源集中向技术资源集中转变，培育了具有国际竞争力的服务业产业领军企业，形成了中国西部、中部的服务业新业态产业带，实现了中国服务业新业态产业在空间上的科学大布局。广西应当借助布局调整的契机，充分利用叠加性地缘优势、区域性国际通道功能与渠道功能、巨大的市场空间，发展成为吸引国内服务业新业态产业资源的"洼地"。

第二节　广西服务业新业态发展的背景

一　加快产业升级和经济结构调整

在新常态的经济形势下，产业升级和经济结构调整已经成为未来一段时期中国经济发展的重要方向之一。习近平总书记在座谈中曾指出，要大力发展服务业特别是现代服务业，并将现代服务业的发展作为调整优化产业结构的重要内容。对于目前的中国经济而言，现代服务业不仅是未来一段时期的重要发展目标，实际上，服务业已经成为中国经济的重要支柱。近几年，在"大众创业、万众创新"的氛围下，服务业新兴业态不断涌现，服务业新兴业态具有高知识密集、高技术含量、高附加值、高带动能力等特征。

二　出台服务业发展的政策文件

2015 年 5 月，广西壮族自治区党委、政府首次召开了关于服务业发展的专题会议，专题研究了加快服务业发展的政策文件，提出了服务业发展提速、比重提高、水平提升的目标要求。发展提速：今后 6 年，力争服务业增加值年均增长 10% 左右，服务业投资年均增长 17% 左右；比重提高：到 2017 年，服务业增加值达到 8000 亿元，占全区生产总值 40% 左右，到 2020 年，服务业增加值达到 1.2 万亿元，占全区生产总值 43% 左右，全区服务业从业人员达到 1000 万人左右，占全部从业人员的比重提高到 35%

左右；水平提升：到 2020 年，服务业市场化、产业化、社会化、国际化水平大大提高，生产性服务业增加值达到 45% 左右，新技术、新模式、新业态、新产品加快发展，打造一批业态突出、特色鲜明的现代服务业集聚区，培育一批有较强竞争力、影响力的服务业龙头企业，形成三次产业融合发展、制造业与服务业"双轮驱动"的产业新格局，建成服务"一带一路"、面向东盟、辐射西南中南的现代服务业发展新高地。这些目标要求，是广西壮族自治区党委、政府经过深入调研和充分论证提出来的，统筹平衡了三次产业的协调发展，综合考虑了服务业新业态、新产品、新模式的增长空间，这次会议及围绕会议出台的系列文件，将对广西服务业的发展起到全局性的推动作用。

三　出台多方面的产业转型升级战略举措

经济发展进入新常态，经济运行呈现许多新情况、新特点。广西壮族自治区党委、政府提出推动服务业大发展，这是主动适应新常态、引领新常态，对全区发展布局、发展战略的丰富完善，是加快转变经济发展方式、打好产业转型升级攻坚战的战略举措。服务业点多、面广、量大，抓服务业发展必须找准定位、抓住关键、突出重点、凸显特色。2015 年广西出台的《关于加快服务业发展的若干意见》提出，广西将重点围绕服务"一带一路"建设、推动产业结构转型升级、促进居民消费升级这三条主线，大力发展现代物流业、商贸服务与会展业、信息服务业、海洋服务业、电子商务、金融业、科技服务业、教育培训服务业、文化创意和设计服务业、节能和环保服务业、旅游与运动休闲业、健康养老服务业、房地产业等13 个重点产业。这是当前和今后一个时期广西服务业发展的主攻方向，要加大政策倾斜和要素保障力度，切实推动这些重点产业加快发展，率先突破。

第三节　服务业新业态的内涵和特征

一　新业态概念的界定和分类

新兴业态（简称"新业态"），是指在市场经济新需求和技术创新的推动下，基于不同产业间的组合，企业内部价值链和外部产业链环节的分化、融合、行业跨界整合以及嫁接信息及互联网技术所形成的新型企业、商业乃至产业的组织形态。从产生背景看，新兴业态产生的动力之一是市场经济不断增加的新需求，需求的多样性是催生新产品、新产业的最直接因素，人类需求经历从简单的物质生活得到满足，到精神文化需求的扩张，再到信息时代对科技产业的高度重视，在当今大数据时代下，更进一步发展为对数据资源的存储利用，可以说，新兴业态产生于市场需求者，而形成于市场供给者，是供给者满足差异性需求的市场行为；动力之二是技术的创新，技术进步与创新在提高生产效率的同时也加速了新的产品、产业的形成，使新的需求不断得以满足。总体来看，新兴业态的产生其实是市场竞争的产物，是商品流通的组织形式、组织方式适应生产力发展水平和市场需求变化的必然结果。

从涵盖范围上来看，新兴业态可以划分为两个层次：一是现有产业的新的经营方式的产生、生产技术的改进等；二是为了满足新需求，随着新的科研成果和新兴技术的发明而产生的全新的行业或部门，也可以称之为新兴产业。现在世界上讲的新兴产业，主要是指随电子、信息、生物、新材料、新能源、海洋、空间等新技术的发展而产生和发展起来的一系列新兴产业部门。

从内容上看，新兴业态的形式可以囊括生产要素的整合、产业融合、产业链整合、区域分工及企业组织方式的变革等。产业融合是指同产业或同一产业不同行业相互渗透、相互交叉，最终融合为一体，逐步形成新产业的动态发展过程，融合可分为产业渗透、产业交叉和产业重组三类；产业链整合是指产业链环节中的某个主导企业通过调整、优化相关企业关系使其协同行动，提高整个产业链的运作效能，最终提升企业竞争优势的过程；区域分工则指能够使各区域充分发挥资源、要素、区位等方面的优势，进行专业化生产。

目前，具有新兴业态的产业可以分为以下几类：一是新技术产业化而形成的产业，如电子商务、新能源产业；二是用高新技术改造传统产业而形成的具备新的产业业态的产业，如现代物流业；三是由原有的社会公益事业因产业化运作而形成的新型产业,如教育培训产业、文化传媒业、科研咨询业;四是随着人们生产生活需求多样性而产生的现代服务业,如创意产业等。

二 服务业新业态的内涵

关于"服务业新业态",学术界目前还没有统一的说法,也没有明确的概念界定。我们理解的"服务业新业态",是利用现代理念、网络技术、新型营销方式,以及服务创新发展起来的服务业。服务业新业态是服务业中最具活力和潜力的组成部分。服务业新业态反映了战略新兴产业的趋势和方向,其发达程度普遍被看作衡量一个国家或地区经济结构是否合理、城市新兴化程度高低和城市综合竞争力强弱的重要标志之一。着力培育服务业新业态,对促进经济发展方式转型、实现可持续增长、扩大劳动就业、优化服务业结构、促进产业升级有着极为重要的意义。要促进我国服务业新业态又好又快发展,必须选择恰当的发展战略。

三 传统服务业、现代服务业与服务业新业态的关系

现代服务业是中国特色的提法。在国际上,正式使用现代服务业概念的并不多见,但自20世纪90年代以来,曾有划分传统服务业和知识密集服务业的先例。如经济合作与发展组织(OECD)国家将包括通信的信息服务业、金融服务业、教育服务业、专业技术服务业、健康保健服务业等五大类列为知识密集型服务业,又称战略性服务业,它是知识经济时代背景下成长性最高的产业。国内正式使用"现代服务业"这一名词,最早见于1997年9月党的十五大报告。后在2000年10月中共十五届五中全会关于"十五"计划建议中,明确提出"要发展现代服务业,改组和改造传统服务业"。2002年11月,中共十六大报告中明确提出,加快发展现代服务业,提高第三产业在国民经济中的比重,从而使现代服务业成为我国产业发展政策中的一个正式提法。但党的十六大报告并未给出明确的定义,只是在十六大有关概念的解读中,将现代服务业界定为"不生产商品和货物的产业,主要有信息、金融、会计、咨询、法律服务等行业",认为"现

代服务业大体相当于现代第三产业"。在我国国民经济统计体系中也没有确认现代服务业的界定范围。

从狭义上讲，现代服务业是相对于传统服务业而言的，传统服务业是指为人们日常生活提供各种服务的行业，大都历史悠久，如饮食业、旅店业、商业等。而现代服务业是在工业比较发达的阶段产生的，主要是依托于信息技术和现代管理理念发展起来的，是信息技术与服务产业结合的产物，具体包括两类：一类是直接因信息化及其他科学技术的发展而产生的新兴服务业形态，如计算机和软件服务、移动通信服务、信息咨询服务、健康产业、生态产业、教育培训、会议展览、国际商务、现代物流业等；另一类是通过应用信息技术，从传统服务业改造和衍生而来的服务业形态，如银行、证券、信托、保险、租赁等现代金融业，建筑、装饰、物业等房地产业，会计、审计、评估、法律服务等中介服务业等，它们通过其各种服务功能，有机联结社会生产、分配和消费诸环节，加快人流、物流、信息流和资金流的运转。

从广义上来看，现代服务业是一种现代化、信息化意义上的服务业，是指在一国或地区的产业结构中基于新兴服务业成长壮大和传统服务业改造升级而形成的新型服务业体系，体现为整个服务业在国民经济和就业人口中的重要地位以及服务业的高度信息化水平等方面，具有高人力资本含量、高技术含量、高附加值的"三高"特征，发展上呈现新技术、新业态、新方式"三新"态势，具有资源消耗少、环境污染少的优点，是地区综合竞争力和现代化水平的重要标志。

服务业新业态是利用现代理念、网络技术、新型营销方式，以及服务创新发展起来的服务业，它是指基于不同产业的组合，企业内部价值链和外部产业链环节的分化、融合、行业跨界整合以及嫁接信息及互联网技术所形成的新型企业、商业乃至产业的组织形态。服务业新业态是一个动态概念，此消彼长，随着经济社会的发展，还会拓展新的领域，增加新的内容，此时为现代服务业，彼时则为传统服务业，但它们也不是转瞬即逝的，具有相对稳定性。

四 服务业新业态的特征

(一) 革新性

新兴业态是一种新的生产力形式,以技术革新为先导,以管理革新和组织革新为动力。它是为了适应市场经济新的需求,实现各个生产要素的新的整合和结构再造的产业形态或经营方式。它紧跟世界科技特别是生产技术和流通方式的最新发展和应用,具有驱动生产和消费、促进经济发展的多重功能,对经济增长的贡献直接表现在创造的增加值和提供大量就业上。之所以说新兴业态具有革新性而非创新性,是由于创新需要以现有的思维模式提出异于常规的见解,对现有事物进行改进,而新兴业态是指创造出新的产业形态或经营方式,如团购、智能旅游等,因此新兴业态具有革新性而非创新性。

(二) 先导性

技术革新是新兴业态的驱动力量,而新兴业态反过来又体现了新技术的发展方向,可以洞悉产业革命和科技革命的最新动态,具有先导作用。在地区产业发展的过程中,新兴业态的产生象征着新技术、新模式在该地区产业中的应用和普及。从微观层面上看,行业中的新兴业态发起者给传统业态经营者带来了市场竞争与技术外溢,从而引导并推动了行业的整体技术革新;而在宏观层面上,作为地区经济构成中的新事物,新兴业态的规模扩张通常反映了该地区产业转型与升级的主要方向,成为地区经济结构调整的风向标。

(三) 价值性

相较于传统业态,新兴业态往往发生于产品生命周期的成长期,在该阶段产品大批量生产,生产成本相对降低,产品的市场扩张能力也随之增强。以电子商务为例,近年来该行业交易额增长率一直保持快速增长势头,一度达到 GDP 年均增速 7% ~9% 的 2~3 倍。其中网络零售市场更是发展迅速,2012 年的交易额达到 13110 亿元,按汇率计算合计 2068 亿美元,与美国 2012 年的交易额 2255 亿美元已经非常接近。同时,前瞻产业研究院发布的《2014—2018 年中国电子商务市场竞争及企业竞争策略分析报告》显示，2013 年中国电子商务交易规模达 10.2 万亿元，同比增长 29.9%，新兴业态发展的巨大潜力和价值空间可见一斑。另外，新兴业态往往具有专业化分工与规模经济资源整合趋势，进而能够优化企业的资源配置，使相关产业链得到延伸与发展，这在一定程度上推动了整体产业的转型与升级。在大数据时代，通过与新技术、新制度的结合，新兴业态高成长、高回报的优势将进一步凸显，从而为相关企业及行业带来更多的价值。

（四）多样性

多样性指新兴业态存在的形式多样化，其既存在于传统产业中，又存在于新兴产业中。零售业、物流业、文化产业、旅游产业、图书馆业等产业为适应市场新需求均产生了各自特有的新兴业态。如零售业产生的新兴商业业态，第一次实现了无店铺经营，突破了传统的商业生产、批发与零售的流转程序与营销模式，真正实现了低成本、高效率与零库存，其对城市传统的商业空间结构带来了前所未有的冲击。虚拟商厦与电子商业的发展造就了三维的空间市场，借助这一市场，企业可以突破地理位置的局限，摆脱空间距离的束缚，直接与消费者进行交易。可以说业态的种类是无限制的，一种经营方式就有一种业态；业态也是可变换的，某种业态的存在期是有限的，业态的竞争同样会导致业态的优胜劣汰。

（五）辐射性

产业融合是新兴业态的一个重要内容，它指同产业或同一产业不同行业相互渗透、相互交叉，最终融合为一体，逐步形成新产业的动态发展过程。产业融合引致新兴业态的产生，而在一定程度上，新兴业态的发展也可以促进相关产业的进一步跨界融合。在社会科技不断进步的今天，随着产业形态与经营方式的革新，新兴的市场需求也不断产生，这加速了新兴业态模式的扩展与跨行业合作的进程，对相关产业具有重大拉动作用。

（六）成长性

产业生命周期是每个产业都要经历的一个由成长到衰退的演变过程，其是指从产业出现到完全退出社会经济活动所经历的时间。一般分为初创阶段、成长阶段、成熟阶段和衰退阶段四个阶段。而新兴业态，作为经过变革创新出来的经营方式或产业形态，一般处于产品生命周期的成长期。同时，在原有产业即将经历瓶颈处于成熟甚至衰退阶段时，新兴业态的产生可以使之得以复苏，使成长期得以延续。

（七）时效性

新兴业态是技术革新的产物，所谓革新，是指在上一历史阶段的基础上革除旧的，创造新的，随着时间推移，新旧技术也会发生交替更迭，也就是说，现阶段出现的新兴业态在未来的历史时期就会转变为非新兴业态。所以说"新兴"是有时效性的，特定的业态只有在特定的时期才属于新兴业态。

第四节　服务业新业态产生的原因

信息技术革命、消费者需求倒逼、产业升级是推动新业态产生和发展的三大重要因素。

一　信息技术革命

在工业化和现代化发展历史上，信息技术革命对产业发展产生了广泛而深入的影响。目前已经出现或还未出现的新业态，就是在信息技术发展的产业化和市场化应用中形成和发展的。一是信息技术形成电子信息产业，引发了产业形态和模式创新。20世纪后期飞速发展的电子信息产业是新业态出现的重要背景。从个人电脑到互联网，再到云计算、物联网和大数据，以及目前方兴未艾的基于4G的移动互联，电子信息产业发展的每一个阶段都催生出了大量的新业态。二是信息技术和第一、第二产业以及其他服务业的融合催生了许多新业态。特别是在制造业方面，信息技术和制造业中研发设计与营销服务等生产性服务环节的融合发展，极大地提高了这些环节的效率水平，提升了其在产业链中的地位和附加值，同时也导致了产业链两端生产服务环节和加工制造环节的分离，新的产业分工快速推进，引发了大量的新业态和新商业模式。三是信息技术自身的发展和与制造业的融合互动，强化了产业链不同环节之间以及不同产业链之间的互动关系，企业之间的关系网络也在互联网技术支持下发生变化，而这种变化同样会催生新业态。

二 需求倒逼

除了受到技术变革的推动之外，消费者需求产生的倒逼机制在业态更新中也发挥着重要作用。回溯中国经济的发展，其经历了从产品为王到渠道为王再到终端为王的阶段，终端为王的实质，其实就是灵魂深处的欲望革命，如何捕捉到散在的碎片的欲望，是当今企业经营最大的难题。随着移动互联的出现，一对一推荐和一对一精准营销已经成为不可回避的商业现实，由于不同细分市场甚至是单个个体的顾客需求有所不同，因此，企业所提供的产品和服务，其价值主张和满足程度也有所不同，一旦需求发生变化就会成为企业拓展新业态的重要机会。

三 产业升级

在产业升级换代的大背景下，如何推进产业转型升级和科技创新、改造提升传统产业、转变产业发展方式、提升产业发展层次都指向了如何发展新业态的问题。在产能过剩的今天，制造已经不再成为利润区，渠道的创新以及需求的创造成了新的经济效益的增长点，更为便利、方便和充满快乐体验的消费方式的需求已经快速替代了获得质量优良的产品的需求。以文化产业发展的三个层次为例：第一类是传统意义上的文化产业，如传统旅游业、文艺演出业、民族传统节庆和传统工艺品等；第二类是以电子与纸质印刷为基础的广播、电视、电影、新闻出版等常态文化产业；第三类是在数字化、互联网等高新技术支撑下，以"创意""创新"为核心的创意产业新业态。创意产业是传统文化产业发展的更高阶段。如何从"前产业"形态进入产业经济发展阶段，并进而达到现代产业管理与高端产业的发展层次，提高文化产业规模化、集约化、专业化水平，实现文化产业自身的升级换代，是文化产业目前必须关注的问题。利用互联网数字化高新技术，以创意创新为核心，培育新兴业态，是实现文化产业升级换代的重要途径。文化创意产业高速发展的根本动力之一就是数字化三网支撑的新兴产业形态的引领和推动，其得益于高新科技的支撑，得益于"创意"的"引爆"作用，也得益于良好的金融服务业的助力。

第五节　发展服务业新业态的重要意义

在全球金融危机之后，中国社会经济发展正处在一个关键时期，发展服务业新业态不仅是促进服务业发展的需要，而且具有以下三个方面深远的战略意义。

一　服务业新业态是经济稳定发展的重要支撑

改革开放后，经过30多年的发展，中国成为世界上第二大经济体，但也面临着陷入"中等收入陷阱"的危险。如何保持经济稳定发展是我国面临的突出问题。转变经济发展方式，有效推进城市化和建设社会主义新农业，是实现我国经济稳定发展的战略选择，而这在很大程度上有赖于服务业新业态的发展。

（一）转变经济发展方式，有赖于服务业新业态的发展

长期以来，我国承接了大量位于产业链底端的生产、加工和制造环节，逐渐形成了以对资源高度依赖和外向型为特征的经济结构，使得经济发展陷入以高投入、高消耗和高污染为特征的粗放化的恶性循环中。这种经济发展方式尽管支撑了我国改革开放以来高速增长的经济，但随着时间的推移，其暴露出来的问题也日趋明显，环境污染、资源枯竭等问题已成为制约我国未来经济发展的瓶颈。鉴于全球气候变化带来的资源环境问题和来自国际的压力，转变我国经济发展方式势在必行。经济发展方式的转变，意味着经济发展的驱动将由扩大投资转变为扩大内需，意味着要大规模地减少资源的投入和废弃物的排放。服务业新业态处于服务业的高端领域，被认为是典型的"无烟"产业，其具有低资源消耗、低环境污染和高产业带动力的特点。发展服务业新业态，不仅是转变经济发展方式的内在要求，而且是实现经济稳定发展的重要保证。

（二）提高城市化水平，有赖于服务业新业态的发展

城市化是现代经济发展的重要内容，是经济现代化水平的重要标志，也是服务业发展的重要依托。我国的城市化建设，面临着城市化率低和城市化问题凸显的双重矛盾。为了支撑经济的发展，我国未来的城市化发展，不仅要进一步提高城市化率，而且要同步防止和消除城市化问题，不断提高城市化的发展水平，走出一条高层次城市化发展道路。服务业新业态发达程度是衡量城市综合竞争力和现代化水平的重要标志。发展高层次、高增值、强辐射的服务业新业态，不仅能为提高我国城市化率提供重要支撑，而且有助于提升城市的综合竞争力，提高城市化的发展层次，增强城市可持续发展的能力。

（三）解决高素质劳动力的就业问题，发展服务业新业态是关键

近年来，中国的高素质劳动力就业问题日益严重。以 2017 年为例，广西高校毕业生的初次就业率为 90% 左右，约 10% 的人处于未就业状态，某些行业存在结构性失业问题，人员"过剩"问题突出。服务业吸纳就业的能力本身就高于制造业，而服务业新业态客观上又需要高人力资本投入，对高素质劳动力的就业吸纳能力最强。因此，大力发展服务业新业态，是解决大学生就业问题的一个根本途径，对于保持社会安定具有重要意义。

二　发展服务业新业态是经济持续发展的必然选择

经过 40 多年的改革开放，我国已进入工业化发展高峰时期，制造业已开始由低端走向高端，外商的投资结构和投资重心出现了新的变化，人们的生活水平有了明显改善，传统服务业特别是低端服务业已经越来越难以适应社会经济发展的要求，客观上需要大力发展服务业新业态。

（一）高端制造业成为未来的主轴，服务业新业态的支撑需要同步跟上

长期以来，我国制造业的发展以承接发达国家和地区转移的传统产业为主，其中相当一部分属于制造业的低端环节。"十三五"期间，中国制造业面临的国际和国内竞争环境将发生重要变化。一方面，工资等各种要

素价格快速上涨，使得我国制造企业低成本的竞争优势将被侵蚀殆尽，要素成本上升和原有市场空间缩小的压力在未来将持续下去；另一方面，随着更具成本优势的周边经济体加入全球化市场，未来国际竞争将更加白热化。如果继续以初级要素支撑制造业发展，不仅不能突破低端锁定进而提高制造业竞争力，还会长期陷入粗放式经济增长的格局。因此，"十三五"期间，高端制造业将成为我国经济发展的主轴。高端制造业的发展，客观上需要在人才培训、市场开拓、形象设计、服务外包等方面为之提供配套服务。如果没有服务业新业态的大力发展为其提供强力支撑，那么高端制造业的发展将难以为继。

（二）外商投资重心正发生转移，服务业新业态成为外商投资新热点

改革开放以来，引入的外资是我国经济发展的重要推动力，也是我国经济进一步发展的重要支撑。然而，长期以来外商在我国的投资主要集中于制造业领域。进入 21 世纪，制造业已呈不断下降趋势，发达国家的服务业新业态正进行着跨国转移，寻求新的发展空间和发展机会。与此相适应，外商在中国的投资重点也必将从制造业转向服务业。可以预见，在未来相当长的一段时期，中国的服务业将越来越受服务业跨国转移的影响，服务业尤其是服务业新业态会受到国外投资者的青睐。大规模外资进入服务业新业态，必然会促进服务业新业态的快速发展，并由此带动整个国民经济的持续发展。

（三）低端服务业发展趋于饱和，服务业新业态成为未来发展的重点

长期以来，我国服务业的发展基本是以零售业、餐饮、食品、理发等传统行业为主。从我国经济发展的现实需要来看，低端服务业已经趋于饱和，很难有更大的发展空间。推进服务业的进一步发展，通过提高服务业在整个产业中所占的比重来带动经济发展，依靠传统服务业特别是低端服务业将难有作为。相比之下，房地产、咨询、设计、信息、广告等中介行业刚刚起步，而体育、文化产业严重滞后，仲裁、管理、投资、证券、会

展尚在开发中，法律、建筑师、医师、税务、审计等事务所亟待发展。因而，发展服务业新业态将成为我国服务业发展的主要方向，成为带动我国经济持续发展的重要力量。

三 发展服务业新业态是经济转型升级的内在要求

实现经济转型升级，不仅是我国经济发展的必然结果，而且是经济可持续发展的客观需要。然而，无论是消费领域的转型升级，还是产业结构和对外开放等领域的转型升级，都要求发展服务业新业态。

（一）消费领域的转型升级，必然要求发展消费型服务业新业态

经过40多年的改革开放，我国居民的生活水平得到明显改善，目前正进入消费转型升级的历史过程。近5年来，我国城镇居民家庭恩格尔系数由37.7%下降至35.8%，农村居民家庭恩格尔系数由46.2%下降至43.0%。恩格尔系数的大幅度下降，意味着人们的消费结构已经发生根本性变化，人们再也不为解决一天三顿饭的温饱问题而奔波，旅游、教育、文化、房产和医疗保健等消费支出在居民生活支出中所占的比重越来越高。这客观上要求服务业要进行相应的转型升级，大力发展教育培训、文化传媒、网络游戏、法律咨询、现代房产和医疗等服务业新业态，为人们提供各种高端服务产品，以更好地满足人们对日益增长的高端服务产品的需求。

（二）产业结构的转型升级，必然要求低端服务转向相对高端的服务业新业态

中国产业结构正处在转型升级的重要历史时期，退出高能耗、高物耗、高污染、低附加值行业，进入和大力发展资源节约型和高附加值行业，是我国未来经济发展的必然走向。产业结构的转型升级，主要体现在以下两个层次：一是扩大第三产业在整个三次产业中的比重；二是三次产业各自由低端领域向高端领域升级。无论哪个层次的产业升级，都要求服务业由低端领域向高端领域升级。第一产业的转型升级，意味着农业由传统低端农业向现代观光农业、特色农业和生态农业等高端领域转型。同高端农业发展相适应，客观上需要大力发展科技咨询、营销策划、旅游观光等高端服务。第二产业的转型升级，则意味着传统制造业向高技术特别是信息技术等高端制造领域转型，这对金融、教育和信息服务等行业发展提出了更高的要求。

（三）对外开放的转型升级，必然要求大幅度发展服务业新业态

对外开放，是我国经济发展的强大动力，实现对外开放的转型升级，是持续发挥这一动力的重要保证。实现对外开放的转型升级，全面提高开放型经济水平，形成经济全球化条件下参与国际经济合作和竞争新优势，是实现国民经济又好又快发展的重要保证。在经济全球化和全球经济一体化得到深入发展的新时期，经济竞争能力高低主要不取决于制造环节，而取决于服务业整合资源的能力。国际经验表明，当一个经济体的整体经济水平向中上等级攀升时，往往就是服务业的加速发展期。就中国来看，未来15年服务业将处于加速发展阶段，服务业特别是服务业新业态的发展，将是实现我国对外开放转型升级的重大举措。从高端领域引入外资，需要教育培训、现代信息服务等服务业新业态为之配套。不仅如此，发展服务业新业态，还有助于扩大服务产品的出口，有助于提升国内制造业的科技水平和产品的高科技含量。

第二章

广西服务业发展环境和新业态发展趋势

第一节　广西服务业面临的机遇和挑战

新业态是在新一代信息技术革命、新工业革命以及制造业与服务业融合发展的背景下，以市场为导向，以技术、应用和模式创新为内核，在产业相互融合中所产生的新型经济或产业形态。新产业是随着新兴技术应用而出现的部门和行业，包括战略性新兴产业。新业态新产业的"新"，最突出的特征就是科学技术的进步。当前，各地大力发展的新业态新产业包括互联网金融、云计算、物联网、电子商务、智能工业机器人、3D 打印、新能源汽车、第 N 方物流、智慧产业、航空航天等。

新业态新产业是转变经济发展方式的突破口。当前，广西经济发展进入新常态，正从高速增长转为中高速增长，经济结构不断优化升级，增长动力从要素驱动、投资驱动转向创新驱动。因此，必须摒弃过去那种高投入、高能耗、高污染、低效益的粗放、外延式增长道路，走上创新、集约、内涵式的增长道路，这样才能有效促进产业转型升级发展。这就要求我们在转型升级的过程中，推动传统产业向中高端迈进，培育新的经济业态，打造经济增长新引擎。

新业态新产业是实现产业结构转型升级的着力点。在跨界融合发展理念的引领下，新业态不仅能为区域产业发展带来新机遇，也能为经济发展创造新的消费增长点。比如，科技与文化结合所产生的手机动漫、电子书、网络游戏、文化旅游等新兴文化业态，催生了新的消费群体，带动了新的消费热点，推动文化产业发展迈上了新台阶。

充分认识新常态下广西服务业面临的发展机遇和挑战，对广西实现更好的发展，在经济转型升级中走出发展的新路子具有重要的意义。

一　广西服务业发展面临的机遇

新常态揭示了当前我国经济发展新阶段的新变化、新特点、新趋势，进入新常态意味着第三产业、消费需求逐步成为主体，以服务业主导的经济新常态是规律使然、大势所趋。在这样的背景下，广西服务业发展将面临全新的机遇。

（一）新常态要求经济的内生增长能力必须增强，以满足消费需求为主的服务业迎来全新发展环境

经济发展进入新常态后，政府对经济的直接宏观调控以及以投资为主导的发展干预模式将会逐步弱化，取而代之的是逐步进入以经济自发调节与消费驱动为主的新阶段。因而，经济增长的主要驱动力必然会由当前的以投资拉动为主导逐步过渡到以消费拉动为主导，这是经济发展的客观规律，随着经济发展水平的提高，劳动力成本也会随社会生活水准提高而同步上升，当劳动力成本上升到一定水平后，终将导致普通制造业因利润空间被不断挤压而使其行业投资回报率降至平均水平以下。这时候，经济的发展中就会出现投资拉动的边际效应日趋弱化，甚至趋零的情况，这是一个经济发展的升级转型过程，已经被众多发达国家的发展历史所印证。因而，在当前这种逐步进入新常态的时期，正是经济由以投资拉动为主向以消费拉动为主的转化过程，经济发展动力也正在逐步由第一、第二产业拉动为主过渡到以第三产业拉动为主，而这一转变过程，基本是通过第三产业发展与消费壮大来实现的，具体在产业上则主要就是依靠服务业发展来完成的。因而，在以后相当长的一段时期内，以满足最终消费为主要任务的服务业必将迎来全新的、广阔的发展空间。

（二）服务业发展的相关基础条件趋稳趋好

近年来，我国宏观经济政策主要以稳增长、促改革、调结构、惠民生、防风险为主导，政府不断推出积极的财政货币政策、税收政策刺激经济增长。在货币政策上，2014 年人行通过实施"定向降准"，建立引导金融机构提高"三农"和小微企业贷款比例的正向激励机制，并运用货币政策工具支持经济结构调整；还通过优惠利率降低实体经济融资成本，缓解"融资难、融资贵"的问题，为中小企业云集的服务业产业发展提供了较好的政策支持。在税收政策上，一方面，从 2013 年 7 月开始，国家相继出台对月营业额 2 万元以下的小微企业免税、10 万元以下的小型微利企业享受减半征收企业所得税的优惠政策，进一步减轻小微型服务业企业的负担；另一方面，国家还完善结构性减税政策，继续扩大"营改增"试点范围，以促进现代服务业发展和产业结构升级。这些条件都为服务业发展创造了良好的基础条件。

（三）广西服务业行业间共赢发展、互为支撑特征逐步呈现，全面加快发展的产业基础基本形成

近年来，随着金融、计算机信息传输服务、咨询、商务服务业和软件业等现代服务业行业的发展，从产业环境上促进了交通运输仓储和邮政业、批发和零售业、住宿和餐饮业等传统服务业的发展。因而，即使在 2014 年这样下行压力巨大、宏观形势复杂的年份，广西服务业中占大头的批发和零售业、住宿和餐饮业等行业的增加值仍保持了 6.0% 左右的平稳增长；而营利性服务业甚至还实现了 15.0% 的高增速。这与广西金融业保持 14.9% 的快速增长密不可分，可以说，正是由于金融业的大发展，才使得广西经济发展有了足够的资金支撑，广西服务业的发展也逐步呈现产业、行业间互为支撑、互利共赢、齐头并进的良好发展特征，逐步形成了一种以服务业发展支撑服务业发展的良好结构。特别是在北部湾开放开发建设大规模启动后，除金融业以外，交通、市场及各类服务业项目的建设也极大地提升了广西服务业的发展基础，为广西服务业加快发展创造了良好条件，使得广西服务业逐步具备了加快发展的基础。

二 广西服务业发展面临的挑战

(一) 服务业仍是经济短板,发展空间大、紧迫性高[①]

在我国经济进入新常态的条件下,2014 年全国 GDP 增速回落到 6 年来的最低水平,在此大环境下,广西经济增速也呈现回落态势。2015 年全年广西全区 GDP 增速比上年同期回落 1.7 个百分点,在全国排第 17 位,在西部地区排第 8 位。而其中广西全区服务业增速同比也回落了 1.7 个百分点,由此可以看出,尽管广西服务业发展取得了一定成绩,但仍是广西经济发展中的一块"短板",其整体发展水平在西部地区乃至全国仍相对滞后,在呈现发展空间巨大的同时也显示出了极大的紧迫性与严峻性。

(二) 科技转化能力弱,抑制了发展现代服务业的能力[②]

广西地处西部,属欠发达地区,服务业产业结构中传统服务业所占比重较大,科技创新与转化能力偏弱,从而对广西现代服务业的发展形成了制约。因为现代服务业主要依靠信息科技、人才等与知识相关的要素投入与创新来发展,与科技发展能力具有紧密的内在联系。而据资料显示,2016 年广西财政科技拨款占地方财政支出的比重仅为 1.69%,明显低于全国平均水平,全区全社会研发经费支出也仅占广西生产总值的 0.75%,在全国排至第 24 位。这种科技投入不足、科技产出水平不高、科技成果转化率较低、科技创新融资渠道匮乏、科技管理体制改革滞后的情况,较大地制约了广西服务业的创新与发展,并对整个广西现代服务业的发展也形成了不利影响。而更显直接的结果是,受科技投入不足影响,广西科学研究和技术服务行业企业规模普遍偏小,缺乏应有的竞争力。据统计,2016 年末,全区规模以上科学研究和技术服务业企业 (190 家) 的营业收入仅占广西规模以上服务业企业 (1770 家) 营业收入的 7.2%,明显低于其企业数量占比 (10.7%) 水平。

---

① 2005~2016 年《广西统计年鉴》、2010~2016 年《广西国民经济与社会发展公报》。
② 2005~2016 年《广西统计年鉴》、2010~2016 年《广西国民经济与社会发展公报》。

（三）区域、城乡服务业发展不平衡，发展条件复杂[①]

广西服务业的地区发展很不平衡，14 个市间水平差异很大。2016 年，服务业增加值占当地生产总值比重超过 40% 的只有南宁市（49.0%）和河池市（43.0%），介于 30% ~ 40% 的有 9 个市，而低于 30% 的有 3 个市，其中比重最低的梧州市仅为 28.1%。而从广西城乡居民的消费支出项目来看，主要以食品、交通和通信、娱乐教育文化服务为主，其他行业的消费明显偏少。另外，长期形成的城乡二元分割体制，也导致广西城乡居民收入水平和消费水平存在较大差异，使得广西城乡服务业发展水平很不平衡，农村地区对服务业的消费能力明显弱于城镇地区。2016 年，广西农民人均医疗保健消费支出、交通和通信类支出、娱乐教育文化用品及服务类支出分别为 413 元、516 元、276 元，分别仅相当于城镇居民人均支出的 53.2%、20.1%、13.2%。这种城乡基础差距大的现状，也让广西服务业发展面临比东部发达省份更复杂的环境，任务也更为艰巨。

第二节　广西服务业发展现状

服务业是国民经济的重要组成部分，服务业发展水平是衡量一个地区综合竞争力和现代化水平的重要标志。加快发展服务业，对于调整优化广西经济结构，转变经济发展方式，推进工业化、城镇化，扩大就业，改善人民生活，促进社会和谐，加快实现"两个建成"目标，具有十分重要的意义。在经济新常态下，随着经济结构的深度调整，服务业的发展对地区经济发展的作用日趋重要。正确认识广西服务业发展现状，找出广西服务业发展存在的差距与问题，将对广西服务业在新常态下加快发展具有重要的现实意义。

一　2005 ~ 2015 年广西服务业发展情况[②]

（一）服务业保持与 GDP 同步稳定增长的势头

2005 ~ 2015 年以来，广西服务业实现连年增长，经济总量从 2005

---

① 2005 ~ 2016 年《广西统计年鉴》、2010 ~ 2016 年《广西国民经济与社会发展公报》。
② 2005 ~ 2016 年《广西统计年鉴》、2010 ~ 2016 年《广西国民经济与社会发展公报》。

年的 1560.92 亿元增加到 2015 年的 6542.41 亿元。从增长速度来看，自 2005 年以来，服务业保持了与 GDP 同步稳定增长的势头。2005～2015 年，广西 GDP 的增长速度始终保持在两位数，服务业的增长速度除 2012 年、2014 年和 2015 年外也均保持在 10% 以上。2005～2015 年，广西服务业增加值年均增长 11.3%（见图 2-1）。

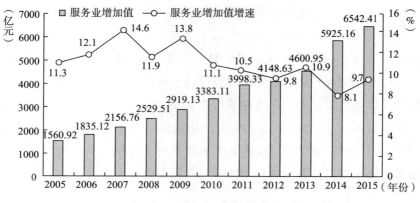

图 2-1　2005～2015 年广西服务业增加值及增长速度

（二）服务业投资保持增长

自 2005 年以来，广西的服务业投资总额不断扩大，从 2005 年的 1011.08 亿元增加到 2015 年的 8427.01 亿元，服务业投资总额的增长速度始终保持在两位数以上，2005～2015 年，服务业投资总额平均增长 24.4%。2015 年，广西服务业投资总额占全社会固定资产投资总额的 53.8%，11 年以来这一比例始终保持在 50% 以上（见表 2-1）。

表 2-1　2005～2015 年广西服务业投资情况

年份	服务业投资总额（亿元）	同比增长（%）	服务业投资占全社会固定资产投资比重（%）
2005	1011.08	27.1	60.9
2006	1216.80	20.3	55.3
2007	1621.49	33.3	55.2
2008	2051.04	26.5	54.6
2009	3043.33	48.4	58.1

续表

年份	服务业投资总额（亿元）	同比增长（%）	服务业投资占全社会固定资产投资比重（%）
2010	4252.01	39.7	60.2
2011	4711.68	10.8	59.0
2012	5386.73	14.3	54.9
2013	6518.53	21.0	54.7
2014	7045.79	15.5	53.0
2015	8427.01	18.6	53.8

资料来源：根据《广西统计年鉴》2005～2015 年数据整理。

（三）服务业企业持续增加

全国经济普查数据显示，2004 年末第一次经济普查时，广西有服务业企业法人单位 2.88 万个；2008 年末服务业企业法人单位增加至 4.76 万个；到 2013 年末，服务业企业法人单位增加至 11.48 万个，占第二、第三产业活动企业法人单位总数的 76.9%。与 2008 年末相比，2013 年末广西服务业企业法人单位增加了 6.72 万个，增长 1.4 倍；与 2004 年末相比，广西服务业企业法人单位增加了 8.60 万个，增长近 3 倍。到 2015 年末，广西服务业企业法人单位增加至 13.21 万个。

（四）交通运输、批发零售和住宿餐饮等传统服务业占比高

从服务业内部结构来看，广西的交通运输、仓储和邮政业，批发和零售业，住宿和餐饮业等传统服务业的增加值占比高。2005 年以来，交通运输、仓储和邮政业增加值占服务业增加值的比重一直在 12% 以上，2014 年为 12.1%，到 2015 年下降至 11.7%；批发、零售和住宿餐饮业增加值占服务业增加值的比重保持在 26% 及以上，2014 年为 26.4%，到 2015 年下降至 21.8%。2015 年，广西交通运输、仓储和邮政业，批发和零售业，住宿和餐饮业等 3 个行业的增加值合计为 2190.55 亿元，占服务业增加值总量的 33.5%，比全国平均水平高 5.1 个百分点（见表 2－2）。

表 2 – 2　　2005～2015 年广西服务业两个行业增加值及占比情况

年份	服务业增加值（亿元）	交通运输、仓储和邮政业		批发、零售和住宿餐饮业	
		总量（亿元）	占服务业增加值比重（%）	总量（亿元）	占服务业增加值比重（%）
2005	1560.92	213.99	13.7	455.80	29.2
2006	1835.12	235.72	12.8	515.23	28.1
2007	2156.76	266.90	12.4	583.37	27.0
2008	2529.51	337.30	13.3	664.77	26.3
2009	2919.13	378.75	13.0	759.13	26.0
2010	3383.11	480.17	14.2	1052.61	31.1
2011	3998.33	588.20	14.7	1111.36	27.8
2012	4148.63	537.75	13.0	1194.39	28.8
2013	4600.95	565.77	12.3	1260.71	27.4
2014	5925.16	714.37	12.1	1562.99	26.4
2015	6542.41	764.44	11.7	1426.11	21.8

（五）交通运输、仓储和邮政业，住宿和餐饮业是广西服务业中相对优势行业

从占服务业增加值比重来看，广西交通运输、仓储和邮政业，住宿和餐饮业两个行业的增加值占服务业增加值的比重明显高于全国平均水平。2015 年，广西交通运输、仓储和邮政业，住宿和餐饮业两个行业增加值占服务业增加值的比重分别为 11.7% 和 7.1%，分别比全国平均水平高 3.0 个百分点和 2.7 个百分点。从行业增加值占全国相应行业增加值总量的比重来看，广西交通运输、仓储和邮政业，住宿和餐饮业等两个行业的增加值占全国相应行业增加值总量的比重明显高于其他行业。2015 年，广西服务业增加值占全国服务业增加值总量的 2.0%，其中交通运输、仓储和邮政业，住宿和餐饮业等两个行业增加值占全国相应行业增加值总量的比重分别为 2.6% 和 3.4%，分别比服务业增加值全国占比高 0.6 个百分点和 1.4 个百分点（见表 2 – 3 和表 2 – 4）。

表 2 - 3　2011~2015 年全国及广西服务业分行业增加值占服务业增加值总量的比重

单位：%

行业	2015 年		2014 年		2013 年		2012 年		2011 年	
	广西	全国	广西	全国	广西	全国	广西	全国	广西	全国
批发和零售业	18.4	19.5	19.7	20.3	21.1	20.4	21.5	21.3	20.1	21.3
交通运输、仓储和邮政业	11.7	8.7	12.1	9.4	12.3	9.4	13.0	10.6	14.7	10.6
住宿和餐饮业	7.1	4.4	6.7	3.7	6.3	3.7	7.3	4.5	7.7	4.5
金融业	16.8	17.9	14.8	15.3	14.9	14.9	12.6	12.4	11.1	12.4
房地产业	11.5	13.2	10.0	12.4	10.0	13.0	10.6	12.7	11.6	12.7
其他行业	35.5	36.3	36.8	38.9	35.3	38.6	35.1	38.5	34.7	38.5

表 2 - 4　2011~2015 年广西服务业分行业增加值占全国相应行业增加值总量的比重

单位：%

行业	2015 年	2014 年	2013 年	2012 年	2011 年
批发和零售业	2.1	1.9	1.7	2.0	1.8
交通运输、仓储和邮政业	2.6	2.5	2.2	2.5	2.6
住宿和餐饮业	3.4	3.5	2.8	3.5	3.4
金融业	2.2	1.9	1.7	2.0	1.8
房地产业	1.8	1.6	1.3	1.7	1.7
其他行业	1.7	1.8	1.5	1.2	1.8
服务业合计	2.0	1.9	1.7	1.8	1.9

资料来源：根据《广西统计年鉴》2011~2015 年数据整理。

（六）"十二五"以来，租赁和商务服务业，文化、体育和娱乐业，金融业，居民服务、修理和其他服务业等行业增长较快

2011 年以来，广西租赁和商务服务业增加值的增长速度均保持在 20% 以上，2011~2015 年，该行业增加值年均增长 28.9%，是服务业各行业中平均增速最快的行业，年均增速比同期 GDP 增速高 17.6 个百分点，比同期服务业增加值增速高 18.5 个百分点，是近年来广西发展最为迅猛的服务

业行业。2011～2015 年，文化、体育和娱乐业，金融业，居民服务、修理和其他服务业等行业的年均增长速度也远高于同期 GDP 的增速，分别达 22.3%、24.3% 和 19.1%，分别比同期 GDP 增速高 11.0 个百分点、13.1 个百分点和 7.8 个百分点（见表 2-5）。

表 2-5 2011～2015 年广西服务业分行业增加值指数

项目	2011 年	2012 年	2013 年	2014 年	2015 年	2011～2015 年平均
广西生产总值	112.3	111.3	110.2	111.5	111.7	111.3
服务业	110.5	109.8	110.9	111.9	112.2	110.4
批发和零售业	115.4	117.7	109.0	108.6	110.2	114.0
交通运输、仓储和邮政业	109.8	102.0	105.2	106.6	106.9	105.6
住宿和餐饮业	117.4	106.6	95.4	96.1	96.3	106.1
信息传输、软件和信息技术服务业	111.8	104.4	92.9	102.3	103.1	103.7
金融业	109.2	124.2	131.7	132.5	133.4	124.3
房地产业	106.6	101.2	105.5	104.7	103.9	104.4
租赁和商务服务业	145.7	120.3	122.3	125.2	126.1	128.9
科学研究和技术服务业	115.7	100.5	102.5	103.3	103.8	106.5
水利、环境和公共设施管理业	111.9	108.1	109.4	110.1	110.9	109.9
居民服务、修理和其他服务业	104.1	112.2	144.6	140.5	142.6	119.1
教育	96.1	104.4	106.2	107.3	108.1	102.1
卫生和社会工作	106.6	104.6	109.6	108.2	109.1	106.9
文化、体育和娱乐业	115.2	118.1	134.5	128.2	130.6	122.3
公共管理、社会保障和社会组织	104.2	103.6	105.0	106.2	106.7	104.3

（七）南、柳、桂是广西服务业发展的龙头地区，其中南宁市的服务业发展优势尤为明显

从单位数量来看，2015 年末，南宁、柳州、桂林 3 个市服务业企业数合计占全区总数的 53.05%；从服务业产出来看，2015 年南宁、柳州、桂林 3 个市服务业增加值合计占全区 14 个市总量的 49.20%，服务业发展水平明显优于其他地市。其中，南宁市的服务业发展优势最为显著。2015 年，南宁市服务业增加值占 14 个市总量的 25.98%，服务业增加值占本市

GDP 的比重达 48.97%，高于全区平均水平 11.2 个百分点，高于全国平均水平 0.8 个百分点，在全区 14 个市中居首位（见表 2-6 和表 2-7）。

表 2-6　2015 年广西各市服务业企业法人单位数量及占比情况

地区	企业法人单位数（万个）	占广西总量比重（%）
广西	11.48	100.00
南宁市	3.39	29.53
柳州市	1.28	11.15
桂林市	1.42	12.37
梧州市	0.62	5.40
北海市	0.53	4.62
防城港市	0.36	3.14
钦州市	0.39	3.40
贵港市	0.53	4.62
玉林市	0.99	8.62
百色市	0.60	5.23
贺州市	0.26	2.26
河池市	0.49	4.27
来宾市	0.31	2.70
崇左市	0.31	2.70

表 2-7　2015 年广西各市服务业增加值及占比情况

地区	服务业增加值（亿元）	占 14 个市服务业增加值总量的比重（%）	服务业增加值占 GDP 的比重（%）
南宁市	1541.67	25.98	48.97
柳州市	738.85	12.45	33.45
桂林市	638.93	10.77	34.99
梧州市	299.18	5.04	28.17
北海市	250.15	4.22	29.20
防城港市	177.74	3.00	30.18
钦州市	322.12	5.43	37.68
贵港市	319.07	5.38	39.62
玉林市	501.27	8.45	37.37

续表

地区	服务业增加值（亿元）	占 14 个市服务业增加值总量的比重（%）	服务业增加值占 GDP 的比重（%）
百色市	269.20	4.54	29.33
贺州市	158.36	2.67	35.27
河池市	258.85	4.36	43.06
来宾市	189.59	3.19	34.40
崇左市	224.90	3.79	34.61

二 广西服务业发展存在的主要问题[①]

（一）服务业总体规模小

广西服务业总体规模小，与发达地区相比差距明显。2015 年，广西服务业增加值仅占全国服务业增加值的 1.9%，总量在全国各省（区、市）中排位靠后，与发达地区广东的服务业增加值相差 2.7 万亿元，仅为广东的 17.8%。

（二）服务业增长相对较慢

2005 年以来，广西服务业增加值虽然基本保持了两位数的增长，但增长速度基本都低于同期 GDP 以及第二产业增速。同一时期，全国的服务业增速则基本高于同期 GDP 增速。2005～2015 年，广西服务业增加值年均增长 11.4%，分别比同期 GDP 和第二产业平均增速低 1.1 个百分点和 5.2 个百分点（见图 2 - 2 和图 2 - 3）。

（三）服务业对经济增长的贡献率低

与全国相比，广西服务业对经济增长的贡献率偏低。2005 年以来，广西服务业对经济增长的贡献率均低于全国平均水平，且与全国的差距呈逐步扩大态势。2005 年，广西服务业对经济增长的贡献率比全国平均水平低 10.4 个百分点，2015 年比全国低 13.1 个百分点（见图 2 - 4）。

---

① 2005～2016 年《广西统计年鉴》、2010～2016 年《广西国民经济与社会发展公报》。

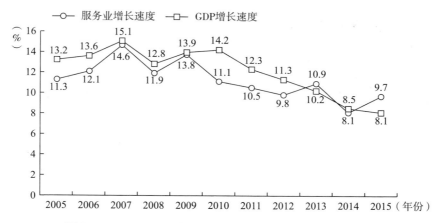

图 2 - 2　2005～2015 年广西 GDP 及服务业增加值增长速度

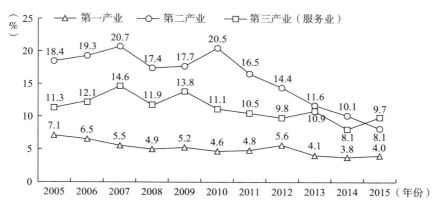

图 2 - 3　2005～2015 年广西三次产业增加值增长速度

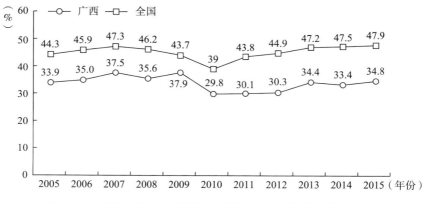

图 2 - 4　2005～2015 年全国及广西服务业对经济增长的贡献率

（四）服务业增加值占 GDP 的比重低且与全国差距扩大

2005 年以来，广西服务业增加值占 GDP 的比重总体保持在 34% ~ 40%，始终未能突破 40%。2005 年以前，广西服务业增加值占 GDP 的比重与全国平均水平接近。"十一五"以来，由于广西服务业增速基本低于 GDP 增速，而同期，全国服务业保持了高于 GDP 的增长水平，从而导致广西服务业增加值占 GDP 的比重与全国的差距日益扩大。2005 年，广西服务业增加值占 GDP 的比重只比全国平均水平低 1.3 个百分点，而 2015 年这一差距已扩大到 11.6 个百分点（见图 2-5）。

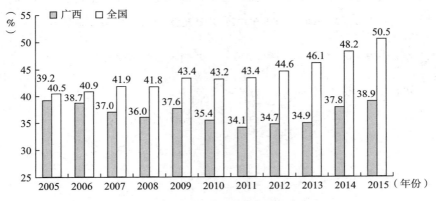

图 2-5　2005~2015 年全国及广西服务业增加值占 GDP 的比重

（五）服务业从业人员占比低

2015 年，广西全区有服务业从业人员 805 万人，同比增长 3.9%。2005 年以来，服务业从业人数各年间波动较大，增长速度总体呈下降趋势。从服务业从业人员占全社会从业人员的比重来看，广西的占比偏低，且比例不稳定，同期全国服务业从业人员占比则稳步提高。从 2008 年开始，广西的服务业从业人员占比低于全国平均水平，且差距逐步扩大，2015 年广西服务业从业人员占比为 28.8%，比全国平均水平低 11.8 个百分点（见图 2-6 和图 2-7）。

（六）服务业行业结构不合理

从服务业行业内部结构来看，广西交通运输、商贸、住宿和餐饮等传统服务业占比较高，但发展水平偏低，科学研究与技术服务、金融、保

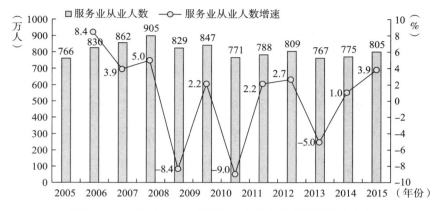

图 2 - 6 2005～2015 年广西服务业从业人员数及增长速度

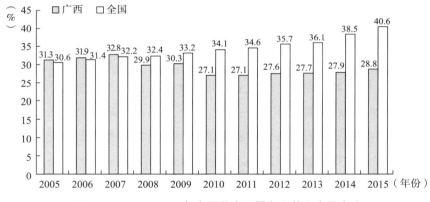

图 2 - 7 2005～2015 年全国及广西服务业从业人员占比

险、商务服务等现代服务业占比较低，且发展水平滞后。2015 年，广西交通运输、仓储和邮政业，批发和零售业，住宿和餐饮业增加值合计占服务业增加值的比重为 33.5%，比全国平均水平高 5.1 个百分点；金融业、房地产业等新兴服务业增加值合计占服务业增加值的比重为 61.6%，比全国平均水平低 5.1 个百分点。

（七）服务业地区发展不平衡

广西全区 14 个市中，只有南宁、柳州、桂林 3 个市的服务业发展水平相对较好，且南宁市的发展水平明显优于其他市，南宁市一个市的服务业增加值超过了全区总量的 1/4，2015 年为 25.98%，而增加值总量最小的贺州市，2015 年服务业增加值仅占全区总量的 2.67%。2015 年，只有南宁、柳州、桂林、玉林 4 个市的服务业增加值总量超过 500 亿元，有 3 个市的总量少于 200 亿元。

第三节　广西服务业"十三五"时期
发展环境和展望

一　国内外"十三五"时期发展环境

从国际环境看，"十三五"期间，我国面对的国际经济环境较"十二五"期间将有所改善，主要表现在：主要经济体经济增速有所回升，国际市场孕育诸多有利于我国经济发展的新机遇。"十三五"期间，世界经济增速将小幅提高，国际市场将进一步活跃，从而给我国经济发展带来新机遇。

从国内环境看，根据"十三五"规划纲要，预计"十三五"时期我国GDP 年均增长率将维持在 6.5% ~7.0%，经济发展更具生机和活力，这为服务业发展提供了新的机遇。国家政策层面的环境将有利于促进服务业发展，积极因素主要有以下方面。

（一）改革红利将加速释放

"十三五"时期国家将着眼激发市场主体活力、释放发展潜力，将深入推进现代市场体系建设、政府职能转变、公共资源配置制度改革、开放型经济体制改革等；将更好地保障和改善民生、促进社会公平正义；将深入推进以收入分配、教育、医疗、就业、社会保障等为重点的社会事业改革；将继续提升生态文明水平；将深入推进资源产权制度、用途管制制度、有偿使用制度和生态管控制度建设。

（二）供给侧改革推动经济结构调整升级

国家将加快传统产业升级改造步伐，加大落后产能淘汰和过剩产能压减力度，推动优势产业向产业链高端迈进；加大对战略性新兴产业和现代服务业的培育和扶持力度；大力发展绿色低碳产业，推动经济增长方式由高消耗、高排放、粗放型向低消耗、低排放、集约型转变；实施一批以开放为导向的重大区域战略，并加大对欠发达地区发展的扶持力度；进一步扩大内需特别是居民消费需求，增强经济增长内生动力。

（三）创新驱动战略深入实施

国家将继续加强创新体系建设，加大对企业研发机构、产学研创新联盟、优秀创新团队建设的支持力度；持续推进国家重大创新基地建设，加强向各类创新资源倾斜投放，打造世界一流、国际化的创新平台；全面推进区域创新体系建设，培育创新型国家建设的重要支柱和带动区域转型升级的龙头；继续实施一批重大科技专项，加快在电子信息、能源环保、生物医药、先进制造等重点领域实现核心关键技术重大突破。

（四）生态环境建设持续加强

国家将继续加大污染治理力度，加强减排设施建设，强化环境监管和执法力度，遏制环境恶化趋势；加大大江大河大湖综合整治、重要生态安全屏障建设、重点风沙源治理等重大生态工程建设力度，推进重点生态功能区等生态保护和修复；加快实施主体功能区规划，全面提升资源开发利用效率，减少资源不当开发、无序开发和低效开发对生态环境和资源的破坏；继续大力发展循环经济和低碳产业，从源头上减轻污染物排放压力。

（五）民生建设力度不断加大

国家将深化收入分配制度改革，提高居民收入分配比重和水平；加强城乡社会保障体系建设，构建覆盖城乡一体的社会保障体系；深化医疗卫生体制改革，构建安全、有效、方便、价廉的公共卫生和基本医疗服务体系；全面实施素质教育，合理配置教育资源，促进教育公平，提高教育质量；实施更加积极的就业政策，提升劳动者就业创业能力。

二　广西服务业"十三五"时期发展环境

2016 年发布的广西"十三五"规划纲要，描绘了广西经济社会发展的新蓝图，也为服务业发展指明了方向和重点，主要包括以下内容。

（一）促进生产性服务业提质发展

广西将大力发展现代物流、信息服务、金融服务、电子商务等生产性服务业，引导工业企业分离和外包服务功能，创新商业模式和服务业态，促进生产性服务业与制造业、现代农业有机融合，提升生产性服务业水平和比重。

（二）促进生活性服务业升级发展

广西将以适应城乡居民消费升级为导向，大力发展旅游休闲、商贸流通、教育培训、房地产等生活性服务业，推进生活性服务业向精细化和高品质发展，提升服务质量和档次，促进生活性服务业规模化、品牌化、网络化经营，满足居民日益增长的多样化、个性化消费需求。

（三）构建区域性国际物流中心

广西将构建连接"一带一路"、粤港澳、西南中南和华东地区的出海、出边、出省物流通道，建设北部湾区域性国际物流枢纽，完善物流节点城市、物流枢纽、物流园区等布局；通过积极发展第三方物流等方式，引进国内外知名物流运营商，建设海外仓等境外物流节点，增强国际物流中心辐射力。

（四）加强旅游强区建设

广西将以桂林国际旅游胜地、北部湾国际旅游度假区、巴马长寿养生国际旅游区三大国际旅游目的地建设为重点，构建南北、西江、边关风情三条旅游发展带，建设南宁、桂林、北海、梧州四个旅游集散地，培育高铁旅游带、环北部湾旅游圈、海上丝绸之路旅游带、桂湘黔粤旅游圈；推动设立跨境旅游合作区。

（五）提升社会信息化水平

广西将深入实施"宽带广西"战略和"互联网＋"行动，将以南宁为核心，形成 21 世纪海上丝绸之路网络经济带；打造东盟区域信息基础设施海外业务服务和运营基地；力争建成我国第四个国际互联网出口点和国家级互联网骨干互联节点；加快建设中国—东盟信息港，建设一批面向东盟的网络视听基地、北斗产业园等产业聚集区，推动跨境电子商务等信息服务业发展；大幅提高宽带接入水平、传输速度和家庭普及率；加快物联网、云计算、大数据等新一代信息技术应用，加快数字广西和智慧城市、智慧乡村建设。

（六）推进现代服务业集聚发展

广西将依托交通枢纽、重点产业园区、历史文化街区、智力密集区、边境合作区，重点建设一批现代服务业集聚区。

三 广西服务业"十三五"时期发展展望

2015 年是"十二五"规划收官之年，广西服务业发展势头良好，为"十三五"时期服务业持续快速发展奠定了基础。全区服务业增加值增长 9.7%，占 GDP 的比重达 38.9%，比"十一五"末提高了 3.5 个百分点，超过"十二五"规划预期目标 1.5 个百分点；服务业增速快于第二产业 1.6 个百分点；对经济增长的贡献率达到 41.9%。展望"十三五"，预计广西服务业将延续"十二五"末的良好发展势头，服务业份额将稳步增加，并逐步形成工业和服务业并驾齐驱的发展格局，服务业增加值比重、劳动就业和固定资产投资比重预计可达到 42%、35% 和 55% 以上，增长速度有望超过经济预期增速。"十三五"时期广西服务业发展将呈现新的趋势和特征，主要表现在以下方面。

（一）从生产型制造为主向服务型制造为主逐步转变

当前，新一轮科技革命与经济转型升级正形成历史性交汇，制造业在"互联网＋"的推动下，逐步由生产型制造向服务型制造转变。广西生产性服务业占 GDP 的比重低，这要求广西努力促进生产性服务业与制造业有机融合，向专业化价值链高端延伸，提升生产性服务业水平和比重。

（二）人口城镇化快速拓宽服务业发展空间

"十三五"时期，广西人口城镇化率有望达到 40% 左右，将有 600 万左右的农业转移人口进城，这有助于拉动投资、催生新兴产业，释放更大的内需潜力。

（三）新一轮科技革命将为服务业创新发展奠定技术基础

科技创新催生了服务业新业态和新模式，成为服务业高端化、智慧化发展的内生动力。在物联网、云计算、大数据等现代信息技术的推动下，新的服务供给应运而生，将带给我们更多不一样的生活体验。

（四）由物质型消费为主向服务型消费为主的渐变

广西正处于消费结构转型升级的关键时期，突出表现在从生存型消费向发展型消费升级，健康、教育、医疗等发展型消费支出开始全面快速增长；物质型消费向服务型消费升级，城乡居民服务型消费将逐步提高。

四 "十三五"时期广西服务业发展措施建议

（一）大力发展生产性服务业，助力产业结构优化升级

要狠抓重大项目建设、集聚区提升和企业创新三大关键环节，大力发展生产性服务业，充分发挥其低投入、高产出、高附加值、低能耗、智力密集型等特点，促进产业结构加快向中高端迈进。引导企业分离和外包等非核心业务，培育一批龙头生产性服务企业。以技术融合为依托、以市场需求为导向，找准产业跨界融合发展现代服务业的重点领域，加快生产制造与信息技术融合，促进产业结构逐步由生产制造型向生产服务型转变。以现代服务业集聚区和示范区建设为载体，打造跨界融合的产业链和产业集群。

（二）优化服务业市场环境，催生增长新动力

全面深化改革，更大力度简政放权，积极研究制定有利于服务业发展的市场体系、财税体制、金融体制等一揽子改革举措。全面实施营改增税制改革。着力破除服务业领域垄断，服务业领域全面实施企业投资的负面清单管理。促进研发、物流、销售、信息等生产性服务业对社会资本开放，健全城市公用事业特许经营制度，积极引导社会资本参与。加快以教育、医疗、健康、养老等为重点的生活性服务业市场对社会资本的全面开放。

（三）促进新一轮服务业对外开放，打造发展新引擎

以国家实施"一带一路"倡议为重要契机，培养以提升服务业对外开放的战略眼光和紧迫意识，在吸引外商优质资本的同时特别注重引进国际先进服务理念、管理技术和知名品牌，加大"引进来"和鼓励"走出去"

相结合，促进重点行业服务贸易出口，大力发展离岸服务外包，在全球化产业分工和重组新格局中赢取主动权。

（四）推进城乡区域协调发展，优化服务业发展布局

主动融入国家"一带一路"、城镇化等重大战略布局，确立"优势互补、一体联动、合作共赢"的发展理念，充分发挥南宁、柳州、桂林三市在服务业领域的龙头带动作用，明确沿海、西江、桂西地区服务业发展空间布局和产业发展重点。以大力推进城镇化为契机，推动消费升级，带动服务产品向多元化、个性化、高端化发展。另外，以城市转型为依托，集中布局各类服务功能区，在新型城镇化战略和智慧城市建设中推进产城融合。以城带乡，产城融合，鼓励城镇服务业网络向农村延伸。

（五）鼓励创新创业，拓宽服务业发展空间

加大创投引导资金扶持力度，为创新尝试者、创业失败者提供最大保障。加强新兴服务行业和业态的知识产权保护与运用，建立健全知识产权交易市场，大力发展知识产权中介服务。以服务业智慧化、制造业服务化为导向延伸产业新链条。适应全球产业技术革命的演变趋势，把握信息技术革命进入全面渗透和深度应用的新阶段特点，围绕云计算、物联网、大数据、智能传感、电子认证、网络信息安全等关键核心技术，加大研发和产业化力度。

（六）推进供给侧结构性改革，优化服务供给

鼓励各类市场主体创新服务业态和商业模式，优化服务供给，增加短缺服务，开发新型服务。运用互联网、大数据、云计算等推动业态、管理和服务创新，开发适合高中低不同收入群体的多样化、个性化潜在服务需求。健全生活性服务业质量管理、监督和标准化体系，推动职业化发展，打造服务品牌。加快服务领域的诚信体系建设，加强对市场监督和消费者保护。重点发展居民家庭服务、健康服务、养老服务、旅游服务、教育培训服务等贴近人民群众生活、需求潜力大、带动作用强的服务领域。

第四节 广西服务业新业态发展趋势

2016 年为"十三五"开局之年,在经济新常态下,服务业支撑经济稳定增长、促进经济结构转型升级的作用进一步增强,服务业发展迎来历史机遇,呈现与制造业加速融合、与互联网加速融合、与世界经济加速融合的发展趋势。同时,新技术革命也给服务业发展带来了新的挑战,行业间市场竞争进一步加剧,企业面临重组并购、优胜劣汰的风险上升。总的来看,2016 年广西服务业发展保持了稳中向好的态势。

一 服务业重点产业凸显新业态特征

2015 年,广西服务业发展大会锁定了"十三五"时期广西将要重点发展的 13 个重点产业,将优先发展国家战略的"国字号"服务业,打好广西服务的"东盟牌""民族牌""特色牌"。13 个重点产业包括:现代物流业、商贸服务与会展业、信息服务业、海洋服务业、电子商务、金融业、科技服务业、教育培训服务业、文化创意和设计服务业、节能和环保服务业、旅游与运动休闲业、健康养老服务业、房地产业等。自治区党委常委会议专题研究了加快服务业发展的政策文件,提出了广西服务业发展提速、比重提高、水平提升的目标要求。在发展提速方面:今后 6 年(2015 ~ 2021 年),力争服务业增加值年均增长 10% 左右,服务业投资年均增长 17% 左右。在比重提高方面:到 2017 年,服务业增加值达到 8000 亿元,占全区生产总值 40% 左右;到 2020 年,服务业增加值达到 1.2 万亿元,占全区生产总值 43% 左右;全区服务业从业人员达到 1000 万人左右,占全部从业人员的比重提高到 35% 左右。在水平提升方面:到 2020 年,服务业市场化、产业化、社会化、国际化水平大大提高,生产性服务业增加值达到 45% 左右,新技术、新模式、新业态、新产品加快发展,打造一批业态突出、特色鲜明的现代服务业集聚区,培育一批有较强竞争力、影响力的服务业龙头企业,形成三次产业融合发展、制造业与服务业"双轮驱动"的产业新格局,建成服务"一带一路"、面向东盟、辐射西南中南的现代服务业发展新高地。

2015 年，广西第三产业的增长速度为 9.7%，高于工业增速 2 个百分点，13 年来首次"跑"在了工业之前；对经济增长的贡献率创 2003 年以来最高水平，达到 41.9%，高于工业 0.1 个百分点；占 GDP 的比重达38.9%，为 2006 年以来的最高值。广西第三产业的迅速发展既得益于政策因素，也与经济发展的大环境息息相关。2015 年，自治区党委、政府相继出台了《关于加快服务业发展的若干意见》《广西现代服务业集聚区发展规划》《广西服务业发展重点项目实施方案》等政策文件，着力营造有利于服务业发展的体制机制和政策环境。政策效应不断发酵，激发了市场的活力。2015 年，服务业投资占固定资产投资比重比上年提高了 0.8 个百分点；而工商部门的统计数据也显示，截至 2015 年 11 月底，广西新设立的企业中，第三产业企业增幅超过了 85%。

二 "互联网 +"促进新业态发展

"互联网 +"的概念促进了新业态发展，更为拉动消费带来了直接动力。据统计，2015 年 1 ~ 11 月，广西全区规模以上服务业中，商务服务、互联网和相关服务、软件和信息技术等新兴服务业营业收入分别增长了23.3%、27.0% 和 29.9%。据商务厅估计，2015 年广西全区电子商务交易额比 2014 年增长了一倍多。广西服务业在稳步快速发展的同时，也呈现内部分化和结构不断优化的趋势。一方面是交通运输、批发和零售、住宿和餐饮等传统服务业增速放缓，另一方面是金融业、营利性服务业等现代服务业蓬勃发展，成为推动服务业发展的主要动力。服务业结构持续优化，产业层次持续提高，新兴产业逐步崛起。金融、计算机信息传输服务、咨询、商务服务业和软件业等现代服务业行业的发展，也从产业环境上促进了交通运输、仓储和邮政业，批发和零售业，住宿和餐饮业等传统服务业发展。广西服务业的发展逐步呈现出产业与行业间互为支撑、互利共赢、齐头并进的良好发展特征，逐步形成一种以服务业发展支撑服务业发展的良好结构。

三 现代物流服务业成为经济运行的"动脉"

物流是经济运行的"动脉"。广西最大的优势在区位，最大的潜力在沿海，要充分挖掘释放与东盟陆海相邻的区位优势、江海联动的港口优势、全面进入高铁时代的交通优势，必须以更大力度推动现代物流业大发展。要认真实施《促进现代物流业跨越式发展三年行动计划》，以重要交通枢纽、产业园区、开放平台和城市为依托，以扩大物流总量、降低物流成本、提高物流效率为核心，努力融合运输、仓储、货代、信息等产业，突出抓好港铁物流发展，积极推进水路、公路、铁路、航空等不同运输方式紧密衔接和重点物流干线多式联运发展，大力发展冷链物流、第三方物流等现代物流方式，积极整合物流企业，培育若干带动力强、辐射面广的物流集团，加快形成以港口、口岸物流为龙头，以制造业供应链物流、商贸物流、电子商务物流、城乡配送、金融物流、智慧物流为重点，其他专业物流协调发展的现代物流产业体系，真正把广西建成连接粤港澳、辐射西南中南、面向东盟国家的跨区域跨国物流大通道，进一步提高物流的社会化、专业化水平。

四 金融服务业成为国民经济的"血液"

金融是国民经济的"血液"，在现代经济中处于"牵一发而动全身"的地位，也是现代服务业的"第一板块"。"供血不足"是制约广西发展的一个老大难问题，其重要原因在于金融业先天不足、发展滞后。近几年，广西金融业取得长足发展，但与全国平均水平相比还存在较大差距，其对实体经济发展的支撑作用还没有得到充分发挥。要把金融业发展摆在更加重要的位置，制定专门规划，强化扶持政策，切实将其做大做优做强。要以建设沿边金融综合改革试验区为契机，深化金融体制改革，加快地方金融组织发展，加强金融主体建设，做好"引金入桂""引资入桂"工作，吸引更多中外金融机构入驻广西，形成跨境金融业务的集聚，努力把南宁打造成面向东盟的区域性国际金融中心。积极推动国内大型金融机构加快组建面向东盟的货币清算、结算及相关业务中心，深化拓展与东盟国家的金融合作，创新跨境人民币业务。完善银行、保险、信托、证券、金融租赁公司等各类金融组织体系，积极发展地方新型金融组织，促进股权投资基金发展，培育地方多层次资本市场。支持互联网金融发展，培育壮大第三方支付、移动支付、电商金融等服务平台。加快建设具有广西特色、面向东盟的大宗商品现货和期货交易中心、股权交易中心，积极开发针对"三农"、中小企业、科技创新的金融产品和服务，真正把金融业打造成广西新的重要支柱产业。

五　电子商务服务业方兴未艾

方兴未艾的电子商务，是经济全球化和互联网科技发展的产物，是融入全球价值链的重要途径，被不少国家和地区视为未来发展的新增长极，发展趋势不可阻挡，发展前景不可限量。互联网不仅培育了巨大的网络消费市场，也催生了许多新技术、新产品、新业态、新商业模式。从一定意义上说，抓住了互联网，就抓住了未来，我们绝不能让互联网经济的机遇与我们擦肩而过。现在，国家推出了"互联网＋"行动计划，国务院出台了《关于大力发展电子商务加快培育经济新动力的意见》，互联网经济将迎来井喷式发展。我们要勇于站在"互联网＋"的风口上，顺势而为，乘势而上，发挥电子商务在"互联网＋"战略中的关键作用，进一步加强城乡信息网络基础设施建设，加快中国—东盟信息港和智慧城市、智慧社区、智慧乡村建设，深入实施"信息惠民"工程、"电商东盟、电商广西"工程和"电子商务进万村"工程，大力发展面向东盟的跨境电子商务，加速推进农村和社区电子商务，立足广西特色优势产品，积极培育有较强影响力的大中型电子商务平台，大力运用云计算、大数据等新一代信息技术发展电子商务新业态，促进电子商务产业集聚，真正使电子商务在广西城乡遍地开花。

六　健康服务业发展潜力巨大

良好的生态和丰富的旅游资源是广西不可多得的财富，要按照全面构建"一个旅游龙头、两条旅游发展带、三大国际旅游目的地、四大旅游集散地"的旅游发展布局，深入推进"美丽广西"乡村建设和特色旅游名县、名镇、名村创建工作，在抓规划、抓特色、抓项目、抓环境、抓品牌、抓营销上持续用力，加快发展乡村旅游和生态休闲产业，不断提升广西旅游知名度、美誉度和影响力。我国正步入老龄化社会，2014 年底全国60 周岁及以上老年人口达 2.12 亿人，大健康时代呼之欲出。要超前谋划，抓住健康养老这个大市场，打响广西"长寿之乡"品牌，做好基本养老与商业养老、居家养老与机构养老、社区养老与村屯养老、就地养老与异地养老有机结合的大文章。大力推进养老服务业综合改革试验区建设，推动医养融合发展，完善健康养老服务产业链，形成集养生旅游、异地养老、保健品开发、老年产品设计研发制造等为一体的健康养老产业体系，力争占据主动、赢得先机，努力把广西建设成为国家养老产业基地和国际休闲养老健康养生基地。

七 生产性服务业成为新业态的主力军

服务业的 13 个重点产业充分考虑了广西的资源禀赋和现实基础，符合服务业发展大势和广西的经济社会发展需要，要加快发展，尤其是要加快其中的生产性服务业发展。2014 年，《国务院关于加快发展生产性服务业促进产业结构调整升级的指导意见》明确指出，生产性服务业涉及农业、工业等产业的多个环节，具有专业性强、创新活跃、产业融合度高等特点，对引领产业向价值链高端提升、促进产业逐步由生产制造型向生产服务型转变发挥着重要作用。可以说，生产性服务业发展水平的高低，决定着一个国家和地区参与国际分工地位的高低，生产性服务业是加快产业转型升级、提高产业控制力和竞争力的关键，需要我们在发展生活性服务业的同时，集中力量来加快发展。

虽然广西服务业的发展取得了不俗的成绩，但放在全国的水平线上看，服务业仍是广西经济发展中的一块短板。从服务业内部结构看，广西地处西部，属欠发达地区，服务业产业结构中传统服务业所占比重较大，科技创新与转化能力偏弱，从而对广西现代服务业的发展形成了一定制约。

随着我国经济发展进入新常态，经济增长的主要驱动力必然会由当前的以投资拉动为主导逐步过渡到以消费拉动为主导。目前，广西三次产业的整体发展水平在西部地区乃至全国都相对滞后，在呈现紧迫性与严峻性的同时，也预留了巨大的发展空间。培养新的增长点应成为今后广西经济工作的重点。在工业发展面临困境，住宿、餐饮、商务流通等传统服务业出现放缓的背景下，要更加关注金融、会展、电子商务等新兴高端现代服务业的发展，促进高新技术产业发展和新兴产业的培育与壮大，以实现工业经济向服务业经济的转型升级。同时还要扩大内需、促进经济增长，通过提高城乡居民收入，加强保障和改善民生，来稳定居民的消费预期，增强居民的消费信心，不断激发居民的消费意愿，挖掘信息产品、电信服务等新的消费增长点。

第三章

部分省市发展服务业新业态的战略与启示

第一节　北京市发展服务业新业态的战略

一　服务业新业态重点发展领域

（一）研发设计服务

　　研发设计服务业符合北京的资源特点，对于推进北京产业结构升级、辐射带动全国技术创新具有重要作用。目前，北京拥有各类内外资设计公司 2 万多家，从业人员 10 万人，在工业设计、平面设计、建筑设计及工程设计等领域具备了一定的发展基础。其中，工业设计发展较快，产业规模和技术服务水平均居国内领先地位。2005 年，北京 IC 设计业实现销售额38.21 亿元，占全国设计产业销售总额的 30.74%；手机设计方面，德信无线、中电赛龙等重点企业以其强大的创新、设计能力，引领着国内手机设计市场发展。

　　新阶段下，北京研发设计着重发展以下细分领域。一是高技术研发。北京围绕高技术产业重点发展的软件、信息服务等高技术服务业以及移动通信、集成电路、光电显示、生物医药、新材料等高技术制造业，加大研发投入，建设了一批具有国际一流研发环境的专业性研发基地，吸引跨国公司和国内大型高技术企业设立研发中心，形成了亚太地区最重要的高技术研发基地。二是工业设计。目前，北京独立的工业设计公司有几百家，主要集中在电子通信设备、集成电路、医疗器械、航空航天等高技术产业领域，如德信无线、中电赛龙等。联想、方正、华旗资讯等大企业内部也涌现出一批实力较强的设计中心。北京初步形成了 DRC 工业设计创意产业基地、集成电路设计园两大工业设计产业聚集区。未来会重点发展 IT、通信、集成电路、生物医药等高新技术产业领域的产品设计；积极发展汽车、装备制造、新材料等现代制造业领域的相关产品设计。

（二）移动增值服务

北京在移动增值服务提供方面具有突出的优势，聚集了几乎所有的全国性媒体，如 CCTV、新华社等，以及众多具有较强竞争力的服务提供商。2006 年，中国移动增值市场份额排名前八位的企业中，有六家（除腾讯和掌上灵通外）总部设在北京。加快北京移动增值服务发展，一是发挥运营商的导向作用，打造合理的产业链模式。对于运营商而言，其应扮演管理者与整合者的角色，为产业链的合作与共赢服务。二是进一步拓展基于 3G 的移动增值业务领域，积极拓展手机电视、可视电话、视频邮箱、IP 电话、移动博客等增值服务业务，提升北京移动增值服务业发展水平。三是重视内容和需求的细分用户群。把握用户需求，对目标市场进行细分，并形成特色营销模式。如韩国 KTF 业务中 Fimm 和 Magic 主要对年轻人提供服务，VIZ 和 K-merce 主要服务于企业和商业。北京移动增值服务业针对不同的用户群体，开发不同的业务项目，并根据用户的价格承受度、价格敏感度等制定多样化的计费方式，以满足不同消费层次用户的需求。

（三）数字新媒体

北京数字新媒体产业呈现蓬勃发展的态势，网络出版、网络视频等网络新媒体产业居全国前列。据统计，北京互联网出版产业保持近 50% 的年增速，北京市经新闻出版总署批准的互联网出版单位有 13 家，占全国的 26%；具备较为完整的互联网出版商业模式的出版企业大约有 250 家，占全国的 20.8%。另外，以手机电视为代表的移动新媒体业发展迅速。

新阶段，北京数字新媒体发展的主要领域有以下方面。一是网络媒体。北京网络媒体主要集中在：①网络出版。2006 年，北京网络出版行业规模达 6.07 亿元，传统出版企业涉足互联网出版的有 1800 多家。②网络视频。国内最大的视频网站"我乐网"以及土豆网、优酷网等知名视频网站均在北京。③网络广告。以 web 2.0 应用为主的电子杂志厂商 ZOM、X-PLUS、阳光导航等均将网络广告作为主要收入来源。二是有线数字电视。歌华有线、航空航天系统、北京电信通电信工程有限公司等大型网络运营商，在推动北京数字电视稳步平移过程中发挥了积极作用。北京发展有线数字电视的关键是加强数字电视内容服务环节发展，制作出更多优良、专业化、娱乐化的节目，满足不同年龄层次、不同受众群体的需要；开发多种增值服务业务，如交通查询、电话业务查询、银行业务查询等信息服务，拓宽有线数字电视收入渠道。三是移动媒体。移动媒体是借助手机等移动终端开展信息传播活动的媒体，包括车载电视、手机电视、手机广播、手机音乐、手机报纸等业务。新阶段，北京会重点发展手机电视、车载移动电视、手机音乐等移动媒体重点领域。

（四）动漫游戏

近年来，北京动漫游戏产业规模不断扩大，成为现代服务业发展的一个新亮点。2018 年，北京动漫游戏产业企业总产值达 710 亿元，比 2017 年增长了约 13%。其中，原创研发动漫游戏企业出口产值达 182.47 亿元，比 2017 年增长了近六成。受中国内地游戏行业人口红利逐渐消失的影响，国内游戏市场增速放缓。在市场显露出固化的态势下，北京动漫游戏企业积极开拓海外市场，出口产值大幅增长。据统计，北京动漫游戏企业出口产值从 2014 年的 42 亿元持续增长至 2018 年的 182 亿元。北京大中型动漫游戏企业海外竞争力逐步提升。

北京正处于人均 GDP 6000 美元向 10000 美元迈进的新阶段，要加快发展动漫游戏外包服务，积极参与国际市场竞争。加快制定和落实针对外包服务的优惠政策，如专项资金支持、财政返还、贴息贷款等，进一步优化动漫游戏外包发展的政策环境；以建设国际级动漫游戏企业发展基地为重点，积极打造示范区，推动动漫游戏外包企业集群式发展；组建动漫游戏软件出口企业联盟，对外形成合力，统一开发规范，统一人才培训，统一订单，提升企业标准化、规范化开发水平。

（五）电子商务

北京是全国电子商务发展较好、起步较早的地区之一。2018 年，北京全市开展网上零售的限额以上批发零售企业共 610 家，较 2015 年增长了 71.8%。其中：年度网上零售额 1~10 亿元的有 75 家，10 亿~100 亿元的有 20 家，100 亿元及以上的有 6 家，分别较 2015 年增长了 127%、67%、50%。2018 年，北京市限额以上批发零售企业实现网上零售额 2632.9 亿元，同比增长 10.3%，拉动社会消费品零售总额增长 2.1%，占北京全市社会消费品零售额的比重为 22.4%，创历史新高，对社会消费品零售额增长的贡献率超过 79%，占比、贡献率分别高于全国平均水平 4 个百分点和 34 个百分点。

在加快推进北京人均 GDP 向 10000 美元迈进的新阶段，北京电子商务呈现以下发展趋势。一是电子商务走多元化发展道路。如淘宝网推出 B2C 业务，eBay 易趣宣布将以品牌旗舰店的形式进军 B2C 业务领域，北京当当网分成品牌合作的 B2C 和个人二手交易的 C2C 两部分。在北京电子商务发展中，B2B、B2C、C2C 等业务模式将趋于融合，呈现多元化的发展态势。二是兼并、联盟等合作形式不断呈现。三是电子商务的深度将进一步加深。随着电子商务技术创新与集成度的提高，企业电子商务将向纵深方向挺进，新一代的电子商务将不断出现，逐步取代目前简单地依托"网站＋电子邮件"的方式。四是逐步向国际化发展方向迈进。随着国际电子商务环境的规范和完善，北京电子商务企业必然走向世界，这是适应经济全球化，提升本土企业国际竞争力的需要。

二　北京市的政策措施

（一）加强宏观规划与引导，促进服务业新业态健康发展

一个区域新兴产业的发展离不开政府的扶持。美国、日本、韩国等国家都采取政府引导、环境营造等措施推动现代服务业新业态发展（王坚，2008）。如：韩国出台了《文化产业振兴基本法》，规范动漫游戏行业发展，成立"漫画产业综合支援中心""漫画影像产业园区"等机构对动漫企业给予综合支持。北京也非常关注现代服务业新业态发展，在软件、动漫游戏等领域出台了一系列规划和政策，发布了《北京市动漫和互联网游戏产业发展规划》《北京市促进文化创意产业发展若干政策》等，在专项资金扶持、聚集区建设、公共平台建设等方面对软件外包、动漫游戏、新

媒体等现代服务业新业态领域予以支持。但是与其他成熟行业相比，北京现代服务业新业态发展中仍然面临许多问题，如知识产权保护、市场秩序等，这些问题都有赖于政府的进一步规范和引导。

（二）增强科技支撑作用，提升服务业新业态自主创新能力

目前，北京现代服务业新业态发展中的科技支撑引领作用仍显不足，未来将通过加强行业关键技术开发和整合、产学研联合以及技术集成应用示范平台建设，进一步加速科技与服务业的深度融合，推动增强现代服务业新业态自主创新能力和提高高新技术应用水平。一是鼓励服务业新业态企业及相关高技术企业加大技术研发投入。针对动漫游戏、数字出版、电子商务等重点领域发展所需的若干关键技术，如宽带无线接入技术、下一代互联网（NGN）关键技术、数字多媒体技术等，通过设立科技促进专项基金、推出服务业科技发展资助计划等方式，集中力量进行科技攻关。二是构建以企业为核心、以市场为导向的新型产学研机制。对产学研联合项目给予政策扶持，积极鼓励企业、科研院所通过委托研发、联合研发、信息资源共享等多种形式进行交流合作，建立以企业为主体、产学研相结合的技术开发模式，激活各方创新活力，共同攻克关系产业长远发展的关键技术。

（三）完善服务业新业态产业链，推动产业集群发展

近年来，北京现代服务业新业态初步形成了聚集发展态势，如 DRC 工业设计产业集群、石景山动漫游戏产业集群等。但这些服务业新业态集群发展才刚刚起步，产业链条还不完善，产业集群的综合效益还没有充分发挥出来。因此，北京围绕重点发展的现代服务业新业态，积极推进各类专业性园区和产业基地建设，进一步强化服务业新业态聚集效应。一是规划引导一批专业园区建设。加强政府对园区基础设施建设和公共服务平台建设的资金支持力度，为吸引企业入驻创造良好的环境。二是发挥龙头企业的引领作用，积极拓展产业链条，带动中小企业进入园区，形成产业发展生态链，充分发挥产业集群所带来的集聚效应，打造服务业新业态特色产业链。三是重点围绕动漫游戏、数字新媒体、软件外包、工业设计等领域，推进专业园区孵化器及专业服务平台等服务体系建设，降低服务业新

业态企业创业成本。

（四）实施知识产权和技术标准战略，优化服务业新业态发展环境

一是健全知识产权保护的法律法规体系，将保护创造力和创新能力作为所有知识产权法律和政策的目标，为北京现代服务业新业态发展营造规范、有序的法制环境；在加快新业态知识产权制度与国际接轨的同时，加强对不正当竞争附加保护方面内容的研究，扬长避短，为服务业新业态发展争得最大的发展空间。二是提高企业知识产权和技术标准的创造、管理、保护和运用能力。采取设立知识产权专项资金等多种形式，鼓励企业以形成具有自主知识产权的产品和技术为目标开展创新活动，在专利申请、标准制定等方面予以支持；以北京作为国家技术标准试点城市为契机，鼓励企业以核心技术为依托，与标准研究机构、跨国公司等合作，积极参与技术标准的研制；引导服务业新业态企业加强知识产权管理，建立和完善包括知识产权管理制度、保密制度、成果归档制度等在内的知识产权内部管理制度，增强和提高企业科技管理人员的知识产权保护意识和水平。

（五）加强专业人才培养与引进，构建服务业新业态智力支撑

一是加强服务业新业态重点领域高端人才培养。北京围绕动漫游戏、数字内容等重点领域，在高校设立相关专业和培训课程，为产业长远发展提供人才储备；依托服务业新业态领域重大科研攻关项目、重点科研基地建设以及国际学术交流与合作项目，加强学科和技术领域带头人的培养。二是加快创新型人才引进。在落实和完善国外留学人员回国创业和外籍人员在北京创业的各项优惠政策基础上，制定专门针对新业态人才引进的政策措施；建立服务业新业态重点领域人才引进目录，重点引进一批高素质人才和紧缺人才；鼓励企业采取核心人才引进、团队引进、项目引进等方式吸引海外高技术人才；推动企业建立科学的人才评价体系和灵活、高效的激励机制，增强企业对人才的吸引力和凝聚力，充分发挥人才的创造能力。

第二节　广东省发展服务业新业态的战略[①]

一　服务业新业态重点发展领域

2015 年，广东规模以上服务业企业实现营业收入 15048.7 亿元，同比增长 9.7%，增幅比上年提高了 1.5 个百分点，比前三季度提高了 1.0 个百分点。效益稳步提高，全年实现利润总额 2300.9 亿元，同比增长 11.1%。营业税金及附加、应交增值税两项合计 483.9 亿元，同比增长 16.5%。创造的就业岗位增加，平均从业人员人数 340.9 万人，同比增长 2.1%。其中，以"互联网 +"为代表的新业态推动服务业加快转型升级。2015 年，广东"互联网 +"技术的迅速兴起与陆续出台的各项扶持服务业发展的政策叠加效应显现，服务业发展呈现新的活力。在线购物、网络广告、在线租车、在线教育、在线旅游等大批新兴行业被催生，服务业企业与互联网融合加深，转型升级的步伐加快。2015 年，广东的信息传输、软件和信息技术服务业，租赁和商务服务业分别实现营业收入 3518.1 亿元和 2904.8 亿元，同比增长 10.9% 和 14.8%。在一系列加快发展生产性服务业政策的引领下，互联网、软件和信息技术、物流业、商务服务业等新业态产业快速发展（见表 3 - 1）。

表 3 - 1　2015 年广东部分规模以上服务业主要指标及增速

类别	营业收入（亿元）	增速（%）	利润总额（亿元）	增速（%）	两税合计（营业税 + 增值税）（亿元）	增速（%）
交通运输、仓储和邮政业	5741.6	8.7	345.6	50.6	81.5	2.5
信息传输、软件和信息技术服务业	3518.1	10.9	861.8	2.7	198.3	30.8
房地产业（房地产中介 + 物业管理）	654.4	13.4	58.8	14.9	37.3	10.4
租赁和商务服务业	2904.8	14.8	851.3	12.7	85.4	8.9

---

① 广东统计信息网，http://www.gdstats.gov.cn/tjzl/tjfx/201602/t20160229_324618.html，最后访问日期：2016 年 1 月 27 日。

续表

类别	营业收入（亿元）	增速（%）	利润总额（亿元）	增速（%）	两税合计（营业税＋增值税）（亿元）	增速（%）
科学研究和技术服务业	1316.1	1.1	137.2	11.7	49.4	18.2
水利、环境和公共设施管理业	185.8	2.1	13.8	-69.3	8.5	21.4
居民服务、修理和其他服务业	145.6	9.9	5.8	18.0	7.3	2.8
教育	142.6	8.2	11.8	4.3	2.1	0.0
卫生和社会工作	153.3	10.8	3.8	-18.4	0.4	100.0
文化、体育和娱乐业	286.4	8.0	11.0	78.7	13.7	-1.4
总计	15048.7	9.7	2300.9	11.1	483.9	16.5

（一）软件和信息技术服务业持续快速发展

在经济新常态下，以信息技术为主导的新能源、新材料、生物技术、海洋技术等新科技革命方兴未艾，对信息传输过程中的技术、服务需求大幅提升。2015 年，广东规模以上软件和信息技术服务业实现营业收入 1379.6 亿元，同比增长 17.6%，增幅高于全省规模以上服务业 7.9 个百分点。大型企业表现突出，中兴软件、华多网络、百度国际、步步高、云中飞、酷开等公司项目增多，经营业绩较好。

（二）互联网经济新业态表现抢眼

受"互联网＋"发展大趋势的推动，互联网经济迎来良好契机。广东互联网发展环境相对成熟，优势比较明显，互联网经济呈现快速发展态势。2015 年，广东规模以上互联网和相关服务业实现营业收入 621.2 亿元，同比增长 20.5%，增幅高于全省规模以上服务业 10.8 个百分点。腾讯、财付通、梦网、酷狗、珍爱网等大型公司业务大幅增长。

（三）装卸搬运和运输代理业快速增长

2015 年，受市场竞争优势带动，供应链管理、国际物流等行业快速发展，龙头企业飞马国际、信利康、郎华供应链、怡亚通供应链等公司业务订单大增。2015 年，广东装卸搬运和运输代理业实现营业收入 1544 亿元，同比增长 24.5%，增幅高于全省规模以上服务业 14.8 个百分点。

（四）商务服务业持续快速发展

受企业管理、广告、国际旅行等行业市场需求上升拉动，广东商务服务业发展势头良好。2015 年，广东规模以上商务服务业实现营业收入2840.4 亿元，同比增长 14.3%，是拉动全省规模以上服务业的主要因素；营业利润 809.6 亿元，同比增长 11.3%；投资收益 740.3 亿元，占营业利润的 91.4%。企业管理服务、咨询调查、人力资源、旅行社等行业营业收入均保持快速增长，增幅分别为 17.7%、16.2%、19.6% 和 15.6%。

（五）影视放映市场需求旺盛

随着居民收入水平的提高，居民消费层次逐渐提升，影视和娱乐需求快速上升。2015 年，广东电影放映市场升温，主要影院业绩表现良好，电影放映业营业收入和利润分别比上年增长了 37.6% 和 63.0%。娱乐业受长隆集团销售快速增长拉动，营业收入、利润分别比上年增长了 17.5% 和 96.9%。

二 广东省的政策措施

（一）积极关注新产业、新业态、新商业模式"三新"变化趋势，树立服务业发展新思维

广东大力实施创新驱动发展战略，积极关注行业发展新趋势，重视平台竞争和跨界发展，鼓励企业主动整合资源，不断完善产业链条。制造业与服务业二者融合是行业发展大趋势，积极推动制造业关键领域和高端环节突破发展，带动研发设计、质量检验、会展业等生产性服务业的整体升级。积极调整发展战略，鼓励传统服务业充分利用互联网，打造更为专业的、全方位的服务，通过多种途径实现转型升级，打造集信息流、物流、资金流有机融为一体的全流程服务链，达到可持续健康发展。创新人才政策，建立健全服务业人才信息库和人才服务机构，鼓励服务业产学研联合发展。

（二）加快市场开放，提高资源配置效率

服务业是广东下一步对外开放的重中之重，广东切实破除行政壁垒和

画地为牢的桎梏，力争服务要素无障碍流动，提高服务资源的配置效率。加快推进生产性服务业尤其是垄断性服务行业的改革，除涉及国家安全必须由国家垄断经营的领域外，其他领域采取切实措施打破行政垄断壁垒，引进市场竞争机制，降低服务业市场准入门槛，吸引社会资本进入相关服务领域。在服务全球化趋势背景下，紧紧抓住"一带一路"的战略契机，充分发挥广东毗邻港澳的区位优势，鼓励有条件的服务业企业积极开拓国际市场，打造一批具有影响力的大型国际化服务品牌，提升服务贸易水平和地位。

（三）强化资源整合能力，推动服务业企业做大做强

广东借助互联网的东风，鼓励企业围绕产业价值链进行布局，把握产业价值链的关键环节，强化产业价值链的资源整合力度，打造品牌形象，提供更高品质、更便捷、低成本的服务。推动优势服务企业跨地区、跨行业兼并重组，打造跨界融合的产业集团和产业联盟，培育服务业龙头企业。同时扶持发展服务业中小企业，推进中小企业公共服务平台建设，缓解中小企业融资难问题，创造有利于中小服务业企业发展的宽松环境。

（四）引进和培养服务业人才

广东积极落实"千人计划"等人才计划，多渠道引进国内外高素质、复合型的现代服务业人才。支持高校、科研机构与现代服务业企业合作建立实训基地，支持各类教育培训机构开展高技能人才再培训、再教育，为服务业新业态企业人才职称评定提供便利。探索设立专业孵化器，为拥有技术、创意的人才提供创业投资服务，鼓励以创新服务品牌、创作成果和研发成果等无形资产入股创业。鼓励海内外各类服务业高级人才来广东创业和工作，在落户、职称评定、社会保险、医疗卫生及子女就学等方面落实优惠政策。

第三节 浙江省发展服务业新业态的战略

一 服务业新业态重点发展领域

近年来，浙江持续打好转型升级组合拳，服务业发展跑出"加速度"，成为拉动浙江经济增长的"火车头",促进浙江经济结构进一步优化。2016年以来,浙江省还有一批服务业改革创新试点,成功跻身"国家队":杭州被列入国家服务贸易创新发展试点城市,舟山江海联运服务中心得到国务院正式批复同意,义乌入选首批全国现代物流创新发展试点城市,宁波入围中国服务外包示范城市。此外,一大批新业态、新模式的试点项目相继推进,也让浙江的服务业进入了一个崭新的发展阶段。

(一)"互联网+"产业

以互联网为主体的信息技术产业。互联网正在快速颠覆传统产业,正在快速催生新兴产业,正在快速重构所有行业。以互联网为主要特征的新经济新业态蓬勃发展,让浙江经济站在了"互联网+"的风口上,互联网经济成为浙江经济发展最重要的新兴支撑力量。浙江在发展互联网经济上居于全国"领跑者"的位置,在发展信息产业上处于"早跑者"的行列,在推进"互联网+"上更是举全力在行动。让互联网这条"鲇鱼"持续搅出新的活力,是浙江经济发展呈现出来的最突出的新业态。以互联网为主体的信息技术产业,浙江将其锁定为第一支柱产业,构建起第一支撑力量,打造成第一新兴业态。全省信息经济核心产业增长值、网络零售额增长值、电子信息制造业增长值、跨境电子商务出口增长值,均呈现快速发展的良好态势。

正在快速推进的"互联网+"行动。浙江充分发挥基础和先发优势,突出"互联网+"与其他产业的联动,特别是在"互联网+制造业"上有了突飞猛进的进展。制造业在相当长的时间里仍是工业的主体,仍是经济的主力军,仍是GDP的主要支撑。制造业的转型升级,"互联网+"行动是其最大通道。"互联网+产品""互联网+设备""互联网+商业模式""互联网+整体方案",正在让浙江制造走向浙江智造,"两化融合"在浙江大地潮起潮涌。

互联网大潮还催生着年轻人群体的创业创新,催生着创客空间的建设。一个年轻人群体创业创新的潮流正在兴起,各种类型的创客空间更是风起云涌。放眼望去,但凡创业创新和创客空间,大都与互联网相联系。这一进程,已经并将更多呈现出经济发展的新业态,成为未来发展重要的新兴支撑力量。

（二）特色小镇建设产业

浙江正在积极推进的特色小镇建设，是新型城镇化的一个重大创新，是未来经济发展的一个巨大空间，是构建经济新生支撑力量的一个新颖业态。特色小镇作为新经济形态，让浙江在适应和引领新常态上能够走在前列。特色小镇建设，以服务业新业态和历史经典产业为支撑，在 3~5 年内每个小镇投资 50 亿元，并建成 3A 级以上景区。在这一新业态引领下，特色小镇将会发展成为强大的经济新兴支撑力量，成为新产业发展的大空间，将会带动旅游、金融、健康、时尚等产业的发展，将汇聚成强势的新经济业态，将大大推进城乡统筹发展。

（三）民宿产业和家庭农场

民宿经济是农家乐的升级版，是乡村旅游的新业态，是农民增收的富民工程。民宿经济刚刚在浙江乡村兴起，资本和农民两股力量推动着民宿经济的发展。这是一股了不起的市场力量，是充满生机活力的大趋势，是新兴强大的重要支撑。这一新经济业态，必将给农村和农民带来巨大利益。以家庭农场为主体的农业经营模式，包括农业合作社和各类专业大户，经过多年发展已经成长为成熟的适应农业生产力发展的经济业态。家庭农场经济业态，既保持了以家庭经营为主体的农业生产传统优势，又能做到让资本、劳动力和各种资源得到最优化的组合，实现土地适度规模化经营的目标。浙江土地流转率已经达到近 50%，不断扩大的家庭农场正逢其时，正成长为农业经济的新兴支撑力量。

（四）农村电商

农村电商是新经济新业态，是新趋势和新兴支撑力量。风起云涌的农村电商，将拉近城乡距离，让都市和农村两个市场高度融合，更将以一种新业态来引领农村经济的发展。近年来，浙江省电子商务快速发展，并逐步向研发、生产、流通、消费等实体经济活动渗透，尤其在农村经济社会发展中得到了广泛应用。电子商务在帮助农产品销售、扩大农村居民消费、帮助农村居民就业等方面起到了巨大的作用。

二 浙江省的政策措施

（一）新经济、新业态代表着经济发展的新趋势、新力量

浙江省在"十三五"规划中把发展新经济、新业态放在突出的位置上，集聚全省上下之力全力推进新经济、新业态的发展。浙江着力构建经济新兴支撑力量，正是努力践行习近平总书记"干在实处永无止境，走在前列要谋新篇"的集中体现。

（二）大力推动农村改革

浙江省的农村改革从未停下过脚步，其催生着新一轮的经济业态不断呈现。民宿经济、家庭农场、农村电商，就是近些年涌现出来的农村新经济业态，它们是浙江农村发展的新趋势，是浙江农村经济的新兴支撑力量。浙江农村深化改革始终走在前列，农村经济新业态始终不断呈现，农村新兴支撑力量始终在与时俱进。继家庭联产承包责任制和乡镇企业两次农村重大改革之后，以乡村旅游为主体的民宿经济发展，将成为农村重大改革的浪潮。

（三）积极推进企业股权改革

浙江民营企业家族化股权结构，曾为民营经济创造了充满活力的制度和业态，但随着时间的推移，这种多为家族成员、亲朋好友持股的过于集中和单一的股权结构，体制优势不再、经济业态疲乏等问题浮出水面。新经济、新业态源于深化改革，而新经济、新业态最终都由企业来呈现。浙江省积极推进"个转企""小升规""规改股""股上市"等企业股权改革工作，这成为企业转型升级最大的催化剂。浙江民营企业通过引进战略合作伙伴，让更多资本带着更多优质资源进入；通过兼并重组，实现合作双赢；借助股改深化，吸收企业中高级管理人员及骨干员工入股；让科技和"海归"人才的科技成果入股分红；吸引与公司业务发展紧密相关的产业链上下游伙伴参股；等等。

股权重组结构改革，不仅仅可以增加企业的资本金规模，更要紧的是可以发挥股东功能，保障后续股份注入的能力。更多合作资本的进入，更

多合作伙伴的进入，更多合作资源的进入，企业制度得到创新，企业资源得到优化，企业业态得到更新，企业竞争力得到提升。企业股权重组改革红利的快速释放，让浙江企业各种新业态蓬勃兴起，为全省民营经济注入了一股强大的改革活力，构成了市场经济微观主体发展的一条完整成长链，并在此基础上，派生出一大批充满活力和生机的新经济形态，股权改革最终催生企业裂变出各种各样的新业态。

第四节　江西省发展服务业新业态的战略

一　服务业新业态重点发展领域

近年来，江西省的新业态新产业取得了快速发展，但和发达地区甚至中部一些省份相比，江西的总体发展速度还不够快，发展水平还不够高，发展规模还不够大，还缺乏竞争优势。以电子商务为例，2013 年，江西省的电子商务交易总额为 657.5 亿元，仅占全国电子商务交易总额比重的 0.62%。此外，江西省的电子信息、新能源和生物医药等战略性新兴产业同样存在占比较小的问题。江西为了进一步培育壮大新业态新产业，在发展战略上重点把握以下几个领域。

（一）优势新兴产业

结合当前江西的产业优势，优先发展航空、新能源、电子信息、生物医药等战略性新兴产业，引导江西优势企业瞄准产业价值链高端，整合资源、引进技术、联合攻关、做大做强，抢占产业竞争高地。

（二）电子商务

紧扣江西现有的优势产业，结合电子商务的发展趋势，大力推进移动电子商务、大宗交易网络平台、电子商务供应链协同等载体建设，不断加强传统企业与电子商务的融合，积极发展电子商务新业态，提高经济社会活力。

（三）现代农业新业态

江西通过构建面向新农村建设的公共服务信息平台和江西省农产品交易平台，实现信息技术、物联网技术以及地理信息系统与农业现代化的深度融合，完善智慧农业供产销一体化的全产业链服务模式等。

（四） 文化旅游产业新业态

旅游业是江西具有特色和竞争优势的重要产业，江西积极利用云计算、移动通信、物联网等新技术，整合旅游业的全产业链，多方面促进会展旅游、红色旅游、生态旅游等新业态的推广。在文化产业方面，加强互联网与动漫游戏、广播电视、出版业等的融合对接，发展网络游戏、网络动漫、网络视听、数字出版等文化产业新业态。

（五） 智慧城市

江西主要发展：智慧政务，如电子政务建设、省市县统一的信息资源共享平台建设等；智慧民生，如建立智慧养老、医疗服务、网络教育等；智慧家庭，主要通过智能终端与各类智能家居、安防设施等形成网络，实现家庭智慧应用；此外，还有智慧小区、智慧技术等。

（六） 现代物流业

江西强化以现代信息技术为基础的物流技术应用，全面提升物流企业仓库管理、装卸运输、采购订货以及配送发运的自动化水平。在现有电子商务物流发展的基础上，进一步提供电子商务专业仓储、流通加工、货款代收以及货物担保等增值服务；逐步探索发展依托电子商务的第四方物流，为企业提供物流与供应链解决方案，提升供应链规划和管理能力，进一步降低企业的运行成本。

（七） 低碳环保产业

江西大力推行合同能源管理，有序推进节能改造、余热回收、建筑光伏一体化电站的投资、建设与运营。积极推动环保技术开发和产品升级，促进形成基础研究、应用研究、工程设计等配置合理的科技体系和产业体系，尤其注重加强环保高新技术的研究。

二 江西省的政策措施

近年来，江西省抓住国家产业结构调整和实施长江经济带、"一带一路"等重大发展战略的有利时机，借鉴国内外新业态新产业发展的成功经验，积极研究产业发展的新趋势、新特点，充分发掘产业资源优势，不断培育壮大新业态新产业，进一步促进该省产业转型升级、经济持续健康发展。

（一） 树立大产业发展理念

从发达国家和地区的成功实践经验来看，产业之间的融合发展可以产生许多新型业态形式。比如，文化产业与创意产业、旅游产业融合，会衍生出会展旅游、生态旅游、主题公园、演艺娱乐等产业形态。在学科交叉融合加速、新兴科技不断涌现、前沿领域逐步延伸的今天，江西在培育壮大新业态新产业时注重树立大产业、复合产业的发展理念，推动产业之间尤其是高新技术与新业态新产业的融合发展，形成全新的、综合性的产业形态格局，进而带动整个产业的全面发展。

（二） 充分利用区域产业资源的特色和优势

在实施现有产业发展政策的基础上，结合江西的产业优势和资源禀赋，努力突破产业发展瓶颈，拓宽新业态的发展空间。尤其注重从产品、技术、资本、市场等方面切入，在目前已取得比较优势的产业，如生物医药、航空制造、新材料、文化旅游、陶瓷、生态农业、低碳环保等领域进行多元化创新，培育壮大市场需求层次更高、更具竞争力的产业新业态。

（三） 加快培育优势新业态产业集群

江西充分利用国家和全省支持产业发展的相关政策，遵循产业集群形成、演进、升级的内在规律，综合考虑全省各地的区位优势、产业基础和资源禀赋，积极推动以上下游企业分工协作、品牌企业为主导、专业市场为导向的新业态集群建设，提升全省新业态的核心竞争力。

（四） 构建多元化的投融资体系

江西鼓励直接融资，加大对企业上市的扶持力度；鼓励和支持建立多种形式的新业态产业风险投资基金，对具有良好发展前景和创新性产品技术的企业给予重点倾斜；积极探索新型资产融资抵押方式，鼓励金融机构允许无形资产和动产质押融资方式，扩大企业贷款抵质押品范围，开展知识产权质押融资；等等。

（五）为新业态新产业人才营造良好的成长环境

全省各地规划建设了一批新业态产业基地和孵化基地，吸引高端创新型人才前来创业和发展。结合江西新业态新产业的战略定位和产业发展趋势，重点培养一批专业技术人才。同时，大力鼓励创业，发掘创新人才，激发创业热情，为创业者提供公司注册、办公场地、贷款贴息、税收优惠等扶持政策及相关配套服务，促进新业态新产业发展。

（六）改革体制机制，完善保障政策

江西进一步深化改革，加大简政放权力度。正确处理政府与市场的关系，大力推进行政审批制度改革，并从金融、财税、科技、教育等多方面入手，为新业态新产业发展营造良好环境。各地根据实际，出台扶持新业态新产业的相关政策措施，创新新型业态行业准入制度，鼓励各类资本投资新业态。与此同时，江西加大了对企业发展引导扶持的资金力度，各级财政部门把新业态新产业发展支持资金纳入各地的年度计划，重点向具有发展潜力和市场需求的企业提供补助和支持。

第五节　外省发展服务业新业态战略对广西的启示

在经济新常态下，服务业支撑经济稳定增长、促进经济结构转型升级的作用进一步增强，服务业发展迎来历史机遇，呈现与制造业加速融合、与互联网加速融合、与世界经济加速融合的发展趋势。同时，新技术革命也给服务业发展带来了新的挑战，行业间市场竞争进一步加剧，企业面临重组并购、优胜劣汰的风险上升。通过分析上文部分省市发展服务业新业态的重点领域布局和政策措施，广西可以结合本区域的实际，从中得到以下启示。

一　以新兴行业、新兴业态为重点，推进服务业结构优化和升级

广西目前及未来现代服务业发展的重点方向不应是低端的行业和传统业态，而是要聚焦于价值链上端研发设计和下端增值服务强势环节的新兴

行业，以及基于互联网的服务业新兴业态，如电子商务、智慧物流服务、工业云服务及大数据集成服务等。这既是优化服务业内部结构的根本之道，又是培育现代服务业竞争新优势的必然选择。主要可以采取以下措施：一是注重从新兴产业、高端环节和新兴业态的培育入手，以增量扩张实现比重提高、结构优化和层级提升；二是实现"传统行业提升"与"新兴行业培育"同步，更加注重质态提升，尤其是将信息和知识密集型的新兴服务业作为发展重点，为制造业转型升级和战略性新兴产业发展提供更高水平、更低成本的生产性服务。

二 建设高端服务业和先进制造业协同发展的平台

形成高端服务业与先进制造业协同发展的关键在于建立高效的基础平台，形成两者协同发展的支撑体系。目前，广西缺乏服务业与制造业之间的互通渠道和信息交流通道。一方面，不少制造业企业因为不满意外部的服务，而选择服务部门内部化；另一方面，服务业企业因为没有充足的市场空间，无法进一步发展。因此，应建立服务业公共信息平台，通过信息共享，加快多方平台交流，提高信息服务资源的潜在利用效率。同时，整合信息资源的提供商、信息技术的服务商和其他一些中介服务商，通过集成多层次、互补性的专业化力量，建立先进制造业与高端服务业的网络化协作平台和特色产业联盟，实现高端服务业与先进制造业的无缝对接，建立高端服务业与先进制造业协同发展的产业生态系统。

三 注重高层次人才、知识技术和创新资源等高端要素的引进与培育

在经济新常态的背景下，要注重高层次人才、知识技术和创新资源等高端要素的引进与培育，以能力成长推动现代服务业竞争新优势的培育。广西现代服务业竞争新优势的培育除了要考虑市场基础、制度环境等不可缺少的因素外，关键还是要看其是否具有相应的能力，包括知识创造能力、技术开发能力以及新业态与模式的创新能力等。可以采取以下措施：一是调整要素供给结构，优化广西高等院校、科研机构的人才培养模式，

激发企业开发活力，进一步开发优势资源，促进知识技术的积累，培育专业服务机构，继续实施创新人才、创业人才工程，特别是加大对生产性服务业领军人物和高层次人才的引进及培育力度，为生产性服务业的发展提供核心资源；二是营造企业创新氛围，从依赖"引进"转变为在开放条件下坚持自主开发的技术进步方式，鼓励和鞭策本土企业走上自主开发的道路，改变它们原有的行为模式，将现代服务业的发展建立在自主知识产权的基础上，以知识生产、创新能力的提升推动现代服务业向高端发展。

四 开展现代服务业重大项目工程，培育知名品牌和龙头企业

重大项目在推动产业发展、培育竞争优势中具有明显的示范效应和功能性作用。因此，在现代服务业发展规划中应实施现代服务业重大项目工程，以打造服务业集聚示范区、广西现代服务业高地为契机，加大对产品附加值高、有实力的骨干和龙头企业的扶持力度，充分发挥企业的行业辐射、带动作用，提升产业链整体技术水平。同时，鼓励企业跨行业、跨所有者并购重组，加快规模化、集团化发展的步伐，培植若干个超十亿元、超百亿元的具有行业影响力的知名品牌和龙头企业，使其成为现代服务业发展的中坚力量。

五 实施"走出去"战略，拓展现代服务业发展的国际空间

在现代服务业发展规划中，应实施"走出去"战略，密切跟随国际经济发展新趋势，把握国际产业分工新特点，在更高层次、更大范围、更宽领域参与国际经济合作，整合全球资源，推动广西优势服务业产能转移，促进对全区现代服务业竞争新优势的培育。具体可以采取以下措施：一是鼓励和支持优势企业"走出去"，从事建筑、贸易分销、物流、家政、金融、保险、证券、旅游、教育、医疗、出版、发行、影视、文化传媒、电子信息、技术设计、中介咨询、运营管理和售后服务等业务；二是鼓励文化企业"走出去"，传播广西的文化品牌，吸引更多的国内外投资者到广西进行投资。

六　优化服务业发展环境

一是针对服务业新业态融合度高的特点，进一步落实相关税收政策，对研发设计、检验检测认证、节能环保等科技型、创新型的服务业企业，支持申请认定为高新技术企业，享受 15% 的企业所得税优惠税率。落实服务贸易出口各项税收政策，降低企业经营成本。加强对服务业创新创业税收支持政策研究，争取国家加大对服务业创新创业税收支持力度，促进商业模式和经营业态创新。二是引导企业尊重、管理、保护知识产权，促进知识产权创造和运用，进一步保护企业创新创业积极性。推进知识产权服务体系建设，完善知识产权信息公共服务平台。加大知识产权执法力度，借鉴国际知识产权制度发展经验，探索建立知识产权保护长效机制。三是深化改革开放，进一步放宽服务业新业态产业的市场准入，营造平等规范、公开透明的市场竞争环境，鼓励社会资本以多种方式发展服务业，最大限度激发企业和市场活力。

七　加强人才队伍建设

一是完善以知识资本化为核心的激励机制，通过技术入股、管理入股、股票期权激励等多种分配方式，吸引集聚服务业新业态产业的创新团队和综合性人才。鼓励采用"订单式"教育、"定制式"培养等方式，为服务业发展输送更多合格高技能人才。二是树立并强化"四种意识"，开发人才资源。"四种意识"：①"一把手工程"意识，各级政府部门要将人才开发工作提升到重要位置，一把手主抓引才引智工作；②"人才标准多样化"意识，即把品德、知识、能力和业绩作为衡量人才的主要标准，做到不拘一格选拔和任用人才；③"人才至上"意识，即要以促进人才成长和作用发挥为标准，切实做好使用、培养、关心、激励人才的各项工作；④"人才大开发"意识，采取"使用性开发""政策性开发""储备性开发"等多种方式，通过进行合理性岗位调整，建立人才库，强化后备干部培养等途径来推动整体性人才资源的大开发。三是努力营造"四个环境"，实施人才服务。"四个环境"：①政策环境，在各类制度、规定允许的范围内，出台人才政策，发挥政策对人才的导向作用，以达到广罗人才，人尽其才的目的；②社会风尚环境，鼓励人才干事业、帮助人才干好事业，加大人才宣传力度，努力营造崇尚知识、崇尚人才的社会风气；③市场环境，力求创建本辖区的人才市场，发挥社会和劳动保障部门作用，通过周到服务、规范运作、科学指导、有力监督，来完善本辖区的人才市场体系；④工作环境，加强人才创业载体建设，为人才提供施展才华的舞台。

八　完善政府服务，推动服务业新业态发展

一是进一步发挥政府各级主管部门、行业主管部门、行业协会（社会组织）的作用，重点研究制定涉及服务业新业态发展的重大政策，协调解决服务业新业态发展中面临的重大问题，协同推进服务业新业态加快发展。二是推行生产性服务业领域政府权力清单制度，实行行政审批事项清单管理，进一步精简、规范服务业发展的相关审批事项，推动政府职能从注重事前准入转为注重事中事后监管，提高政府公共服务效率。加快完善社会信用体系，提升公共信用信息服务平台功能，强化信用信息归集和应用。全力推进网上政务大厅建设，扩大政府信息数据资源开放共享。三是加大财政支持力度，重点支持服务业新业态产业的发展，创新财政支持服务业新业态发展的方式方法，积极支持自主创新产品首次应用和研发设计成果应用。四是注重发挥政府资金引导作用和杠杆效应，吸引各类社会资金进入服务业新业态领域。完善政府采购办法，逐步加大政府向社会力量购买服务的力度。五是加强统计监测。探索调整国民经济行业分类标准，优化服务业新业态产业的统计方法和统计指标体系，逐步建立服务业新业态产业重点领域的分类目录，提高统计的全面性、精确性和及时性。完善统计信息发布制度，加强对服务业新业态重点行业发展态势的监测、预测和分析。

服务业覆盖面广，产业融合度高，带动作用显著，对消费、投资、出口都有巨大的拉动作用。同时，服务业是最大的就业"容纳器"，其单位产值创造的就业岗位是工业的5倍。对广西这样一个既要加快发展，又要打响生态品牌的省份来说，要千方百计稳增长，必须以更有力的举措推动

服务业大发展。在第四章、第五章、第六章、第七章和第八章中，本书将对广西需要重点发展的五个服务业新业态产业（金融服务业、信息技术服务业、现代物流服务业、电子商务服务业、健康服务业）进行研究，主要研究这些新业态产业在"十二五"时期的发展状况和在"十三五"时期的发展重点及趋势，分析产业发展现状，并提出未来进一步促进其发展的对策建议。

| 第四章 |

金融服务业的培育与发展

第一节　金融服务业的内涵

一　金融服务业的内涵与特征

（一）金融服务业的内涵

金融服务业即从事金融服务业务的行业。现有的对金融服务的定义主要是从营销管理的角度出发，或者体现在相关法律法规和经济统计中。比如英国学者亚瑟·梅丹（2000）定义金融服务是"金融机构运用货币交易手段，融通有价物品，向金融活动参加者和顾客提供的共同受益、获得满足的活动"。联合国统计署也定义了"金融及相关服务"这一项统计口径。具有一定代表性的是世界贸易组织（WTO）的说法，作为《服务贸易总协定》（GATS）附件之一的《关于金融服务的附件》采取了列举式定义金融服务。国内学者莫世健在《WTO与金融服务业的国际化问题研究》一文中提到对金融服务可以从两个方面来理解。第一，由一成员金融服务提供者提供的任何金融性质的服务，这是《服务贸易总协定》框架下广义的金融服务。第二，由保险、银行和其他金融服务行业提供的服务，该意义上的金融服务指现有的主要的金融服务方式和内容，是狭义的概念。

金融服务业是先进服务业中相对独特和独立的一个行业范围，是一个重要部门。《服务贸易总协定》规定，金融服务是指由一成员金融服务提供者所提供的任何有关金融方面的服务，包括保险、再保险、证券、外汇、资产管理、期货期权以及有关的辅助性金融服务。

我国金融服务业目前包括（不含香港、澳门特别行政区和台湾地区）四个分支：银行、证券、信托、保险。金融、保险业包括：中央银行、商业银行、其他银行、信用合作社、信托投资业、证券经纪与交易业、其他非银行金融业和保险业等。

金融服务业主要提供金融的存贷，社会资金收缩、扩放，金融领域消费的管理和设计，对金融产品设计，对消费支付方式提供和创新。金融服务业已成为现代社会不可缺少的重要服务手段。

（二）金融服务业的特征

就金融服务业而言，与其他产业部门相比，金融服务业同样具有一些显著的特征。

第一，金融服务业的实物资本投入较少，难以找到一个合适的物理单位来度量金融服务的数量，这也就无法准确定义其价格，从而也无法编制准确的价格指数和数量指数，因此金融服务业的产出也就难以确定和计量。

第二，传统金融服务业的功能是资金融通的中介，而现代金融服务业则具有越来越多的与信息生产、传递和使用相关的功能，特别是由于经济活动日益"金融化"，所以金融信息越来越成为经济活动的重要资源之一。

第三，金融服务业传统上是劳动密集型产业，而随着金融活动的日趋复杂化和信息化，金融服务业逐渐变成了知识密集和人力资本密集的产业。人力资本的密集度和信息资源的多寡在现代金融服务业中已经成为决定金融企业创造价值的能力以及金融企业生存和发展前景的重要因素。

第四，在当今这样一个国内和国际竞争加剧的时代，金融服务业正处于大变革的过程之中，信息技术、放松管制和自由化的影响已经改变并在不断重新塑造着金融服务业领域，而且这种趋势还将持续下去。

二　金融创新

随着全球经济一体化的发展，金融市场国际化趋势逐步形成，各国在金融创新上加大了力度，对世界金融业的发展与改革都产生了极为深刻的影响。金融创新是指便于获得金融信息、金融交易和支付方式的技术进步，以及新的金融工具、金融服务、金融组织和更发达、更完善的金融市场的出现。对于金融创新，可以从三个层面来理解：宏观层面的金融创新将金融创新与金融史上的重大历史变革等同起来，认为整个金融业的发展史就是一部不断创新的历史，正是金融创新推动了金融业的重大发展；中观层面的金融创新可以分为金融技术创新、金融产品创新以及金融制度创新；微观层面的金融创新仅指金融工具的创新。

（一）金融创新的动因

1. 内在动因

金融机构创新的内在动因在于内在利益的驱动，主要包括以下几点。

（1）利润驱动创新。金融机构主要以降低交易成本创新、提高经营效率创新、增强流动性创新和金融产品创新为主要手段来获得利润。

（2）规避风险创新。在浮动汇率制下，汇价不稳定，不仅给世界经济带来较大风险，也使金融机构的经营面临着较大风险。市场化利率水平的骤然升高、下降和不规则波动性加剧了金融机构的脆弱性。世界经济的微观主体包括金融机构都需要有创新的金融工具来规避这些风险。

（3）规避管制创新。金融管制的目的是保证整个金融体系的稳定和金融机构的经营安全，而金融创新多是为了逃避管制，直接创立新的金融工具，并广泛推广，从而获得超额利润。

2. 外在动因

金融机构创新的外在动因是指金融机构创新系统外部的因素。它是金融创新的条件，通过推动、驱动等方式最终转化为创新的内在动因，对商业银行金融创新产生推动作用。

（1）需求驱动创新。在现代信息技术发展和商业银行服务综合化、全能化的趋势下，客户对商业银行提出了更为多样化的服务要求。消费者需要方便、低廉、优质、高效、多样化的金融服务，包括传统银行服务、新型保险、证券投资、理财等服务。另外信息技术的日新月异也刺激了企业客户需求目标的提高，银行客户需求的多元化和高层次性，这些都导致了金融创新呈现良好的发展趋向。

（2）科学技术的进步。当前计算机和通信技术的改善，是导致金融服务和金融产品供给条件发生变化的最重要的源泉，它有力地刺激了金融创新。计算机和通信技术的改善进一步改善了市场获得证券信息的能力，提高了业务处理的速度以及客户获得产品和服务的便利性。金融电子化给金融业运作带来的变革主要体现在两个方面：一是以自动处理方式代替了人工处理方式，降低了信息管理费用；二是以自动渠道转变了客户享受金融服务和金融产品的方式。

（3）竞争决定创新。随着世界经济一体化进程的加快，金融机构不仅面对着激烈的国内同业竞争，还面对着强大的国际竞争。面对严峻的考验，金融机构要想在激烈的竞争中立于不败之地，就必须改善经营机制，进行金融创新，通过产品创新、业务创新、管理创新、组织创新等手段来提高综合竞争力，以保持原有的市场地位或占有新的市场。

（二）金融创新的内容

金融创新的主体是金融机构和金融管理当局；金融创新的根本目的是金融机构和金融管理当局出于对微观利益和宏观效益的考虑。金融创新的内容包括金融制度创新、金融组织机构创新、金融管理创新、金融市场创新以及金融工具的创新，其中，金融工具创新是金融创新的核心内容。

1. 新技术应用导致新业务层出不穷

美国花旗银行公布的一份金融消费白皮书中指出了当前和未来十大金融业务发展的新趋势，主要包括：自助式服务、全天候服务、居家理财、跨国金融产品、综合金融产品、无实体金融产品、全方位金融服务、百货化金融产品、个人化的家庭银行、无现金社会等。

2. 金融工具不断创新

（1）股票类创新。股票是所有权的代表，传统的股票主要有普通股和优先股。由于创新，股票出现了许多变种，以优先股为例，有可转换可调节优先股、可转换可交换优先股、再买卖优先股、可累积优先股、可调节股息率优先股、拍卖式股息率优先股等。

（2）债务工具类创新。债务工具对借款人来说是债务凭证，对放款者来讲是债权凭证。最早的债务工具是借据，紧接着出现的是商业票据，以后又出现了银行票据和企业、政府发行的各种债券。由于创新，债务工具又发生了许多新变化。

（3）衍生金融产品。衍生金融产品是指由基础金融工具派生出的许多具有新的价值的金融产品或金融工具，如期货合同、期权合同互换及远期协议合同。

三　金融新业态

"十三五"期间，金融改革主要集中于四大金融新业态，即普惠金融、创业金融、互联网金融和绿色金融。

（一）普惠金融

普惠金融是指立足机会平等要求和商业可持续原则，以可负担的成本为有金融服务需求的社会各阶层和群体提供适当、有效的金融服务。小微企业、农民、城镇低收入人群、贫困人群和残疾人、老年人等特殊群体是当前我国普惠金融重点服务对象。大力发展普惠金融，是我国全面建成小康社会的必然要求，有利于促进金融业可持续均衡发展，推动"大众创业、万众创新"，助推经济发展方式转型升级，增进社会公平和社会和谐。

党中央、国务院高度重视发展普惠金融。党的十八届三中全会明确提出发展普惠金融。2015 年政府工作报告提出，要大力发展普惠金融，让所有市场主体都能分享金融服务的雨露甘霖。为推进普惠金融发展，提高金融服务的覆盖率、可得性和满意度，增强所有市场主体和广大人民群众对金融服务的获得感，国务院特制定了推进普惠金融发展规划，并于 2015 年12 月 31 日颁布了《关于印发推进普惠金融发展规划（2016—2020 年）的通知》（国发〔2015〕74 号）。

（二）创业金融

创业金融是指为创业企业筹资和为具有冒险精神的资本投资提供的一套金融制度创新，致力于为创业者解决融资难的问题。自国务院总理 2015年 9 月在夏季达沃斯论坛提出"大众创业、万众创新"以来，我国掀起了创新创业的热潮，而融资难是众多创新创业者面临的主要问题之一，开拓创业金融也成为中国金融发展的重要趋势。国务院于 2016 年 8 月印发了

《"十三五"国家科技创新规划》，该规划提出健全支持科技创新创业的金融体系。要发挥金融创新对创新创业的重要助推作用，开发符合创新需求的金融产品和服务，大力发展创业投资和多层次资本市场，完善科技和金融结合机制，提高直接融资比重，形成各类金融工具协同融合的科技金融生态。

（三）互联网金融

互联网金融（ITFIN）就是互联网技术和金融功能的有机结合，依托大数据和云计算在开放的互联网平台上形成功能化金融业态及其服务体系，包括基于网络平台的金融市场体系、金融服务体系、金融组织体系、金融产品体系以及互联网金融监管体系等，并具有普惠金融、平台金融、信息金融和碎片金融等相异于传统金融的金融模式。互联网金融是传统金融机构与互联网企业利用互联网技术和信息通信技术实现资金融通、支付、投资和信息中介服务的新型金融业务模式。互联网与金融深度融合是大势所趋，其将对金融产品、业务、组织和服务等方面产生更加深刻的影响。互联网金融对促进小微企业发展和扩大就业发挥了现有金融机构难以替代的积极作用，为大众创业、万众创新打开了大门。促进互联网金融健康发展，有利于提升金融服务的质量和效率，深化金融改革，促进金融创新发展，扩大金融业对内对外开放，构建多层次金融体系。作为新生事物，互联网金融既需要市场驱动，鼓励创新，也需要政策助力，促进发展。互联网金融由于成本低，能够在一定程度上满足小微企业和偏远贫困地区的融资需求，但往往风险较大，因此互联网金融必须控制风险，加强管理和风控环节。

（四）绿色金融

绿色金融有两层含义：一个是金融业如何促进环保和经济社会的可持续发展；另一个是金融业自身的可持续发展。前者指出"绿色金融"的作用主要是引导资金流向节约资源的技术开发和生态环境保护产业，引导企业生产注重绿色环保，引导消费者形成绿色消费理念；后者则明确金融业要保持可持续发展，避免注重短期利益的过度投机行为。

从理论上讲，所谓"绿色金融"是指金融部门把环境保护作为一项基本政策，在投融资决策中要考虑潜在的环境影响，把与环境条件相关的潜在的回报、风险和成本都要融合进日常业务中，在金融经营活动中注重对生态环境的保护以及环境污染的治理，通过对社会经济资源的引导，促进社会的可持续发展。

2016 年 8 月 31 日，中国人民银行、财政部等七部委联合印发了《关于构建绿色金融体系的指导意见》（以下简称《指导意见》），在此《指导意见》中，绿色金融被定义为支持环境改善、应对气候变化和资源节约高效利用的经济活动，即为环保、节能、清洁能源、绿色交通、绿色建筑等领域的项目投融资、项目运营、风险管理等所提供的金融服务。随着《指导意见》的出台，中国将成为全球首个建立了比较完整的绿色金融政策体系的经济体。《指导意见》强调，构建绿色金融体系的主要目的是动员和激励更多社会资本投入绿色产业，同时更有效地抑制污染性投资。《指导意见》提出了支持和鼓励绿色投融资的一系列激励措施，包括通过再贷款、专业化担保机制、绿色信贷支持项目财政贴息、设立国家绿色发展基金等措施支持绿色金融发展。

第二节　广西金融服务业"十二五"时期发展回顾

一　银行业规模快速增长①

截至"十二五"末，广西有 2 家政策性银行、5 家大型商业银行、7 家股份制银行以及邮储银行等 15 类全国性银行分支机构，还有 4 家外资银行、4 家资产管理公司、3 家城商行、94 家农村合作金融机构、39 家村镇银行、3 家资金互助社、1 家金融租赁公司、2 家财务公司、1 家民间融资登记服务机构，共有网点 6178 个；从业人员 91652 人。广西银行业金融机构各项存款余额 2.28 万亿元，各项贷款余额 1.81 万亿元，较"十一五"

---

① 中国人民银行南宁金融支行金融稳定分析小组，2016，《2015 年广西壮族自治区金融稳定报告》，《区域金融研究》第 4 期。

末分别增加了 1.10 万亿元和 0.91 万亿元,增长了 92.94% 和 101.77%。

二 多层次资本市场融资功能逐步发掘[①]

截至"十二五"末,广西有上市公司 42 家(境内上市公司 35 家,境外上市公司 7 家);新三板挂牌 31 家,已和券商签约启动新三板挂牌进程的企业 160 家,全国排名第 17 位;区域性股权市场已挂牌中小企业 673 家;上市(挂牌)后备资源库企业 205 家;广西各类交易场所 18 家;在广西经营的证券公司 42 家,证券投资基金 8 只,私募股权投资基金 19 只。"十二五"时期,广西辖区上市公司实现直接融资总额 946.99 亿元,是"十一五"时期的 6.67 倍。债券融资规模稳步增长,"十二五"时期,广西企业通过沪深交易所债券市场共融资 2978 亿元,是"十一五"时期的 12.9 倍。融资规模快速上升,"十二五"时期,广西资本市场累计融资额 3578.69 亿元,超额完成"十二五"资本市场融资额增长目标。

三 保险业保持稳步发展[②]

截至"十二五"末,广西省级保险机构 37 家,保险公司分支机构 2027 家,较"十一五"末分别增加了 10 家、38 家。"十二五"期间广西保费收入 1425.43 亿元,是"十一五"期间 641.76 亿元的 2.2 倍,年均增长 17.3%。截至 2015 年末,广西保险公司总资产 773.83 亿元,比 2010 年末的 343.27 亿元增加了 430.56 亿元,资产规模实现翻番,行业实力大为加强,超额完成了"十二五"时期保险资产增长目标。"十二五"以来,广西保险业共提供财产和人身保险保障 55.91 万亿元,比"十一五"期间

---

① 《广西壮族自治区人民政府办公厅关于印发广西金融业发展"十三五"规划的通知》,http://www.gxjrb.gov.cn/html/2016/ghjh_1222/1522.html,最后访问日期:2016 年 21 月 22 日;广西壮族自治区财政厅办公室,2016,《广西财政多举措全方位支持中小微企业融资》,http://www.mof.gov.cn/mofhome/mof/xinwenlianbo/guangxicaizhengxinxilianbo/201610/t20161017_2436710.htm,最后访问日期:2016 年 11 月 28 日。

② 《广西壮族自治区人民政府办公厅关于印发广西金融业发展"十三五"规划的通知》,http://www.gxjrb.gov.cn/html/2016/ghjh_1222/1522.html,最后访问日期:2016 年 21 月 22 日;《〈广西壮族自治区人民政府关于加快发展现代保险服务业的实施意见〉解读》,http://www.gxzf.gov.cn/zcjd/20150415-545399.shtml,最后访问日期:2015 年 4 月 15 日。

翻了一番。"十二五"期间广西累计支付各类赔款 466.08 亿元,较"十一五"期间的 167.65 亿元增长了 178%。"十二五"期间广西引进保险资金投资近 200 亿元,涉及不动产、道路建设、电力、旧城改造等领域。

四 地方金融业改革发展步伐加快[①]

广西坚持深入实施"引金入桂"战略与培育发展地方金融机构并举,在积极引进金融机构的基础上,大力发展新型金融机构,成立了地方法人金融机构北部湾财产保险有限公司、广西金融租赁公司,广西金控资产管理公司作为第三批地方资产管理公司获得银监会备案公布,填补了广西地方法人金融资产管理公司的空白。小额贷款公司行业发展迅猛,"十二五"期间,广西小额贷款公司数量由 66 家增加到 384 家,注册资本 305.4 亿元,机构已经覆盖全区 14 个设区市和 80% 的县(市),贷款余额 454.46 亿元,比"十一五"末增长了 26 倍,2011 年以来累计发放贷款 1702.37 亿元,超额完成了"十二五"末广西 70% 以上的县设有小额贷款公司以及"十二五"期间累计发放贷款在 1500 亿元以上的目标任务。融资性担保行业持续平稳发展,截至 2015 年末,广西融资性担保法人机构共 165 家,实收资本 214.2 亿元,比 2010 年增长了 17.2%,融资性担保在保余额 372.8 亿元,比 2010 年末增长了 59.97%;小微企业贷款担保户数 2289 户,在保余额 210.58 亿元,比 2010 年末增长了 50.61%;涉农贷款担保户数 600 户,在保余额 41.08 亿元,比 2010 年末增长了 39.54%。

五 金融改革创新取得新突破[②]

深入推进沿边金融综合改革,拓宽跨境人民币融资渠道,重点围绕沿边金融、跨境金融、地方金融三条主线积极推进。"十二五"期间,广西跨境人民币结算量为 5388 亿元,业务涉及越南等国家和我国香港、台湾等

[①] 中国人民银行南宁金融支行金融稳定分析小组,2016,《2015 年广西壮族自治区金融稳定报告》,《区域金融研究》第 4 期。

[②] 中国人民银行南宁中心支行金融稳定分析小组,2018,《广西壮族自治区金融运行报告(2017)》,《区域金融研究》第 4 期。

地区，在我国西部 12 个省区、边境 8 个省区中继续保持第 1 位；目前广西银行业共开展了 9 个东盟国家货币的柜台挂牌交易；全区共办理跨境人民币贷款 55.63 亿元。人民币与越南盾银行间市场区域交易累计 2936 万元人民币，折合 1019 亿越南盾。

积极推进农村金融改革，通过改革，加快发展普惠金融，逐步缓解农村金融服务不足问题。积极推进县级农商行扩大试点，"十二五"末，广西已组建 25 家农商行、16 家农合行共 41 家农村银行，农村银行组建数占 45.05%；广西县级农合机构股本金余额 181.24 亿元，其中民间资本占 96.83%，企业法人股占 35.90%。加快发展普惠金融，积极创新农村金融产品和服务方式，大力推广"农金村办"模式，开发特色农业贷款等新型贷款产品，探索开展"两权"抵押贷款试点工作。

有序推进北部湾经济区金融同城化建设。广西分别从银行服务收费、银行资金汇划、银行分支机构设立、保险售后服务、区域性股权交易市场建设、社会信用体系共享平台建设、区域集优直接债务融资联合发债平台建设、小额贷款公司经营区域等 8 项具体工作总体推进。2015 年，北部湾 4 市金融同城化政策扩展至沿边金融综合改革试验区 6 市。

六　金融风险得到有效防范化解

为进一步明确地方金融监管职责和风险处置责任，完善监管机制，防范金融风险，广西印发了《关于明确地方金融监管职责和风险处置责任的意见》和《关于进一步做好防范化解涉企金融风险工作的意见》。加强涉企金融风险案件化解处置工作，政府、银行、企业多方携手，建立统一行动机制，确保风险事件不扩散，避免发生区域性金融风险，维护地方金融安全稳定。加强打击和处置非法集资工作，通过加强风险排查，广泛宣传，预防为主，防治结合，始终保持对非法集资案件打击的高压态势，不断优化金融生态环境，牢牢守住了不发生系统性和区域性金融风险的底线。

第三节　广西金融服务业发展成效

一　普惠金融发展迅速

上文提到了"十三五"期间，我国金融改革主要集中于四大金融新业态，即普惠金融、创业金融、互联网金融和绿色金融。近年来，广西深入贯彻落实党中央、国务院关于推进普惠金融的重大战略决策，致力于引导和推动辖区银行业金融机构树立普惠金融理念，发展普惠金融事业，取得了显著成效。

2015 年末，广西银行业金融机构持续落实监管要求，进一步完善布局，下沉网点，大力增设面向小微、扎根基层的社区银行和各类专营机构。2015 年，辖区小微专营机构达到 204 家，社区支行 176 家，小微支行 32 家，小微金融服务便捷性有效提升。农村中小金融机构在县域及以下设立各类流动服务点、服务代办点等 1.43 万个，安放 POS 机、ATM 机等各类电子机具 6.85 万台。全区贫困县乡（镇）标准化网点覆盖率达到 96.92%，贫困县行政村的金融服务覆盖率达到 99.32%。另外，广西在全国较早实现了基础金融服务空白乡镇的全覆盖，基本贯通了基础金融服务"最后一公里"。

在经济增速下行、企业经营效益下滑的背景下，广西辖区银行业金融机构主动作为，加大薄弱环节金融服务力度，取得了较好的效果。截至 2015 年 12 月末，广西银行业金融机构小微企业贷款（含个体工商户和小微企业主贷款）余额 4319.61 亿元，比年初增长了 8.69%。辖区法人机构申贷获得率为 95.55%，比年初增长了 4.26%。涉农贷款余额 6005.17 亿元，比年初增长了 9.59%。投放扶贫贷款 374 亿元，实现了对国家级、省级贫困县的全覆盖。

近年来，自治区政府及财政厅、工信委、扶贫办等相关部门出台了一系列针对特殊地区、机构和业务的财政奖补政策措施，对服务"三农"和小微企业的机构实施税收优惠。人民银行灵活运用差别存款准备金、支农支小再贷款和再贴现等货币政策工具，对"三农"和小微企业业务实施了多项差异化监管政策，有效弥补了市场机制的缺陷，提高了普惠金融服务主体的积极性。自治区国税局、自治区地税局联合广西银监局签署了《广西壮族自治区"银税互动"合作框架协议》。2015 年 12 月末，辖区 15 家金融机构正式与自治区国税局、自治区地税局分别签订了《银税服务战略合作框架协议》，10 家银行推出银税合作金融产品。据不完全统计，有 11 家银行向诚信纳税的 1900 户小微企业发放贷款 1666 笔，合计 5.49 亿元；有 10 家银行与 87 家企业达成合作意向，授信金额 2.04 亿元。自治区工信委等部门出台扶持政策，设立中小微企业信贷引导基金，引导和支持合作银行推行"惠企贷"业务，加大对中小微企业信贷融资的支持。2015 年 12 月末，已开展"惠企贷"合作业务的金融机构有 30 家，已签署战略合作协议的金融机构有 48 家，已向 237 家企业发放贷款，共计 7.30 亿元。

二　创业金融实现快速发展

在当前农民工返乡创业热潮下，广西的金融机构勇于担当、积极作为、创新举措，积极为农民工提供金融服务，做实创业文章。以广西金融集团为例，截至 2015 年末，金融集团累计为 1125 户涉农贷款企业（个人）担保使其获得贷款 159 亿元，金融集团下属小贷公司累计发放涉农贷款金额 61.82 亿元。通过金融支持创业，辐射带动社会就业 182 万人，拉动固定资产投资 310 亿元，拉动各市、县（区）政府和工业园区新增税收 423 亿元。

一是各级金融机构借力各地政府资源，积极搭建平台，做好金融产品和服务方式创新，强化返乡创业金融服务。以各市县区的工业园区、农民工创业园区为载体，将金融扶持大众创业的视野扩大到创业孵化基地，帮助创业者孵化"金蛋"。例如：广西金融集团田阳县农村综合金融服务中心积极与田阳县农民工创业园对接，因地制宜围绕休闲农业、农产品深加工、乡村旅游以及农村服务业等创新开发"投（创业投资）+ 保（担保、保险）+ 贷（信用贷款）"联动金融服务模式，以多元化的金融产品如农民回乡创业贷款、资金周转应急贷款、小额信用贷款、创业担保贷款、小额保证保险贷款等为园区企业及返乡农民工提供多层次、全方位的一揽子综合金融服务。二是各级金融机构还做好了基层服务平台和互联网创业线上线下基础设施建设，夯实了农民工创业金融服务基础。通过创新设立县乡农村金融服务网点，完善基层创业支撑服务，将"金融触角"延伸至村级基层，消除了农民工返乡创业的后顾之忧。三是各级金融机构还借助覆盖全区的综合金融营销服务网络之优势，积极探索互联网新领域，创新发展"互联网＋创业"服务，通过商务交易平台渠道下沉，积极探索通过信托融资、委托贷款、创业投资、股权基金、发行私募债等多种创新方式多措并举支持创业融资，有效为返乡农民工降低了创业门槛和成本，带动返乡人员依托其平台和经营网络进行创业。

三 互联网金融逆势崛起

2015 年是互联网金融最耀眼的一年。3 月，国务院总理李克强在政府工作报告中首次提出了"互联网＋"行动计划，明确提出促进互联网金融健康发展。进入 7 月，中国人民银行等十部委再次发力互联网金融，联合印发了《关于促进互联网金融健康发展的指导意见》。时隔三月，国家再次热议互联网金融，并首次把互联网金融写入第十三个五年发展规划之中。

2015 年也是广西互联网金融发展耀眼的一年。2015 年，广西互联网金融行业在面临经济下行的压力下，依然能逆势崛起，呈现出一幅欣欣向荣的景象，政府首次出台补贴政策，鼓励发展互联网金融产业。广西经济发展水平较低，小微企业数量庞大，金融对实体经济尤其是小微企业的支持力度较差。近年来，尽管有全国知名的 P2P 互联网金融平台进入广西，广西本土设立的 P2P 互联网金融平台也不断涌现，但无论是从成交规模还是从社会影响力来说，广西都还处于起步阶段。广西中小微企业融资难、广大居民投资难的"两难问题"仍然无法得到有效解决。因此，在广西组建一家小微金融交易服务平台公司，搭建起联通民间资金与小微企业融资的平台显得尤为紧迫。在此背景之下，作为广西重要的投融资主体，广西投资集团有限公司积极布局"互联网＋"金融平台，与全国著名上市科技集团浙大网新、上市券商国海证券共同发起设立了广西小微互联网金融服务有限公司，其旗下的互联网金融平台——"易金融"于 2015 年 8 月上线，成为广西首家具有大型国有背景的互联网金融平台，同时也是广西唯一一家直接通过银行对投资人资金进行支付与监管的互联网金融平台。此外，广西互联网金融联盟于 2015 年 11 月成立，吹响了互联网金融集结号。广西互联网金融联盟是包括广西互联网金融企业云贷网、善贷网、宝筹贷、金发所、壹顾问、融资在线、普惠金服等十几家企业在内的机构，其本着"公益、公立；开放、平等；交流、互通；合作、共赢"的原则共同组织建立的线下广西互联网金融社交圈子，为的是加强沟通交流，开展行业自律。互联网金融联盟的成立，为行业协会以及南宁市互联网金融产业基地的发展奠定了很好的基础。

四　金融融资总量任务超额完成，有力支持了稳增长

通过积极引导激励各级金融机构创新金融工具、拓宽融资渠道等措施，2015 年广西金融业融资总量达到 4632.74 亿元（不含 922 亿元地方政府置换债），超出年初确定的目标任务数 330 多亿元，为稳增长提供了强力支撑。

五　金融各项改革加快推向深化，改革红利不断释放

突出抓好金融领域"两大改革"，即沿边金融综合改革和农村金融改革。沿边金改方面：重点围绕沿边金融、跨境金融、地方金融三条主线，通过创新体制机制、明确职责分工、用好用活政策、大胆先行先试、积极向上争取、深化交流合作、加强督查指导、注重总结推广等多种办法和措施，有序推动改革并取得显著成效。截至 2015 年末，广西跨境人民币结算总量累计超过 1688 亿元，继续位列全国 8 个边境省区第 1 位，人民币已成为广西第一大结算币种；人民币与越南盾特许兑换实现客户范围等"五大突破"；区域性跨境人民币业务平台不断丰富，工行等金融机构已分别在试验区设立了面向东盟的货币清算、结算及相关业务中心；广西—东盟跨境人民币资金汇划高速路基本建成；建立了人民币与越南盾区域银行间交易平台，人民币与越南盾的直接汇率形成机制建成；积极争取到多项外汇改革试点，获准实施外商投资企业外汇资本金意愿结汇改革；广西成功争

取成为继上海自贸区、深圳前海等之后的全国第 5 个人民币回流地。通过改革，对外投资贸易便利化程度明显提高、交易成本明显降低。

农村金改方面：率先在全国全面开展农村金改工作，大力推广"田东经验"，着力打造"升级版"。重点推进组织体系、服务体系、信用体系、担保体系、政策支持体系建设并取得积极成效。以"信用县、信用乡（镇）、信用村、信用户"为核心的农村信用体系建设走在全国前列，截至2015 年末，广西已创建信用县 3 个、信用乡镇 106 个、信用村 1013 个、评定信用户 403 万个；"农金村办"这一广西首创模式正在全区推广，农村金融服务"最后一公里"逐步打通；经积极争取，广西田阳等 8 个县（市、区）获国家批准被列为全国农村承包土地的经营权抵押贷款试点县，田阳县获批被列为全国农民住房财产权抵押贷款试点。特别值得一提的是，自治区金融工作办公室在百色市田东县试点指导推动开展的以完善农村金融服务体系尤其是以信用体系建设为基础的金融精准扶贫工作模式和取得的成效，得到了习近平总书记的高度肯定，在 2015 年 11 月召开的中央扶贫开发工作会议上，习近平总书记明确提出要总结推广好田东经验。

六　金融直接融资比例明显提高，来源结构逐步优化

广西围绕建立多层次资本市场、不断拓宽和提高直接融资渠道与比重的目标，通过加大组织协调、加强推介培育、强化政策激励等手段，推动企业上市挂牌、企业发行债券、资产证券化等，使广西直接融资总量和比重明显提高。2015 年，广西资本市场直接融资完成 1402.1 亿元（不含 922亿元地方政府债），占广西金融融资总量的 30.26%，比上年同期提高了近12 个百分点；累计办理跨境人民币贷款 57.63 亿元；新引进保险资金 80亿元，保险资金成为金融融资的新渠道、新亮点，广西金融融资过度依赖银行间接融资的局面正逐步得到改变。

七　金融主体建设步伐不断加快，新的业态发展提速

在深入实施"引金入桂"战略的同时，广西大力推动培育发展地方金融机构并填补了多项空白。广西再担保公司、广西黄金投资公司于 2015 年

成立，广西金控资产管理公司已获银监会备案，广西新设小额贷款公司 23 家、融资性担保公司 7 家，全国首家专业跨境保险支公司在东兴挂牌，广西互联网金融企业（包括分支机构）超过 100 家，民间融资登记机构已在南宁、防城港、钦州率先开展试点，法人寿险公司、合资证券公司正在积极筹备等。

八　金融对外开放合作步伐加快，带动能力明显增强

深入实施开放带动战略，积极构建完善广西金融业对外合作交流的机制和平台，主动加强与金融发达地区对接，不断增强广西金融业发展的动力与活力。广西成功举办了第 7 届中国—东盟金融合作与发展领袖论坛，邀请到了中国及东盟、欧美等国家和地区 200 多个政府部门、金融机构和知名企业的嘉宾共 800 余人出席，规模、层次及影响力创历届之最。2015 年 12 月，广西政府率团出访越南、老挝、缅甸 3 国央行；广西壮族自治区金融工作办公室先后组团到韩国首尔、中国香港等地举办了以沿边金改为主要内容的推介会。广西推进建立了与越南边境 4 省的金融交流合作机制。

九　地方金融监管体制逐步健全，牢牢守住风险底线

广西坚持把金融生态环境建设作为金融工作的重中之重，着力健全完善管理体制机制。根据《国务院关于界定中央和地方金融监管职责和风险处置责任的意见》精神，2015 年自治区政府批准出台了《关于明确地方金融监管职责和风险处置责任的意见》《关于进一步做好防范化解涉企金融风险工作的意见》，加大打击和处置非法集资及其他非法金融活动力度，牢牢守住了不发生系统性和区域性金融风险的底线。

第四节　广西金融服务业发展面临的主要困难和问题

一　与全国同步全面建成小康社会对金融业提出巨大挑战

按照广西全面建成小康社会的目标，2020 年广西生产总值将达到 2.49

万亿元。2015年广西生产总值为1.68万亿元，增速仅为8.1%。与全国同步建成小康社会，对"十三五"时期的广西金融服务业提出了高要求。金融服务业如何支持经济转型升级、助力民生事业、加强服务"三农"，是广西全面建成小康社会的关键。

二 宏观经济发展面临形势复杂

当前，国际环境依然错综复杂，国内经济进入了增速换挡的新常态，广西经济持续下行压力较大，存在产业结构不合理、投资消费不协调、城乡区域发展不平衡、市场机制不健全、社会保障体系不完善等问题。这些都可能从需求方面影响广西金融服务业的快速发展。

三 潜在金融风险隐患不容忽视

随着经济增速的放缓及产业结构的调整，广西金融服务业将面临更多风险。广西银行业存在贷款中长期化趋势强化、期限错配问题加剧、跨境资金流动风险不容忽视等问题。如何有效防范和化解潜在的金融风险，是"十三五"时期广西金融工作面临的巨大挑战。

四 资本市场发展受到多重制约

虽然广西多层次资本市场初具雏形，但仍然处于欠发达后发展阶段。广西资本市场直接融资规模在全国排位靠后，证券化率远低于全国平均水平，上市公司数量较少、核心竞争力不强，新三板和区域股权交易市场发展缓慢等，这些问题将制约"十三五"时期广西资本市场的发展。

五 各类金融人才缺乏

政府金融管理人才、金融机构专业人才和其他非银行金融机构人才缺乏，成为影响广西金融服务业发展的重要因素。政府金融管理人才的缺乏，限制了广西金融服务业发展的理念创新、体制创新，导致对国家政策、发展趋势的把握不准确；金融机构专业人才的缺乏严重制约业务创新、产品创新；其他非银行金融机构人才不足，直接影响信托投资、合作金融、保险、资产经营等非银行金融事业的发展。目前信托投资、合作金融、保险等非银行金融机构发展迅速，非银行金融机构贷款份额已经超过50%，但相应的人才缺口也日渐增大。

第五节　广西"十三五"时期金融服务业发展目标、重点和对策

一　发展目标

"十三五"期间，广西金融服务业将坚持创新、协调、绿色、开放、共享的发展理念，努力建成与广西经济发展相适应、市场化水平较高的现代金融组织体系、金融市场体系、金融监管体系，使社会融资结构明显改善，金融开放水平明显提升，金融风险防控能力明显加强。

二　发展重点

广西"十三五"时期金融发展的重点是构建现代金融体系。现代金融体系主要内容包括：深化金融机构改革，完善治理良好、结构合理、竞争力强、充满活力和创造力的金融机构体系；加强金融市场建设，健全多层次、多元化、互补型、功能齐全和富有弹性的金融市场体系；完善宏观调控体系，健全货币政策框架；建立符合现代金融特点、统筹协调监管、有力有效的现代金融框架。此外，现代金融体系主要内容还包括：积极稳妥推进金融创新，增强金融服务实体经济能力；扩大金融业双向开放，创建服务全方位开放新格局，完善国际经济金融治理体系；建立更加有力、有效的国家金融安全网，切实有效防范金融风险；健全金融基础设施，营造良好金融生态环境。

三　政策措施

（一）夯实金融基层基础建设

加大"引金入桂"力度，争取更多金融机构进入广西，着力扩大金融资源的供给总量，切实加强金融支持实体经济的力度。加快支付体系建

设，引导各类支付市场主体扩大支付服务覆盖面、提高渗透率，满足各群体和企业的支付服务需求。全面推进广西社会信用体系建设，规范信用建设的重要环节和关键领域。加强金融法治建设，不断完善地方性金融机构相关法规，建立健全对小额贷款公司、融资性担保公司等的相关监管规则，引导其专业化、规范化发展。

（二）优化金融资金来源及投向

着力优化金融资金来源及投向，切实加大金融惠民生的力度。在金融资金来源方面，在充分发挥银行信贷投放主渠道作用的同时，重点加快资本市场发展，加强各类交易市场管理，研究制定促进股权投资和多元融资的扶持政策，支持设立创业、产业投资基金，推动更多的企业通过资本市场融资，不断提高直接融资比重；争取引入更多的保险资金；推动小额贷款公司加大投放力度；等等。在金融资金投向方面，通过财政政策和市场化手段，健全覆盖自治区、市、县三级的政策性融资担保体系，引导激励更多的金融资金投向"三农"、小微、扶贫等民生领域和薄弱环节，进一进缓解实体经济"融资难、融资贵"问题。

（三）深化金融改革开放

着力深化金融领域的各项改革，继续深入推进以沿边金融综合改革和农村金融改革为重点的金融领域各项改革。一是推动沿边金融综合改革，继续围绕沿边金融、跨境金融、地方金融三条主线，结合各地实际，突出工作重点，大胆先行先试，创新跨境人民币业务，扩大金融业对外开放，不断提高跨境金融合作层次，充分发挥金融在促进经济发展方式转型、产业结构调整中的引导作用。二是推动农村金融改革，着力加强农村产权制度改革和金融改革相结合，开展"两权"抵押贷款试点并尽快推广，逐步缓解"三农"缺抵押难题；推进普惠金融全面发展，进一步创新和丰富符合农村需求的金融产品，加强金融服务与精准扶贫有效对接，为实现脱贫目标做出更大贡献。三是通过不断释放改革红利，切实降低企业融资成本，为实体经济让利。

（四）防范化解金融风险

"防风险"就是着力防范化解各类金融风险，坚决守住不发生区域性和系统性金融风险的底线。一是进一步健全防范和化解金融风险的工作机制，严格按照职责分工，认真落实工作责任，充分发挥地方政府的主导作用，形成上下联动、齐抓共管、共同防范和化解金融风险的工作机制。二是高度重视防范重点领域风险，加强金融风险预警监测，推动各金融机构切实履行风险防控的主体责任，建立健全内部控制体系，健全风险识别和评估体系，提升风险管理技术水平，守住不发生系统性和区域性风险的底线。三是积极应对和妥善处置各类金融风险，加强对涉企金融风险的应对协调，坚持一企一策，妥善化解涉企金融风险。四是高度重视并妥善处理涉及交易场所的投诉举报，加强民间融资动态监测和风险预警，加大打击和处置非法集资工作力度；加快社会信用体系建设，努力营造诚实守信的社会环境。

第五章

信息技术服务业的培育与发展

第一节 信息技术服务业的含义及分类

一 信息技术服务的含义

对于信息技术服务，国际上有比较明确的认识，国内相关研究也都给出了定义。参考盖特纳（GARTNER）公司、赛迪顾问公司、易观国际咨询公司等机构的研究，可以将信息技术服务定义为：信息技术服务是指为支持组织用户的业务运营或个人用户任务，贯穿信息技术应用系统整个生命周期的各项服务的统称。

二 信息技术服务业的分类

信息技术服务业作为一种新兴业态，其服务形态一直在不断地发展、变化。除下述类别之外，可能还会出现一些新的服务形态。

（一）信息技术专业服务

信息技术专业服务具体服务形态包括以下类型。

1. 信息技术咨询

信息技术咨询主要是帮助客户评估不同的技术策略，从而将其技术策略同商业（或生产）策略结合起来。这些服务会按照客户对信息技术的要求，为其提供策略性的、架构性的、运作性的、实施性的规则。

2. 信息技术系统集成

信息技术系统集成主要是将不同的软硬件产品集成起来，并在此基础上为客户开发专门定制的应用软件，最终完成满足客户需求的计算机系统。具体包括定制软件开发、应用软件平台转换、新增功能开发、集成和调试等。

3. 信息技术培训

信息技术培训主要包括当面或异地传授信息系统的概念、使用、技巧和管理方面的知识，但不包括大专院校进行的学历教育。

4. 软件开发外包服务

软件开发外包服务指接包方企业接受发包方企业的委托，向发包方企业提供包括嵌入式软件在内的各种软件开发服务。

5. 信息技术系统管理外包

信息技术系统管理外包指企业战略性选择外部专业技术和服务资源，以替代内部部门和人员来承担企业信息技术系统的运营、维护和支持的信息技术服务。

6. 业务流程外包（BPO）

业务流程外包（BPO）指组织用户为降低成本、提升核心业务能力，而将支持性职能或核心业务流程中的某项任务的管理与执行责任转移给外部服务供应商的一种组织运营方式。其内容通常包括客服、人力资源、采购、财会、单据处理等。

（二）产品维护支持服务

产品维护支持即硬件和软件的支持与维护，包括保修期内的厂商服务成本和保修期后的延展收费服务。具体服务形态包括以下两种类型。

1. 硬件产品支持

硬件产品支持指预防性物理维修或优化硬件，包括基本安装、按服务条款维护以及按次计的故障维修，维护地点可以是用户所在地或厂商的维护中心。电话热线解决问题和收费的升级维护也包括在硬件维护服务范围内。随硬件产品捆绑销售的售后服务不计入维护服务，而计入硬件产品收入。

2. 软件产品支持

软件产品支持指维护或者优化软件的预防和补救服务，包括按照服务协议以及按次计的支持服务，如软件产品的安装、调试、维护、换代升级、问题解决等。

三　信息技术产业的特征

信息技术产业具有以下特征：它是战略性的领头型产业；是渗透性强、关联度高的带动型产业；是知识、智力密集型产业；是技术更新最快的创新型产业；是需求广、增长快的新兴产业；是产出效益高的高增值型产业；是高投入和高风险型产业；是高竞争型产业；是高就业型产业；是省资源、低能耗、少公害的新型产业。

第二节　广西信息技术服务业"十二五"
时期发展回顾

一　产业发展概况

"十二五"期间，广西信息服务业工作积极贯彻落实《中共广西壮族自治区委员会、广西壮族自治区人民政府关于进一步加快广西服务业发展的决定》（桂发〔2010〕34号）、《广西壮族自治区人民政府关于加快信息服务业发展的实施意见》（桂政发〔2010〕75号）、《广西壮族自治区人民政府办公厅关于印发加快全区服务业发展工作方案的通知》（桂政办发〔2011〕22号）、《广西壮族自治区服务业发展"十二五"规划》精神，软件和信息技术服务业保持平稳增长态势，规模不断扩大，创新能力持续提升，人才队伍继续壮大，对国民经济和社会发展的支撑作用进一步增强。

2015年，广西软件和信息技术服务业完成主营业务收入120.01亿元，同比增长19.13%，是2010年的2.1倍，年均增长16.5%。2016年1～3月全区软件和信息技术服务业完成主营业务收入32.1亿元，同比增长4.3%。①

---

① 《广西信息服务业2015年工作完成情况及2016年主要工作思路》，广西壮族自治区发展和改革委员会网站，http://www.gxdrc.gov.cn/fzgggz/jyfw/dcyj/201610/t20161013_699037.html，最后访问日期：2016年10月13日。

近年来，广西培育了一批在国内有一定知名度的软件企业，如广西博联信息通信技术有限责任公司、北海石基信息技术有限公司、广西金源信息产业股份有限公司、广西申能达智能技术有限公司、广西盛源行电子信息有限公司、广西航天信息技术有限公司、桂林力港网络科技有限公司、广西德意数码股份有限公司、广西三原高新科技有限公司、南宁超创信息工程有限公司、一铭股份有限公司、广西网纪诺立信息工程有限公司、柳州腾龙煤电科技股份有限公司、广西瀚特信息产业股份有限公司等。产品涉及金融、保险、交通、酒店、游戏、通信工程、电力、旅游、教育、医疗、公安等多个行业应用领域，为软件和信息技术产业跨越式发展打下基础。

广西软件和信息技术服务业发展区域布局集中，产业集聚已初步形成。在 14 个市中，软件和信息技术服务业主要集中在南宁、桂林、北海、柳州 4 个市，4 个市的软件和信息技术服务业主营业务收入约占广西全行业的 90% 以上。广西软件和信息技术服务业"十二五"期间呈现梯度发展形势。

第一层次：南宁、桂林市作为广西软件和信息服务业发展的中心城市。其中，南宁围绕建设中国—东盟信息港、广西"首善之区"和区域性国际城市，加快建设区域性物流商贸基地、加工制造基地、特色农业基地、国际综合交通枢纽中心、信息交流中心、金融中心等超大城市建设目标，着力发展行业应用软件，创新信息服务业商业模式，力争打造成为区域性应用软件和信息服务业中心城市，引领全区软件和信息服务业发展。桂林围绕建设宜居城市目标，以转变发展方式为主线，积极发展工业软件、智能交通软件、旅游服务软件和信息化产品、动漫网游等创新创意产品，推动国家级两化融合试验区建设。

第二层次：柳州、北海市积极发展软件和信息技术服务业。柳州围绕区域性工业、交通与产业服务中心和文化、教育、体育产业中心建设，重点发展工业软件、智能交通软件、物流管理软件、动漫游戏软件和社会信息化应用软件，推动"经济升级，城市转型"工作开展，推动国家级两化融合试验区建设。北海作为广西软件和信息服务业的后起之秀，通过龙头企业带动，在软件产品开发和呼叫服务等方面重点发展，做大做强产业。

第三层次：钦州、梧州、玉林等市作为广西软件和信息服务业发展的后备力量，争取在部分领域形成特色。其中，钦州重点发展现代新兴商务软件、港口服务软件、物流管理软件和信息外包服务产品；梧州力争在数字西江等工程建设中取得突破；玉林在电子政务、企业信息化和社会信息化中继续保持良好的发展势头。

第四层次：其他城市作为广西软件和信息服务业发展的有效补充，结合本地区经济状况发展面向行业的应用软件、城市信息化应用系统和面向"三农"的信息服务等。

二　政策措施

（一）贯彻落实产业发展政策

广西贯彻落实国家实施西部大开发战略和《关于贯彻国家西部大开发战略，进一步推进西部地区信息产业发展的意见》、《关于印发进一步鼓励软件产业和集成电路产业发展若干政策的通知》以及《中共广西壮族自治区委员会、广西壮族自治区人民政府关于加快服务业发展的决定》、《广西壮族自治区人民政府关于加快信息服务业发展的实施意见》等产业政策，进一步加大广西软件和信息服务业发展的统筹规划、结构调整和政策扶持力度，落实自治区党委、政府做出的发展千亿元产业的重大战略部署，促进广西软件和信息服务业的发展。

（二）积极出台一系列政策文件

近年来广西积极出台一系列产业发展政策文件，有效促进了软件产业的发展。2010 年 12 月，广西壮族自治区人民政府出台了《关于加快信息服务业发展的实施意见》；2011 年 4 月，广西壮族自治区人民政府办公厅印发了《广西推进信息服务业发展工作方案》；2011 年 10 月，广西壮族自治区信息服务业发展领导小组办公室印发实施了《广西信息服务业品牌培育工作方案》；2011 年 11 月，广西编制出台了《广西软件与信息服务业发展"十二五"规划》；2012 年 8 月，自治区工信委与自治区财政厅联文发布了《广西壮族自治区信息服务业发展专项资金管理办法》；2012 年 12 月，自治区工信委与自治区发改委联合出台了《广西壮族自治区新一代信息技术产业发展"十二五"规划》；2013 年 11 月，自治区工信委与自治区发改委、财政厅、国税局、地税局联合出台了《广西软件企业认定工作实施细则》；2014 年 8 月，自治区人民政府办公厅印发了《广西推进北斗导航产业发展工作方案》（桂政办发〔2014〕82 号），发各市、县人民政府，自治区农垦局，自治区政府各组成部门，各直属机构实施，推进广西北斗产业发展；2014 年 1 月，自治区工信委与自治区发改委、财政厅、国税局、地税局等 5 个部门联合转发了工信部、国家发改委、财政部、税务总局联合出台的《集成电路设计企业认定管理办法》，发至各市工信委、发改委、财政局、国税局、地税局贯彻执行；为加强对广西信息服务业发展专项资金项目的管理，2014 年 6 月，自治区工信委与自治区财政厅联合印发了《广西信息服务业发展专项资金项目验收管理暂行办法》（桂工信电软〔2014〕489 号），发各市工信委、财政局执行；2014 年 5 月，广西印发了《关于推进广西软件和信息服务业品牌培育工作的通知》（桂工信电软〔2014〕381 号）；2015 年 3 月，自治区工信委牵头成立了广西北斗导航产业推进工作领导小组，成员包括自治区发改委、科技厅等 16 个部门；2016 年 1 月 19 日，自治区人民政府办公厅印发了《广西推进北斗卫星导航产业发展 2016 年工作方案》（桂政办电〔2016〕12 号），不断完善软件和信息技术产业政策体系。

（三）积极申报北斗导航应用及产业化省级示范

广西通过调研分析广西北斗卫星导航系统应用领域、规模、效益现状，卫星导航技术应用及产业发展规划情况，以及各行业对北斗卫星导航应用需求等情况，总结广西北斗卫星导航产业的基本情况及存在的问题，研究提出了广西北斗卫星导航产业发展思路及应用模式，引导北斗卫星导航产业健康发展，促进广西创建北斗导航应用及产业化省级示范。

（四）积极组织申报国家、自治区重点项目

1. 组织申报国家电子信息产业发展基金项目

根据工信部有关通知精神，组织广西电子信息产业的企业积极申报 2011～2013 年度国家电子发展基金项目，共获得国家电子发展基金项目扶持 3 项，扶持资金 600 万元。2014 年，广西向工信部电子信息产业发展基金管理办公室推荐的项目共 10 项，获得国家电子发展基金项目扶持 1 项，

扶持资金 300 万元。

2. 组织申报自治区信息服务业发展专项资金项目

为推进广西信息服务业发展，2011 年起，自治区财政每年安排专项资金，扶持信息服务业发展，2011～2016 年广西有 280 个项目获得自治区信息服务业专项资金资助，扶持金额 9500 万元。在历年的项目征集工作中，自治区工信委将基于全国领先水平或具有区域特色的行业解决方案、面向自治区重点千亿元产业的工业控制和生产过程管理软件与服务等领域作为支持重点，同时支持云计算、大数据、北斗卫星导航、信息安全软件及服务、动漫游戏等研发及产业化项目。

（五）研究产业结构调整思路，做好规划编制和课题研究工作

广西加强对产业技术发展、市场趋势、政策导向的调查研究，提出切实可行的政策建议；组织编制《广西软件与信息技术服务业"十三五"规划》《广西新一代信息技术产业发展"十三五"规划》，开展"广西云计算发展策略研究""广西软件产业发展研究""广西创建国家北斗卫星导航系统应用及产业化工作前期研究"等一批前期研究，进一步明晰发展目标、发展重点和保障措施，促进相关产业发展。

（六）开展软件和信息技术服务业统计工作

根据《统计法》及统计制度的要求，国家统计局批准工信部执行《电子信息制造业统计制度》《软件和信息技术服务业统计制度》等统计制度，信息产业统计工作由工信部归口管理与发布。广西积极贯彻落实工信部工作要求，组织各市工信委认真做好广西 2012 年、2013 年、2014 年、2015 年软件和信息技术服务业统计年报和定期统计报表工作。

（七）深入企业开展调研活动，及时了解和掌握产业发展现状

一是进一步贯彻落实国家、自治区加快信息服务业发展的相关优惠政策，积极与国家、自治区各相关部门加强沟通协商，密切配合，协调解决有关问题；二是加强调查研究，加强政策宣传和贯彻，落实目标责任，及时发现、协调、解决工作中遇到的重大问题，切实落实国家、自治区发展软件和信息服务业的各项政策措施；三是了解工业经济运行情况，进行全

年走势分析判断，了解完成全年主要目标任务的进展情况以及采取的对策措施等；四是了解工业投资、项目建设情况；五是帮助协调解决企业发展中遇到的困难和问题。

第三节　广西信息技术服务业发展成效

一　基本概况

（一）营业收入快速增长[①]

2015 年，广西规模以上软件和信息技术服务业企业共有 19 家，实现营业收入 4.5 亿元，比上年增长 25.7%，增速高于战略性新兴产业 19.8 个百分点，高于规模以上服务业 20.8 个百分点。2015 年，广西软件和信息技术服务业完成主营业务收入 120.01 亿元，同比增长 19.13%。2016 年 1~4 月，全区软件和信息技术服务业完成主营业务收入 42.76 亿元，同比增长 1.8%。产品主要涉及金融、保险、交通、电力、旅游、酒店、教育、医疗、城市综合管理等领域；主要产品有酒店信息管理系统软件、网络游戏软件、项目综合管理系统软件、车辆管理系统软件、糖厂无线调度指挥系统软件、电子签章系统软件等。重点企业包括北海石基信息技术有限公司、广西博联信息通信技术有限责任公司、广西德意数码股份有限公司、柳州腾龙煤电科技有限公司、桂林力港网络科技有限公司、广西桂能软件有限公司、广西宏智科技有限公司、广西数字证书认证中心有限公司、广西盛源行电子信息有限公司、广西瀚特信息产业有限公司、广西申能达智能技术有限公司等，这些重点企业为广西软件和信息技术产业跨越式发展打下了基础。

[①] 《2015 年广西软件和信息技术服务业实现较快增长》，广西招商网络，http://gx.zhaoshang.net/2016-03-02/378222.html，最后访问日期：2016 年 3 月 2 日；《广西信息服务业 2015 年工作完成情况及 2016 年主要工作思路》，广西壮族自治区发展和改革委员会网站，http://www.gxdrc.gov.cn/fzgggz/jyfw/dcyj/201610/t20161013_699037.html，最后访问日期：2016 年 10 月 13 日。

（二）税收增幅高

2015 年，广西规模以上软件和信息技术服务业企业共缴纳的增值税达 1100 万元，比上年增长 18.2%；营业税金及附加 330 万元，比上年增长 33%；从业人员 1038 人，比上年增长 6.9%。

（三）软件开发企业占主体

在 19 家软件和信息技术服务业企业中，软件开发行业的企业有 9 家，占行业单位总数近一半。信息系统集成服务业有 7 家企业，居第二位。

19 家软件和信息技术服务业企业主要分布在四个城市：南宁、柳州、桂林和钦州，其中南宁有 12 家、柳州有 4 家、桂林有 2 家、钦州有 1 家。

二　主要特征

（一）产业发展区域集中

广西软件和信息服务业发展区域布局比较集中，目前主要集中在南宁、桂林、北海、柳州 4 个市，4 个市完成的主营业务收入约占广西全行业的 90% 以上。

（二）各地产业发展特色鲜明

南宁市：以广西博联信息通信技术有限责任公司、润建通信股份有限公司、广西德意数码股份有限公司、南宁超创信息工程有限公司、广西数字证书认证中心有限公司等为龙头，发展软件和信息技术服务业，成为广西软件和信息技术服务业的主要聚集区。桂林市：以广西瀚特信息产业股份有限公司、桂林力港网络科技有限公司、广西金源信息产业股份有限公司等为龙头，发展壮大桂林市软件和信息技术服务业产业。北海市：以北海石基信息技术有限公司、北海银河科技有限公司等为龙头，软件和信息技术服务业快速发展。柳州市：以广西网纪诺立信息工程有限公司、广西盛源行电子信息有限公司、柳州腾龙煤电科技股份有限公司等为龙头，重点发展北斗导航、汽车电子、工业软件等。

（三）产业涌现新的增长点

广西以发展北斗导航、云计算、移动互联网、工业软件、行业解决方案、信息安全服务、电子商务、动漫游戏等产业为核心，加快软件和信息技术服务业的发展步伐，培育产业新的增长点。

三　政策措施

（一）印发《广西推进北斗卫星导航产业发展 2016 年工作方案》

为充分发挥广西处于"一带一路"连接点的地缘优势，把握北斗系统应用产业化重大机遇期，推进广西北斗导航产业发展，广西起草并由自治区人民政府办公厅印发了《广西推进北斗卫星导航产业发展 2016 年工作方案》（桂政办电〔2016〕12 号），明确了 2016 年工作重点：编制北斗导航产业发展"十三五"规划、建设北斗卫星导航应用与运营服务中心、申报国家级北斗导航应用省级示范、开展北斗导航示范应用、组建广西北斗导航产业联盟、引进培育骨干企业、促进产业集聚发展、加强与东盟的交流与合作等。

（二）积极申报北斗导航应用及产业化省级示范

自治区工信委积极申报国家级北斗导航应用及产业化省级示范；开展广西创建北斗导航应用及产业化省级示范前期研究工作；邀请总装北斗办的领导和专家莅临广西指导广西申报北斗省级示范工作；编制了《广西壮族自治区北斗综合应用示范项目工程可行性研究报告》等申报材料，并正式行文上报总装北斗办。

（三）成立广西北斗导航应用和产业化推进工作领导小组

为加强对全区北斗导航产业发展的组织领导，统筹推进北斗导航产业协调发展，根据自治区人民政府办公厅《关于印发广西推进北斗导航产业发展工作方案的通知》（桂政办发〔2014〕82 号），2015 年 3 月，自治区工信委牵头成立了广西北斗导航产业推进工作领导小组，成员包括自治区发改委、科技厅等 16 个部门；2016 年 1 月，广西成立了广西北斗导航应用和产业化推进工作领导小组，成员包括自治区工信委、发改委、科技厅等 15 个部门。

（四）组织申报自治区信息服务业发展专项资金项目

广西重视财政资金对产业的扶持作用，组织开展 2015 年、2016 年自治区信息服务业发展专项资金项目申报工作。2015 年，自治区信息服务业安排专项资金 0.15 亿元，扶持项目共 38 项，项目总投资 1.8 亿元，当年计划投资 1.1 亿元，项目完成后预计可实现销售收入 3 亿元，利润 0.8 亿元，税金 0.3 亿元；2016 年，安排专项资金 0.15 亿元，扶持项目共 37 项，项目总投资 1.5 亿元，预计新增销售收入 4.5 亿元，利润 1 亿元，税金 0.3 亿元。广西积极做好自治区级信息服务业发展专项资金项目组织申报工作，认真贯彻执行《广西信息服务业发展专项资金管理暂行办法》和《广西信息服务业发展专项资金项目验收管理暂行办法》，加强对自治区信息服务业发展专项资金的管理，做好项目的跟踪和推进工作，不断提高资金使用效益。

（五） 研究产业结构调整思路，做好课题研究和规划编制准备工作

广西积极组织编制《广西新一代信息技术产业发展"十三五"规划》，开展"广西移动互联网产业发展研究""广西工业软件产业发展研究""广西培育大数据产业发展研究""广西大数据产业发展研究"等一批规划前期研究，进一步明晰发展目标、发展重点和保障措施。

（六） 开展软件和信息技术服务业统计工作

广西进一步加大行业统计工作力度，每月按时编制行业统计报表，分析产业发展态势和经济运行情况。每月按时完成广西软件和信息技术服务业统计月报的编制工作，及时互通信息，认真分析产业发展态势和经济运行情况，为工作决策提供真实可靠的数据。

（七） 深入企业开展调研活动，及时了解和掌握产业发展现状

一是进一步贯彻落实国家、自治区加快信息服务业发展的相关优惠政策，积极与国家、自治区各相关部门加强沟通协商，密切配合，协调解决有关问题；二是加强调查研究，加强政策宣传和贯彻，落实目标责任，及时发现、协调、解决工作中遇到的重大问题，切实落实国家、自治区发展软件和信息服务业的各项政策措施；三是了解工业经济运行情况，进行全年走势分析判断，了解完成全年主要目标任务的进展情况以及采取的对策措施等；四是了解工业投资、项目建设情况；五是帮助协调解决企业发展中遇到的困难和问题。

第四节　广西信息技术服务业发展
面临的主要困难和问题

一　产业规模总量小，对地区生产总值贡献低

2015 年，广西信息技术产业增加值为 289.96 亿元，年均增长速度为 15.2%，广西信息技术产业增加值占全区 GDP 的比重仅为 5.19%，与北京市 15.34% 的水平相差甚远。全区的信息技术产业企业数量相对偏少、规模偏小，尚未形成成熟的、高价值的产业链。

二　产品科技含量低、附加值低，缺乏有竞争力的品牌产品

广西经济发展相对比较落后，信息技术产业起步晚，处于国内信息技术产业链的末端，电子信息产品中品牌产品和拥有自主知识产权的产品数目很小，技术创新能力不足，关键技术受制于人，科研成果转化率低。依托本地高校、研究所人力资源，以企业为主体的"产学研用"一体化技术创新体系在多数企业内尚未建成。

三　高科技人才匮乏

人才是信息技术产业发展的关键。广西虽坐拥桂林电子科技大学、桂林理工大学两大高校优质资源，但地区经济基础薄弱，从业环境和城市生活便利程度与相邻的广东省相差甚远。信息技术产业在珠三角地区已经形成了很强的集聚效应，对人才的吸引能力很强，广西区内高校人才外流现象严重。与此同时，由于区内经济基础脆弱、信息技术产业未成规模、集群化程度低，因此对区外人才的吸引能力比较弱。

四　缺乏规划和规范的管理体制

缺乏对信息技术产业进行整体规划的主体，相应的管理体制也未建立，对信息技术产业发展、资源管理和服务活动缺乏必要的法律规范、调

整和监督，在投资、信贷和税收等方面没有明确的、针对信息技术产业发展的优惠、扶持政策及具体措施等，都是广西信息技术产业发展中存在的问题。

第五节 广西"十三五"时期信息技术服务业 发展目标、重点和对策

一 发展目标

到 2020 年末，广西软件和信息技术服务业主营业务收入接近 200 亿元。基础设施逐步完善，技术和产业发展，产业链和产业布局初步完善，信息服务体系和技术创新体系基本建立；基本形成以企业为主体的产业创新体系，业务支撑工具和核心技术取得重大突破，自主发展能力显著提升。技术水平和产业化能力进一步提高，基本形成信息服务标准体系；培育一批竞争力强的龙头企业，扶持一批具有创新活力的中小企业，打造一批著名信息服务品牌。

二 发展重点

（一）工业软件与行业解决方案

鼓励开发具有自主知识产权的工业软件产品，加快信息技术在研发、生产、管理、营销等环节的应用，积极培育工业互联网应用技术和促进产业发展；发展居于全国领先水平或具有区域特色的行业解决方案、东盟语种应用软件、数字内容加工处理技术软件、嵌入式软件、3D 打印机等产品；着重发展企业在重点千亿元产业、交通、物流等行业的信息服务。

（二）云计算、移动互联网

支持网络编程模型、分布式数据存储技术、虚拟化技术、海量数据处理技术和大规模集群管理技术等云计算关键技术和重点产品的研发及产业化，培育新兴服务业态；加快推进移动互联网产业发展，促进新型智能终端与互联网服务的结合。重点支持面向多业态的第三方支付平台研发及产

业化，基于智能终端的信息内容产品开发及服务，基于 ICT 的动漫游戏、数字媒体（出版）、数字互动娱乐、移动支付、位置服务、数字影视等信息服务关键支撑技术的开发与产业化。

（三）北斗导航、遥感遥测产品

加强导航定位卫星应用的技术研究、产品开发，提高其应用水平，重点发展北斗卫星及多模式兼容的移动导航信息系统应用产品、无人航空器等，推动北斗卫星导航系统在经济社会领域的应用及产业化，发展壮大广西北斗产业规模。

（四）大数据

重点发展面向研发设计、生产制造、经营管理、市场营销等环节的大数据分析技术和平台，加快面向金融、能源、农业、医疗、教育、交通、旅游、社保等行业领域的应用。

（五）信息安全服务

推动信息安全产业发展，完善信息系统安全测评、信息系统安全风险评估、信息安全等级测评及技术支持、涉密信息系统安全保密测评服务等；支持银行业金融机构开展安全可控信息技术推进工作；进一步推进广西数字证书在全区各行业、各领域的推广应用。

（六）嵌入式软件

面向工业装备、通信网络、汽车电子、消费电子、医疗电子、数控机床、电力电子、交通运输、环保监测等重点领域，积极促进符合开放标准的嵌入式软件开发平台、嵌入式操作系统和应用软件的开发推广，加快研发面向下一代互联网、物联网应用的嵌入式系统软件，推动软件研发模式创新发展，进一步提高产业化程度、替代进口能力和产品出口能力。

三　政策措施

（一）把信息技术产业作为战略性产业纳入经济社会发展总体规划

把信息技术产业作为国民经济的基础性、战略性和先导性产业，统筹规划，加强领导，理顺管理体制，整合政府资源，引导产业发展。发挥软件行业协会的桥梁和纽带作用，大力支持协会在反映行业诉求、提出政策建议、帮助企业协调解决问题等方面所做的工作。

（二）建设产业园，引导企业集聚发展

根据广西已有的产业布局和基础，发挥南宁市软件产品研发、系统集成、信息服务优势，桂林市人才培养、应用及产业化优势，北海市终端产品制造、嵌入式软件优势，柳州市产业化示范应用和终端产品制造优势，统筹规划，实现联动发展。

规划建设产业优势明显、产业配套完善、创新能力强、辐射带动作用突出的产业园区，积极推动南宁、桂林、北海、柳州等市软件和信息技术服务业园区建设，形成要素集中、配套齐全、特色明显的产业集群，培养和带动一批具有一定核心竞争力、市场开拓能力强、具有潜力的中小企业发展。

鼓励各基地（园区）根据产业发展的需求，加强信息基础设施建设，加大配套建设力度，提供信息服务保障平台；鼓励新建企业和引进企业进一步向基地（园区）集中，实现产业集聚发展。出台相关政策鼓励产、学、研、用的横向联合，指导产品结构和产业结构向高端产业和产业链高端调整；主动吸引和承接国际国内产业转移，积极引进国内外知名大企业、大集团，扶持重点企业发展。

（三）强化招商，借力做大产业规模，加速国际化进程

加大优惠政策创新力度，加强国内外的合作与交流，组织和利用国内外各类高层次软件产业论坛，打造具有品牌效应的宣传平台，吸引国内外知名的软件大企业到广西投资发展，带动本地企业发展；促进跨国研发机构积极参与广西经济发展，鼓励跨国公司将知识产权转移到广西，借力做大做强广西软件产业规模，提升整体实力，加速国际化进程。

（四）重视高端人才的引进、培育和奖励

进一步完善和落实吸引人才的各项优惠政策，优化融资、科研、学习、生活、子女教育和医疗保健等环境，以重点发展领域对人才的需求为出发点，加大力度引进高端人才，重点引进软件业学术带头人和精通国际

市场运作及软件科技创新标准的领军人物。对学术带头人、企业高级技术人才、高级管理人才和市场开发人才以及有突出贡献的人才实行重奖并可享受个人收入免征所得税的优惠。

（五）建立软件产业自主创新体系

重点围绕行业应用软件、嵌入式软件、出口外包等领域，以大型企业为依托，建立研发中心，发展核心软件技术，增强自主创新能力。引导重点院校、科研院所与本地企业紧密合作，共建软件技术工程中心，实现软件技术、成果和产业之间的有效对接，建立"产学研一体的合作链"。

（六）完善公共技术支撑体系建设

结合企业需求和广西软件产业的发展目标，建立软件构件库、开放源代码库、公用软件工具库、工程案例库、培训资源库、软件技术标准库、出口资源库；建设软件开发支持平台、软件质量管理平台、软件产品测试平台、联盟型软件企业协作开发平台，形成完善的公共技术支撑体系，为软件企业提供规范化的技术服务，营造符合软件企业发展需要的技术环境。

（七）加大对软件产业的财政支持力度，建立并完善多元化的投融资体制

形成以政府投入为引导，以企业投入为主体，金融资本、民间资本、海外资本广泛进入的多元化投入机制，拓宽融资渠道，加快投融资服务体系建设，完善风险投资机制，为具有自主知识产权的软件开发和成果产业化提供支持。对优势企业、重点项目给予贷款贴息等政策倾斜，鼓励优势企业通过兼并收购等方式发展壮大，支持企业通过捆绑、借壳等方式在境内外上市融资。

（八）优先采购本地区软件和信息技术服务，积极建立创新体系，打造产业集群

机关、企事业单位使用财政资金采购信息化产品时，在同等质量、性能和服务的前提下，鼓励优先购置、使用本地软件产品。加强企业之间在技术创新领域的交流合作，加强研发体系、标准化体系、中介组织体系、

信息体系建设，鼓励技术创新的扩散，打造产业集群。

（九）申报北斗产业省级示范

积极向国家北斗办、工信部等部门申报广西作为北斗省级示范，在广西布局建设面向东盟的北斗产业示范基地，在政策、资金、产业发展等方面给予更大的支持，推动广西与东盟通信导航领域的合作，促进广西北斗产业发展。

（十）支持搭建产业公共服务平台

指导支持重点工业园区的研发设计、质量认证、试验检测、信息服务、资源综合利用等公共服务平台的升级改造。积极引进国家级实验室、研发中心和服务平台落户广西。引导行业内大企业联合建立服务全行业的共性信息技术应用平台，构建公共技术服务能力体系。

（十一）引导信息服务消费，扩大市场需求空间

政府采购向广西信息服务业企业倾斜，在同等条件下优先采购本地信息服务企业的产品和服务。加快建立符合广西信息服务业特点的价格机制和管理体制，降低信息服务成本，提高信息服务消费水平，推动市场需求的扩大。

（十二）突出企业的主体创新地位，推进产学研深度合作

加快形成以企业为主体，以需求为导向，以项目为载体，以产业资本为纽带，政府、企业等产业相关主体协同创新的推进机制。立足广西现有技术优势，加强产学研合作，充分借助优势企业、大专院校、科研院所的科研实力和研究基础，通过政府扶持、引导，开展核心关键技术研究，着力破解制约产业发展的关键瓶颈，努力掌握核心知识产权，迅速占领整个产业链的高端环节。支持各重点园区和产学研合作示范区建设，以各地产业发展实际为基础，结合当地信息化建设实情和有关要求，积极鼓励各个产业园区和产学研合作示范园区内的企业积极投身信息服务业示范项目建设，快速提升信息服务企业的商业化开发能力。

| 第六章 |

现代物流服务业的培育与发展

第一节 现代物流服务业的内涵和意义

一 现代物流业的内涵

现代物流业是指原材料、产成品从起点至终点及相关信息有效流动的全过程。它将运输、仓储、装卸、加工、整理、配送、信息等方面有机结合，形成完整的供应链，为用户提供多功能、一体化的综合性服务。现代物流业是一个新型的跨行业、跨部门、跨区域、渗透性强的复合型产业。现代物流业所涉及的国民经济行业具体包括：铁路运输、道路运输、水上运输、装卸搬运及其他运输服务业、仓储业、批发业、零售业。

二 现代物流业发展的意义

随着市场经济的发展，物流业已由过去的末端行业上升为引导生产、促进消费的先导行业。现代物流业是以现代运输业为重点，以信息技术为支撑，以现代制造业和商业为基础，集系统化、信息化、仓储现代化为一体的综合性产业。因而它的发展，必将对优化产业结构、增强企业发展后劲、提高经济运行质量起到巨大的促进作用。

（一）加快发展现代物流业是优化区域产业结构、振兴第三产业的必然选择

根据产业结构发展演进定律，产业结构的发展方向是一次产业向二次产业、三次产业演进升级的过程。现代物流业的本质是第三产业，属于技术密集型和高附加值的高科技产业，是现代社会分工和专业化高度发展的产物，它具有资产结构高度化、技术结构高度化、劳动力高度化的特征，能够促进传统的运输、仓储企业的转型，整合传统经营业务，延伸服务范围。

（二）加快发展现代物流业是企业降低成本、提高经济运行质量和效益的有效途径

现代物流是流通方式的一场革命，是企业降低物资消耗，提高劳动生产率以外的"第三利润源泉"。计划经济时代是以生产为中心，生产企业、流通企业库存大，占用资金多，而运输和仓储企业有效货源不足，设施利用率低，导致企业资金周转不灵，经济运行质量不高。在市场经济条件下，生产要素、资金的流动以获取利润为前提条件，"唯利是图"是其根本特征。运用现代物流业，可以提高工作效率、降低生产成本，从而使企业获得更多的利润。

（三）加快发展现代物流业是提供就业岗位、缓解就业压力的重要手段

第三产业属劳动密集型产业，同样的投入能创造出比第二产业多得多的就业岗位。而现代物流业属于第三产业，同任何新兴产业的诞生和发展一样，现代物流业在促进国民经济产业结构调整的同时，也带动了劳动就业的扩张。

（四）加快发展现代物流业是改善投资环境、扩大对外开放的迫切需要

现代物流产业作为服务性产业，对交通、通信等基础设施条件有较高的要求，是一个地方十分重要的投资环境，关系到一个地方的对外开放水平和形象。

第二节　广西现代物流服务业"十二五"时期发展回顾[①]

"十二五"以来，随着中国—东盟自由贸易区如期建成，以及"一带一路"倡议、新一轮西部大开发、北部湾经济区开放开发等重大战略深入实施，广西物流业迎来了良好的发展机遇。自治区党委、政府高度重视物流业发展，出台了一系列政策措施，进一步加大扶持力度，推进物流业加快发展。"十二五"期间，广西全区物流业呈现较快增长态势，社会物流总量不断扩大，物流基础设施建设不断完善，物流企业实力不断增强，总体服务水平逐步提升，对转变经济增长方式、提高经济运行质量及效益起到了积极的推动作用。

一　社会物流总量持续扩大

初步测算，2015 年广西全区社会物流总额达 4 万亿元，是 2010 年的 1.6 倍，"十二五"时期年均增长 9.9%。物流业增加值实现 1300 亿元，是 2010 年的 2 倍，"十二五"时期年均增长 11% 左右，高于生产总值增幅 0.9 个百分点。物流业增加值占生产总值的比重由 2010 年的 6.7% 提高到 2015 年的 7.7%，占第三产业增加值的比重由 2010 年的 19.3% 提高到 2015 年的 19.9%。

二　物流基础设施不断完善

2015 年，广西全区物流业及相关行业固定资产投资完成 2650 亿元，"十二五"时期年均增长 16.7%，公路、铁路、水路、航空多式联运设施建设加快，多种运输方式无缝衔接水平逐步提高。全区公路通车里程达 11.7 万公里，其中高速公路通车里程 4289 公里，比 2010 年末分别增加了

[①] 《广西物流业"十二五"发展回顾和"十三五"发展展望》，广西壮族自治区发展和改革委员会网站，http://www.gxdrc.gov.cn/sites _ 34015/jyhfwyc/dcyj/201610/t20161009 _ 698029. html，最后访问日期：2016 年 10 月 9 日。

1.5 万公里和 1714 公里。铁路营运里程达 5086 公里，比 2010 年末增加了 1886 公里，其中高速铁路营运里程实现"零"突破，达 1735 公里。北部湾港港口货物综合通过能力达到 2.3 亿吨，万吨级以上泊位达 79 个；内河港港口货物综合通过能力突破 1 亿吨，千吨级以上泊位达 143 个。运输机场达到 7 个。

三 物流企业快速成长

据初步统计，2015 年广西全区以物流配送、流通加工、包装、仓储和运输为主营业务并在工商管理部门注册登记的物流企业有 3000 多家，比 2010 年增加近 1000 家，其中 A 级物流企业 22 家。广西玉柴物流、南宁铁路局、广西物资集团、柳州桂中海迅等一批企业，围绕着汽车、钢铁、有色金属、石化、建材、食糖、鲜活农产品等产业，不断创新服务模式，提高增值服务水平，成为广西具有示范带动作用的优秀物流企业。

四 物流园区发展加快

广西全区各类物流园区建设总体呈现加快发展态势，园区基础设施建设逐步加强，涌现出货运枢纽、商贸服务、生产服务、口岸服务、综合服务等多种类型的物流园区，物流服务功能不断完善，物流组织化水平和集约化程度逐步提升。2015 年，自治区启动示范物流园区认定工作，首批认定 10 个自治区级示范物流园区，这对促进全区服务业集聚区建设起到了良好的示范带动作用。

五 保税物流体系逐步形成

钦州保税港区、南宁保税物流中心、凭祥综合保税区、北海出口加工区已进入正式运营阶段，入驻的知名企业相继增多，国际配送、国际采购、国际中转、加工贸易、保税物流等业务不断拓展，集聚效应逐步显现。"十二五"期间，国家新批准设立北海出口加工区 B 区，南宁保税物流中心升级为南宁综合保税区，同时中国（北部湾）自由贸易试验区申报正在积极推进，全区保税物流基础设施更加完善。

六 物流发展环境不断优化

近年国家出台了《物流业发展中长期规划（2014—2020 年）》《全国物流园区发展规划》《推进物流信息化工作的指导意见》《加强和改进城市配送管理工作的意见》等一系列物流政策文件。为贯彻落实国家物流业发展工作部署，自治区也颁布实施了《广西现代服务业集聚区发展规划（2015—2020 年）》《广西促进现代物流业跨越式发展三年行动计划（2015—2017 年）》《广西示范物流园区认定管理办法》等物流政策文件，并制定促进物流业发展的相关政策措施，积极推进土地、财税、收费、运输管理、投融资等领域改革，为物流业营造良好的发展环境。

第三节 广西现代物流服务业发展成效

一 重点物流项目加快了建设进度

一是策划储备一批重点物流项目，自治区发改委制定了《促进广西现代物流业跨越式发展重大项目建设计划表》，包括十大物流重点工程共 286 项重点物流项目。二是加快推进南宁现代化建材加工及物流配送中心一期、广西嘉进电子商务物流项目、靖西万生隆国际商贸物流中心、贵港永泰仓储物流等一批新开工和续建的自治区层面重大物流项目建设，帮助协调解决项目建设过程中存在的问题和困难，保障项目按计划顺利实施。

二 加大了对物流项目资金支持力度

一是自治区农业厅安排 690 万元资金扶持蔬菜、水果、鲜活农产品产地预冷、冷储保鲜设施建设，重点支持平果、田阳等 15 个县果蔬预冷库和采后商品化处理项目。二是自治区财政厅通过北部湾经济区重大产业发展专项资金安排 5000 万元支持海铁多式联运项目建设。三是自治区供销社分别与中国邮政公司广西分公司、自治区商务厅签订战略合作协议，全年安排 1.5 亿元建设全区 55 个仓储物流设施项目。四是自治区发改委积极争取到国家开发银行和农业发展银行 3.4 亿元专项基金用于支持经贸物流项目，有效缓解了项目建设资金筹措的压力。

三 推进物流园区建设及发展

一是开展示范物流园区工作,自治区发改委会同有关部门制定出台了《广西示范物流园区认定管理办法》,并组织开展自治区级示范物流园区认定工作,南宁国际综合物流园等 10 家物流园区被评为首批自治区示范物流园区。二是加快海关特殊监管区建设,钦州保税港区二、三期工程和北海出口加工区 B 区一期工程已通过正式验收进入运营阶段,凭祥综合保税区二、三期工程正稳步推进。三是自治区北部湾办积极推动中国(北部湾)自由贸易试验区申报设立工作,已于 2015 年 12 月将试验区的申报区域范围调整方案上报国务院,争取广西进入第 3 批自由贸易区名单。

四 加快物流信息化进程

一是自治区工信委安排自治区企业技术改造资金(两化融合专项)140 万元支持制造企业物流信息化和工业园区企业云服务平台项目建设。二是自治区商务厅正式启动跨境电子商务试点工作,南宁跨境贸易电子商务综合服务平台实现了与西班牙、俄罗斯、美国、加拿大等 34 个国家连接。三是自治区科技厅在自治区级科技计划中设立现代服务业与文化产业科技创新示范项目,投入科技资助经费 200 万元,拟建立物流技术服务与开发平台 3 个、技术示范点 6 个。四是自治区财政厅筹措 1.48 亿元推动自治区电子商务进农村工作,推动电子商务和快递业联动发展。五是自治区商务厅计划将规划建设的 40 个农产品集配中心和全区 18 个大型农产品批发市场全部纳入"南菜北运"综合服务平台数据采集网络,目前平台与已建成的 11 个农产品集配中心数据实现互通。

五 推广物流标准化应用工作

一是自治区质监局会同商务厅等部门指导大型企业集团贯彻实施《港口物流服务规范》《港口硫磺装卸技术规范》《港口木片装卸技术要求》等地方标准,并开展创建物流服务业标准化试点工作。二是自治区质监局指导广西标准技术研究院建设完善物流标准信息公共服务平台，2015年广西新增东盟标准241条、国内标准516条。三是自治区交通厅指导有关项目建设单位申报公路甩挂运输第4批试点项目，"面向东盟跨境物流的甩挂运输试点项目"顺利通过项目审查。四是自治区商务厅指导东盟标准研究中心与越南、柬埔寨等东盟国家开展农业标准化研究，共同推动标准化互认，以实现"一个标准，区域通行"的目标，并筹措400万元用于支持柳州、桂林市开展现代物流技术应用和标准化试点工作。

六　优化物流业发展环境

一是口岸查验部门与海事部门从口岸开放和基础设施建设规划等九个方面开展合作，"一次申报、一次查验、一次放行"通关模式已全面推行至广西所有监管场所，通关便利化水平不断提高，节省了船舶作业和提货装货手续时间。二是自治区地税局积极推进行政审批制度改革，简化流程，减轻负担，对现代物流企业享受税收优惠政策由事前审批变为事后备案。三是自治区工商局启动全程电子化登记管理试点工作，制定《广西电子营业执照系统建设技术方案》《广西壮族自治区电子营业执照和全程电子化登记管理工作实施方案》，已在南宁、桂林、北海、防城港推行全程电子化登记管理试点工作。四是自治区投资促进局积极搭建合作平台，开展专题招商活动，推进物流项目合作洽谈，策划包装物流合作项目196个，合同投资额约2100亿元。

七　推进物流业发展基础工作

一是自治区人力资源社会保障厅加强物流人才培养，组织开展物流师职业技能鉴定，2015年全区参加物流师考试3466人，获得职业资格证书的有2480人。二是自治区教育厅下放高职专业设置审批权限，鼓励职业院校开设物流相关专业，并安排1000万元专项资金支持学校建设现代物流示范专业及实训基地。三是广西物流与采购联合会借鉴标准IOS质量管理系统模式，进一步完善物流服务质量满意度监测系统，不断提升满意度监测能力。

第四节 广西现代物流服务业发展面临的主要困难和问题

一 物流总体规模较小

虽然广西物流业取得了长足发展，但由于经济总量不大，物流有效需求不足、规模较小，物流体系建设滞后，缺乏现代大型物流企业，第三方物流发展缓慢，物流总体服务水平不高，均从事简单的运输、仓储、保管等基本服务，专业物流和综合物流服务能力不强，难以提供大批量、多批次、跨地区的高层次物流服务，规模效益难以实现，与发达省份相比仍有较大差距。

二 物流运行成本偏高

一是广西物流基础设施多式联运水平不高，货物配送衔接性较差，往往要分多批次才能运送完毕，导致配送中间环节多、周转期长。二是物流城市配送存在车辆通行难、停靠难、装卸难等问题，交通对配送车辆过多限制，严重影响了城市配送效率，增加了物流成本。三是实行"营改增"后，物流企业可抵扣进项税额偏少，造成交通运输业税负普遍较大幅度增加。

三 物流项目用地难、地价高

当前全区土地指标越来越紧缺，绝大部分物流项目用地指标很难得到保障，而且项目选址还需考虑交通因素，这造成征地难度加大，物流项目从征地阶段到获得土地证需要花费很长时间，部分项目在备案后两年内都未能完全办理好征地手续，出现了备案证失效或需延期的情况。同时物流项目用地仍属于商业用地范畴，不能按工业用地价格执行，而且用地价格及相关费用逐步提升，导致征地成本很高。物流项目用地指标申请难度大，影响了项目的落地建设。

四 物流企业资金紧缺

物流基础设施建设周期长，投资效益回报率低，需要资金规模较大，难以吸引社会资金的投入。目前广西支持现代物流业发展的政策体系尚未完全建立，政府对物流领域投资的引导带动能力有待加强。广西物流企业大多数为中小型企业，资产规模和信誉等级不高，普遍存在融资难问题。部分亟须建设的仓储、多式联运、物流标准化、信息平台等设施无法配套完善，大大制约了企业自身发展。

第五节 广西"十三五"时期现代物流服务业发展目标、重点和对策

一 发展目标

广西全面贯彻党的十八大和十八届三中、四中、五中全会精神，按照"五位一体"总体布局和"四个全面"战略布局，牢固树立和贯彻落实"创新、协调、绿色、开放、共享"的发展理念，主动适应经济发展新常态，以"互联网＋"行动计划和"中国制造2025"等战略实施为契机，以先进技术为支撑，以改革创新为动力，以扩大物流总量、降低物流成本和提高物流效率为核心，围绕构建区域性国际物流中心这一目标，建立完善的现代物流体系，全面提升物流产业发展水平，为实现"两个建成"目标提供坚实的物流保障。

二 发展重点

广西认真贯彻落实国家和自治区物流发展工作部署，围绕建设区域性国际物流中心和跨区域国际物流大通道的目标，将现代物流业逐步打造成为广西具有竞争力的支柱产业。到2020年，基本形成以南宁、柳州为核心，其他城市为节点，覆盖城乡的现代物流网络体系；物流规模持续扩大，产业结构明显优化，综合成本逐步下降，企业集聚效应和竞争力显著增强；物流标准化、信息化、智能化、集约化水平明显提高，快捷、高

效、绿色、节约的现代物流服务网络体系基本健全；建成连接粤港澳地区、辐射西南中南、面向东盟国家的跨区域跨国物流大通道，使"一带一路"有机衔接的区域性国际物流中心初步形成。

三　政策措施

（一）加大政策支持力度

结合广西物流业发展存在的问题研究制定相应政策措施，重点解决土地、财税、收费、投融资、运输管理等方面的问题。一是加快推进行政审批改革，减少前置审批环节，简化物流企业审批程序。二是增加自治区服务业发展引导资金投入，支持物流重大项目和重点工程设施建设。三是对重大物流项目用地指标给予倾斜，解决项目"落地难"问题。四是积极争取国家资金和金融机构信贷支持，拓宽物流企业投融资渠道，缓解企业资金周转压力。五是加大物流政策宣传力度，指导物流企业用好用足现行的物流优惠政策，减轻企业税收负担。

（二）加快完善物流设施

一是构建物流大通道。以南宁、柳州重点物流节点城市和北部湾沿海港口、西江内河港口为依托，重点建设有机衔接"一带一路"的现代综合交通基础设施。二是提升多式联运水平。大力推进公路、铁路、水路、航空等多式联运转运设施建设，建立完善的多式联运系统。三是加快现代物流集聚区建设。合理规划布局各类物流园区，积极引进有实力的物流企业，逐步完善园区综合物流服务功能。四是建设广西物流信息交换和共享平台。鼓励发展物流大数据产业，整合铁路、公路、民航、邮政、海关、检验检疫、中小企业等信息资源。

（三）优化物流区域布局

围绕广西开放发展新定位和构建"双核驱动、三区统筹"的开放发展格局，重点打造南宁和柳州两个物流核心城市，建设北部湾、桂中、桂东北、桂东南、桂西、沿边6个物流基地，以及南广、南友、湘桂、黔桂、云桂、桂东6条物流发展带和12个物流节点城市，形成重点突出、层级清晰、分工合理、功能完整、特色鲜明、便捷高效的现代物流产业体系，促进区域物流综合竞争力提升。

（四）着力降低物流成本

一是优化运输结构。完善沿海和内河的码头、泊位、航道及装卸设施，全面提高铁路、水路运输比重。二是提高运输效率。支持传统公路货运站场转型升级，鼓励发展集装箱、冷藏、罐装等专业运输服务和甩挂运输业务。三是优化通行环境。推动实行便利通关模式，提高物流通关效率，完善重点城市配送车辆通行、停靠等有关交通标志、标线和技术规范，实现配送车辆的标准化、专业化管理。四是规范收费行为。严格执行鲜活农产品运输绿色通道政策，规范港口、机场、铁路经营性收费项目，禁止强制服务、强行收费行为。五是降低运输及仓储成本。鼓励发展"公路港"等现代物流平台，实现运力与货源的有效对接，降低货车空载率。

（五）促进物流产业升级

一是加快物流一体化进程。鼓励传统运输、仓储企业向供应链上下游延伸服务，优化物流组织模式，实现物流服务一体化。二是培育发展第三方物流。积极引导和鼓励自治区大型企业逐步将原材料、辅料及零配件采购、运输、仓储、产成品整理、配送、回收等物流服务业务有效分离，释放物流需求，为第三方物流发展提供条件。三是推动物流与相关产业融合发展。加快物流业与食品、汽车、冶金、电子、新材料、新能源等重点产业的融合，鼓励物流企业与商贸企业对接，发展共同配送，实现优势互补。四是大力发展物流新业态。加快培育与互联网、金融、制造业、跨境贸易等融合发展的物流新业态，积极利用互联网、物联网、云计算等信息技术，促进电子商务与跨境物流联动发展。

（六）大力发展国际物流

一是培育国际物流需求。积极开拓石化、汽车、机械、电子、农产品等进出口商品的国际市场，努力扩大海外市场需求。二是拓展国际物流班线。支持物流企业开展跨境运输业务，拓展陆路、水运、航空国际物流班线，提高国际货物的中转配送能力。三是建设国际物流服务平台。加快打造海关、检验检疫、交通、外贸、货代等无缝对接的信息平台，全面提高通关效率。四是深化保税物流体系建设。加快推进海关特殊监管区扩容提量，积极争取设立新的综合保税区，鼓励布局建设"无水港"，进一步完善保税物流功能。五是提升物流企业国际化水平。鼓励本地物流企业与国际知名物流企业的交流与合作，加快物流服务"走出去"步伐，推动物流企业积极参与国际市场竞争。

（七）推进物流现代化

一是推进物流标准化。鼓励企业采用标准化的物流计量、货物分类、物品标识、技术装备，推广应用先进物流技术和托盘、集装箱等标准化设施设备。二是加快物流信息化。支持企业建立完善的物流信息化系统，提升无线射频识别、电子数据交换、货物自动分拣、自动导引车辆、卫星定位等系统服务功能，提升专业化水平。三是发展绿色物流。规划建设生态绿色物流园区，提升交通运输绿色化、智能化水平，优化运输结构和资源配置，提高资源利用效率，促进节能减排。四是实施现代物流技术应用示范。加强物流技术装备的研发，强化物联网、北斗导航、云计算、大数据等新一代信息技术的应用，打造一批物联网技术应用示范园区和企业。

（八）抓好重点工程建设

加强做好物流项目前期工作，加大项目资金和政策支持力度，重点抓好物流园区、港铁物流、物流企业培育、制造业与供应链管理、农产品物流、大宗商品物流、城乡配送物流、电子商务物流、物流金融九大重点工程建设，完善各类项目布局，提升专业物流服务水平，以项目为载体推动物流业快速发展。按照国家发改委编制三年滚动投资计划的要求，筛选一批符合国家物流支持方向、建设条件成熟的项目入库，做到成熟一批、入库一批、申报一批、滚动调整一批，不断完善项目储备库。加大对自治区层面统筹推进、获得中央预算内投资和专项建设基金支持的物流项目的跟踪检查，及时掌握新开工和在建项目的最近进展情况，主动协调解决项目建设过程中存在的问题，推进项目顺利实施。督促各市按照项目竣工验收管理办法规定，抓紧做好属地物流项目竣工验收工作，促进物流项目及时投产运营并发挥效益。

（九） 推动物流园区集聚发展

继续抓好"服务业百项重点工程"专业市场、商贸物流项目建设，扎实推进特色专业市场、商贸物流等服务业集聚区发展。做好示范物流园区管理工作，协调推进在建物流园区建设，争取园区早日建成投产，加强示范物流园区动态管理，继续发挥物流示范带动作用。加快推进海关特殊监管区域整合优化，积极推动中国（北部湾）自由贸易试验区、梧州综合保税区、西江综合保税区设立。

（十） 做优做强物流企业

加大物流企业发展政策和资金扶持力度，支持企业在应用物流先进设备、物流公共信息平台、物流新技术研发、物流标准化推广等方面的工程建设，促进企业进行升级改造。组织开展物流企业综合评估认定上报工作，争取更多企业获得 A 级荣誉称号，扩大广西物流业服务品牌影响力。推动汽车、机械、有色、食糖、农产品等领域第三方物流发展，鼓励制造企业和商贸企业剥离物流业务功能，加快培育一批第三方物流企业。积极搭建物流合作交流平台，加强区内物流企业与区外物流企业业务合作，拓展海外物流市场，加快物流服务"走出去"步伐，提升物流企业国际化水平。

（十一） 拓宽物流领域融资渠道

通过争取中央预算资金、专项建设基金、自治区本级财政资金、金融机构信贷支持等多种方式，进一步拓宽广西物流领域融资渠道，解决物流企业发展资金和物流项目建设资金筹措困难，促进物流业稳定发展。加大民间资本投资物流行业的支持力度，鼓励民间投资进入冷链物流、医药物流、农产品物流、城乡配送物流、多式联运等重点物流领域，从事物流中转配送业务和参与制造企业供应链管理。

第七章

电子商务服务业的培育与发展

第一节　电子商务服务业的内涵

一　电子商务的内涵

电子商务是指通过使用互联网等电子工具（包括电话、广播、电视、传真、计算机、计算机网络、移动通信等）在全球范围内进行的商务贸易活动。电子商务包括电子货币交换、供应链管理、电子交易市场、网络营销、在线事务处理、电子数据交换、存货管理和自动数据收集系统等。电子商务把商品的资源管理和人们的交易行为有效地结合起来，实现了政府和企业之间、企业和企业之间、企业和顾客之间等的信息交换、业务处理、商品和服务交易的计算机化和网络化，催生了数据营销时代的到来。电子商务是实现扩大宣传、降低成本、增加价值和创造商机的商务活动。

二　电子商务的特征

（一）普遍性

电子商务作为一种新型的交易方式，将生产企业、流通企业以及消费者和政府带入了一个网络经济、数字化生存的新天地。

（二）方便性

在电子商务环境中，人们不再受地域的限制，客户能以非常简捷的方式完成过去较为繁杂的商业活动。如通过网络银行能够全天候地存取账户资金、查询信息等，同时使企业对客户的服务质量得以大大提高。

（三）整体性

电子商务能够规范事务处理的工作流程，将人工操作和电子信息处理集成为一个不可分割的整体，这样不仅能提高人力和物力的利用率，也可以提高系统运行的严密性。

（四）安全性

在电子商务中，安全性是一个至关重要的核心问题，它要求网络能提供一种端到端的安全解决方案，如加密机制、签名机制、安全管理、存取控制、防火墙、防病毒保护等，这与传统的商务活动有很大的不同。

（五）协调性

商业活动本身是一种协调过程，它需要客户与公司内部、生产商、批发商、零售商间的协调。在电子商务环境中，它更要求银行、配送中心、通信部门、技术服务等多个部门的通力协作。

（六）集成性

电子商务以计算机网络为主线，对商务活动的各种功能进行了高度的集成，同时也对参加商务活动的商务主体各方进行了高度的集成，高度的集成性使电子商务进一步提高了效率。

第二节　广西电子商务服务业发展现状①

近年来，广西电子商务有了较快的发展，但是电子商务发展还不完善，地区之间发展还不均衡。本书就广西规模以上实体经济电子商务发展现状、存在的问题，提出对策建议，为促进广西电子商务健康、有效的发展提供决策参考。

2013 年，广西共有电子商务销售企业 489 家。其中制造业 202 家，占

---

① 《广西电商异军突起 2014 年成交额 2034 亿元》，广西县域经济网，http://www.gxcounty.com/e/DoPrint/？classid＝7&id＝103046，最后访问日期：2015 年 1 月 23 日。

41.3%；批发和零售业 82 家，占 16.8%；住宿和餐饮业 103 家，占 21.1%；租赁和商务服务业 20 家，占 4.1%；信息传输、软件和信息技术服务业 17 家，占 3.5%（见图 7-1）。

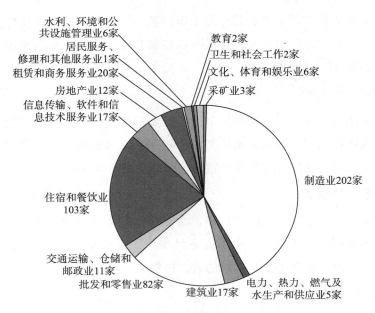

图 7-1 2013 年广西电子商务活动企业单位数分行业情况

一 电子商务呈现快速发展的势头

（一）交易量较快增长

2013 年，广西电子商务交易额为 397.53 亿元，比上年增长 16.2%。其中，自营电子商务平台交易额为 97.32 亿元，服务类交易额为 26.11 亿元，面向大陆区域以外的交易额为 39.63 亿元，占电子商务交易额的比重分别为 24.5%、6.6%、10.0%。分类型看，企业电子商务销售额略有增长，完成 544.58 亿元，比上年增长 2.4%；企业电子商务采购额完成 250.42 亿元，比上年增长 64.4%，呈现快速增长势头。

（二）从企业规模看，以大型企业为主

2013 年，大型企业电子商务交易额为 300.93 亿元，占全部电子商务交易额的 75.7%；中型企业电子商务交易额为 74.06 亿元，比重为

18.6%；小型企业电子商务交易额为 22.53 亿元，比重为 5.7%。其中大型批发零售业电子商务交易额为 175.51 亿元，占全部大型企业电子商务交易额的 58.3%；大型工业企业电子商务交易额为 121.86 亿元，占全部大型企业电子商务交易额的 40.5%；大型服务业企业电子商务交易额为 3.51 亿元，占全部大型企业电子商务交易额的 1.2%。

（三）从行业看，以制造业和批发零售业为主

2013 年，在国民经济行业中，广西从事电子商务交易的有 14 个行业共 489 家企业（见表 7 - 1），企业数处于前三位的依次是制造业（202 家）、住宿和餐饮业（103 家）、批发和零售业（82 家）。电子商务交易额最高的行业是批发和零售业，完成交易额 210.33 亿元，占全区电子商务交易额的比重为 52.9%；其次是制造业，完成交易额 173.65 亿元，占 43.7%；再次是租赁和商务服务业，完成交易额 5.48 亿元，占 1.4%。电子产品、服装等制造业，批发和零售业、租赁和商务服务业等行业的电子商务呈现蓬勃发展的势头，在交通运输、仓储和邮政业，信息传输、软件和信息技术服务业等行业中也有电子商务活动。大型传统行业也纷纷涉足电子商务领域，建立起实业网站，已经涌现出广西糖网、广西电视台的易购网等，南宁百货、梦之岛等传统商城也开始进军电子商务领域。电信运营商、软件及系统集成商积极开展电子商务服务，移动商务成为电子商务发展的新领域；电子商务服务及网络公司自身正在向产业化方向发展，形成了初具规模的电子商务服务业等一批网上销售、采购市场。

表 7 - 1　2013 年不同行业电子商务交易额及所占比重

	电子商务交易额（万元）	比重（%）
采矿业	195.0	0.00
制造业	1736505.3	43.69
电力、热力、燃气及水生产和供应业	1236.1	0.03
建筑业	344.9	0.01
批发和零售业	2103259.6	52.91
交通运输、仓储和邮政业	37441.8	0.94
住宿和餐饮业	8311.9	0.21

	电子商务交易额（万元）	比重（%）
信息传输、软件和信息技术服务业	30988.8	0.78
房地产业	1258.9	0.03
租赁和商务服务业	54752.1	1.38
水利、环境和公共设施管理业	168.6	0.00
居民服务、修理和其他服务业	5.5	0.00
卫生和社会工作	13.5	0.00
文化、体育和娱乐业	320.4	0.01

（四）从登记注册类型看，以内资企业为主

2013 年，内资企业电子商务交易额为 378.63 亿元，占全区电子商务交易额的 95.2%；港、澳、台商投资企业电子商务交易额为 10.08 亿元，占全区电子商务交易额的 2.5%；外商投资企业电子商务交易额为 8.82 亿元，占全区电子商务交易额的 2.2%。在内资企业中，国有企业电子商务交易额为 180.08 亿元，占全区电子商务交易额的 45.3%；有限责任公司电子商务交易额为 163.21 亿元，占全区电子商务交易额的 41.1%（见表 7-2）。

表 7-2　不同登记注册类型企业电子商务交易情况

	电子商务交易额（亿元）	比重（%）
1. 内资企业	378.63	95.2
国有企业	180.08	45.3
有限责任公司	163.21	41.1
2. 港、澳、台商投资企业	10.08	2.5
3. 外商投资企业	8.82	2.2
合计	397.53	99.9

（五）电子商务交易额超过亿元企业有 57 家

2013 年，电子商务交易额超过亿元企业有 57 家，合计电子商务交易额为 754.54 亿元。其中超过 10 亿元的有 13 家（有 11 家是烟草企业），合计交易额为 631.39 亿元。只有 1 家企业交易额超过 200 亿元，其他企业交易额均低于 100 亿元。

二 电子商务提高了企业经济效益

2013 年，在调查的企业中，电子商务销售企业营业收入为 1404.74 亿元，营业成本为 8239.90 亿元，实现企业利润 113.04 亿元。营业收入利润率为 8.05%，成本利润率为 13.46%，分别比没有电子商务销售的企业高 2.95 个百分点和 7.58 个百分点。

三 广西各市均有电子商务活动

广西全区 14 个市，均有电子商务活动。其中，南宁、桂林、柳州三市居前三位，2013 年三市电子商务交易额分别占全区电子商务交易额的 48.3%、10.8% 和 9.0%，占比较低的为防城港市，仅占 0.6%（见表 7 – 3）。

表 7 – 3　2013 年广西各地市电子商务交易情况

	单位数（家）	电子商务交易额（亿元）	比重（%）
南宁市	121	191.8	48.3
柳州市	82	35.9	9.0
桂林市	100	42.8	10.8
梧州市	23	26.6	6.7
北海市	30	13.8	3.5
防城港市	14	2.2	0.6
钦州市	14	9.7	2.4
贵港市	10	15.7	3.9
玉林市	41	11.4	2.9
百色市	11	23.3	5.9
贺州市	10	3.9	1.0
河池市	14	3.3	0.8
来宾市	7	10.7	2.7
崇左市	11	6.4	1.6
总计	488	397.5	100.1

四　面向东南亚市场的跨境电子商务平台开始建立

面向东盟市场的跨境电子商务平台，包括第三方电子商务平台的中国—东盟博览会官方网站、南宁（中国—东盟）商品交易所、中国—东盟农资网、中国—东盟科技合作与技术转移平台、广西国际贸易促进网相继建立。内外贸公共服务平台、电子口岸、企业基础信息平台、交通物流信息平台、产品检测信息发布平台、电子商务监管系统等一批支撑电子商务发展的重要系统正在建设或运行；自治区发改委、经信委、商务厅、科技厅开始对区内部分企业电子商务项目提供小规模资金扶持。

第三节　广西电子商务服务业发展成效

一　电商模式创新日益活跃，移动电商得到广泛运用

随着互联网技术的高速发展，围绕着企业与企业（B2B）、企业与消费者（B2C）、消费者与企业（C2B）（即团购）等消费模式不断创新，产品或服务与消费者的关系结合得更为紧密。而 B2B 是市场的核心和关键，发达国家和地区始终保持 B2B 市场份额在 95% 以上，美国、日本、欧洲的B2B 占比分别为 96.2%、96.1% 和 95.0%。2012 年，我国全国平均 B2B市场份额占比为 86.2%，广西为 84.0%，可见其发展潜力巨大。随着 4G时代的来临，移动电子商务为用户提供随时随地的服务，并广泛应用于生产、流通、消费等各个领域和社会生活的各个层面，移动电子商务正成为电子商务新的应用领域。

二　电商发展环境不断优化，跨境电商不断发展

为加速推进两个战略支点建设，以及中国—东盟"21 世纪海上丝绸之路"建设，广西陆续出台有关电子商务的政策、法律、法规，电子商务在国民经济各部门中得到进一步的推广和应用，电子商务发展有了较好的基础。2013 年末，广西互联网用户达到 2762 万户，排在全国 31 个省份的第9 位；其中互联网宽带接入用户有 560 万户，移动互联网用户达到 2203 万

户。中国与东南亚国家的跨境电子商务已经启动。

三 产业发展深度融合，电商迎来新一轮兼并潮

电子商务正在与传统产业进行深入融合，推动着大型企业电子商务应用深入发展，行业巨头竞相上市。尤其"北上广"的第三方电子商务实力雄厚，加速辐射了中西部地区；更多的企业由非支付型电子商务向支付型电子商务发展，金融互联网业务更为完善。全新视角的电子商务服务业群从低端技术环节，到中端支撑环节，再到高端应用环节的电商服务链并存，优胜劣汰将在企业间、第三方电子商务平台间展开，进而迎来新一轮兼并潮。

四 第三方电子商务服务平台得到广泛运用

第三方电子商务服务平台能为社会提供低成本、高性能、平台化的电子商务普遍服务，全面推行网络的交易服务、业务外包服务及信息技术系统外包服务，以打破资金、技术和人才等方面的制约以及难以跨入信息化门槛的限制。其中的交易服务主要包括基于网络的采购、销售及相关的认证、支付、征信等服务；业务外包服务包括基于网络的产品设计、生产制造、物流、经营管理等外包服务；信息技术系统外包服务主要包括基于网络的设备租用、数据托管、信息处理、应用系统、技术咨询等外包服务。第三方平台模式越来越被企业，特别是分散的、信息化基础不高的中小企业所接受。平台保证交易双方的合法性与诚信，在商业和法律手段的有效约束下，实现了第三方交易平台与企业发展双赢。

第四节 广西电子商务服务业发展面临的主要困难和问题

一 企业电子商务应用普及程度低

长期以来，传统企业把竞争的焦点放在实体经营上，缺乏对电子商务的运作经验，企业电子商务意识差、资金投入少，难以开展电子商务工

作。2013 年，在广西规模以上企业中，工业、建筑、批发和零售、住宿和餐饮、服务业等企业中只有 2.9% 的企业开展了电子商务应用，低于全国 7.3%（2012 年数据）的平均水平。从规模看，规模以上中小企业占 97.4%，只有 2.7% 的企业运用电子商务销售或采购，远低于全国中小企业 6.6%（2012 年数据）的电子商务运用水平。在大型企业中，通过电子商务进行采购、销售的比例为 9.8%，远低于全国大型企业 18.8%（2012 年数据）的平均水平。从行业看，信息传输、软件和信息技术服务业占 20.5%，其开展电子商务应用的普及程度最高；其次是住宿和餐饮企业，占 12.8%；建筑企业开展电子商务应用的普及程度最低，仅占 0.7%。

二　建立第三方电子商务平台的综合环境有待完善

一是费用成本高，影响第三方网站落地。广西是全国最大的蚕茧生产省份之一，但蚕茧网网站注册在深圳。主要原因是在广西建设第三方电子商务平台时，收取有关费用偏高，平台企业开具销售发票困难，影响了第三方电子商务平台落地广西。二是信用体系建设不完善。电子商务的发展急需出台电子商务合同规范，加强对电子商务合同的监管，以减少或消除在线交易双方的风险，促进信用体系建设。三是虚拟市场监管不力。这方面出现的主要问题包括在线产品信息管理、交易服务的监管及消费者权益保护等。

三　产品知名度低，质量安全标准体系不健全

由于电子商务开发商分散、企业网站分散，已建成的网站不仅缺乏必要的技术维护和内容更新管理，更主要的是缺乏集中推广的渠道，在帮助企业拓展国内外市场方面收效甚微。一是广西产品在全国的知名品牌少，影响了电子商务企业的效益。有的企业产品，通过第三方电子商务平台销售产品或服务，但在全国知名品牌少，影响了消费者在网站的点击率，进而影响了交易数量和平台企业收益。二是消费者选择产品或服务渠道多。产品或服务多，国家标准也多，如食品安全标准体系和目录就有 1000 多项，按照惯性思维，消费者就会选择已经用过的或听他人

宣传的产品。新产品要打开市场，消费者一定会考虑食品安全指标、控制要求是否达到标准，或者是否符合国际通行做法并适应自己的膳食结构等。三是电子商务交易的安全问题。如无法准确知道经营者的信用状况，其是否有网络经销的资格；敏感信息和交易数据在传输过程中是否被恶意篡改。四是电子商务网站无法验证登录到网站上的客户是不是合法用户。网上交易行为一旦被某一方否认，另一方就难以找到用于仲裁的、已签名的记录依据等。

四　电子商务交易物流配套体系仍需完善

一是缺乏物流龙头企业带动。在广西物流企业中，物流配送体系有待完善，物流管理水平低，无法统筹协调产品与港口、铁路、公路、水路、航运等运能调入调出。"各自为政"使运输费用居高不下，全区范围或更广范围的物流配送能力不足，企业只能舍近求远完成物流。二是物流企业诚信服务亟待提高。后发展地区的消费者，更多地关注物品丢失后，物流公司有关条款的理赔问题，物品丢失后消费者的权益如何获得保护等。三是物流企业费用高。如小额交易运输成本所占交易额比例过高等。四是物流企业小，创新、服务和支撑能力有待提高。

第五节　广西"十三五"时期电子商务服务业发展目标、重点和对策

一　发展目标

以建设中国—东盟跨境电子商务基地为目标，使广西电子商务产业竞争优势突出、市场辐射广阔、产业集聚明显、支撑保障有力、应用深入广泛、创新创业活跃。争取 2020 年全区电子商务交易总额超过 1 万亿元，其中网络零售额超过 1400 亿元，占社会消费品零售总额的 15% 以上；全区交易额超 1000 亿元的电子商务平台企业达 3 家，超 100 亿元的电子商务平台企业在 20 家以上，规模以上企业电子商务应用率超过 90%。

二 电子商务的发展重点

（一）加快培育有影响力的大中型电子商务平台

大力发展各类电子商务平台，支持大型商业综合体、专业批发市场、互联网企业利用技术、资金等优势，建设一批广西特色的综合性电子商务平台。重点围绕机电产品、汽车、医疗器械、有色金属、食糖、茧丝绸、松香、红木家具、林产品、农产品等广西优势产业，培育发展壮大一批大宗商品电子商务交易平台。支持建设一批模式创新、有交易规模和影响力的网络购物平台。协调推动区域内电子商务发展，支持各类电子商务平台跨区域建设、运营，不断丰富商品和服务种类，推动产业链延伸。逐步形成在国内、国际有影响力的广西大中型电子商务交易平台体系。

（二）积极促进电子商务与制造业、服务业融合发展

深化大中型企业的电子商务应用，鼓励有条件的制造业企业探索智能物流、跨境电子商务等新型业务，利用电子商务提升供应链管理能力，发展电子采购、电子分销。促进大宗原材料网上交易、工业产品网上定制、上下游关联企业业务协同发展，创新组织结构和经营模式。引导大型商贸流通企业应用电子商务，提高商品流通效率，培育新型消费模式。鼓励中小企业应用第三方电子商务平台开拓市场。加强与国内外知名电子商务平台开展合作，组织广西名特优产品网上销售，提升广西品牌知名度。充分整合全区旅游资源，完善旅游业电子商务基础设施，构建具有国际影响力的旅游电子商务服务平台，形成涵盖住宿、餐饮、购物、娱乐、交通等领域的综合信息服务体系。推进电子商务在市政、交通、医疗、教育、文化、旅游等领域的广泛应用。

（三）大力发展面向东盟的跨境电子商务

加快中国—东盟跨境电子商务公共服务平台建设，推进管理和运行机制创新，优化跨境电子商务通关服务，探索先行先试。吸引国内外跨境电商企业落户广西，设立面向东盟的电子商务总部。支持电子商务企业"走出去"，建立境外营销渠道，完善仓储物流、客户服务体系，拓展东盟市场，打造中国和东盟产品的聚集区，形成网上销售的主渠道。支持建设中

国—东盟博览会网上平台。鼓励电子商务服务企业加强与东盟战略合作，开展面向东盟的电子商务外包服务。加快沿边金融综合改革先行先试，推动第三方支付机构与银行机构开展合作，为东盟国家的跨境电子商务提供人民币结算，提升跨境电子商务支付能力。

（四）着力培育和发展电子商务新业态

加强电子商务创新，支持制造业网络直销（M2C）、线上线下业务结合（O2O）、社交电子商务、网络团购、社区综合电子商务应用以及跨境电商等电子商务新业态发展。推进创新基地及平台建设，开展电子商务示范引导工作。推动关键技术与电子商务融合发展，引导电子商务积极应用云计算、大数据、移动互联网、物联网、位置服务等新一代信息技术，推进电子商务经营模式创新和服务模式创新，实现服务流程智能化、精准化和实时化。引导电子商务技术服务企业在移动电子商务、数据产业、商务地理信息系统、商品服务追溯系统等领域开展关键技术的研发，推进电子商务领域信息技术科研成果和商业模式创新结合，加快科技成果转化。鼓励商业银行与电子商务企业开展多元化金融服务合作，鼓励证券、保险、公募基金等企业和机构依法进行网络化创新。

（五）加速推进农村和社区电子商务

积极推广农产品流通领域电子商务应用，结合新农村建设，实施"电子商务进万村工程"，建设农产品现代流通体系，带动农产品批零市场、农民合作社、家庭农场共建网上购销渠道，培育农民网商，推动农产品网上交易，促进产销对接。完善农村网络购物环境，推进农村电子商务基础设施建设，促进工业品下乡和农产品进城双向流通。紧密结合智慧城市、智慧社区建设，打造社区电子商务服务平台，依托信息化手段和物联网技术，整合各类社区服务资源，推动线上线下融合，构建社区电子商务应用体系，提供购物、餐饮、医疗保健、家政、维修、缴费等便捷服务。鼓励社区便民直销点和社区内外的生产、销售、服务企业通过社区服务网站为社区居民提供商品和服务，促进居民网上消费。

（六）大力促进电子商务产业集聚

规划建设一批特色突出、产业链完善、服务体系健全的电子商务产业园区。创新园区管理体制机制，加大招商引资力度，吸引境内外电子商务企业及相关配套企业入驻，形成集聚发展效应。积极培育电子商务创业园和孵化器，大力推进电子商务人才培训，促进中小型电子商务企业健康发展。推进南宁市、桂林市国家电子商务示范城市建设工作，扶持电子商务示范基地和重点企业的发展，增强区域引导、行业辐射和产业带动的示范效应。

三 政策措施

（一）加强组织领导，提高电子商务运用水平

一是加强组织领导，充分发挥政府的引导和促进作用。建立健全促进电子商务发展的组织保障体系和工作机制，明确责任分工，落实目标任务。在电子商务的发展过程中，舆论的导向和政府的支持、鼓励与引导至关重要。二是加强宣传，向社会公众介绍电子商务的优越性，提高电子商务的社会接受水平。三是各级政府采购要率先推行电子商务，以降低采购费用，提高政府公务透明度，对商家接受和推广电子商务起到积极示范、鼓励作用。四是以满足需求为引领，提高电子商务服务效率。以有效地提升服务的响应速度和信息的传递速度，实现沟通、响应、服务的"零"距离。

（二）实行顶层设计，加强电子商务的市场管控

1. 实行顶层设计，就是要规范电子商务体系和过程建设

要充分利用广西资源优势，建立一个大型的网站，以"统一开发、统一维护、统一推广、分级管理"的建设原则，搭建一个区域性的集中推广平台。通过电子商务顶层设计、公共服务平台、仓储物流体系、标准规范、信用体系、投融资机制、协同推进机制等方面，做更多的、有针对性的具体工作，促进电子商务加快发展。

2. 完善电子商务交易体系

由于电子商务主要是在互联网上进行的，因此必须具有一个安全、可靠的互联网环境，以保证交易安全。一是完善建立互联网站、发布网页、从事网上经营活动情况的备案工作，建立各地电子商务主体信息数据库。二是建立统一安全技术标准的电子商务综合服务平台，建立严密的客户认证机制和安全管理机制。三是加强对电子商务主体网上经营活动的监测工

作，有效实施网上监管。四是推进电子商务支付企业的集聚发展。依托产业园的区位优势，建立电子商务支付中心，吸引和集聚一批支付企业落户；加快出台相关政策，给予租金补贴、税收减免、基础设施服务、物业服务、政府创业基金等各方面支持，协助重点企业申请第三方支付牌照。

3. 发展农村电子商务，推动农业产业结构优化

支持农产品加工企业应用电子商务，实现农业信息化，对农业生产、销售、运输等过程中的周期进行全程管理；促进生产过程的标准化、规模化，建立现代化的农产品生产流通服务体系；引导特色农产品电子商务发展，打造品牌化、国际化的"地理标志产品"；利用电子商务推动农村大量闲置土地的产业化、市场化运作，发展现代物流、都市休闲农业等高端产业。

4. 加强电子商务市场监管

电子商务发展需要良好的发展环境和强大的支撑体系，研究制定电子商务信用认证、隐私权及消费者权益保护、网络企业商业秘密保护、电子合同、电子发票、网络市场主体管理与服务、网络市场信息管理与服务、网络信用信息管理与服务等方面的相关措施和管理办法。完善电子商务监管服务体系，制定和推广电子商务交易及有关服务的行为规范。

（三）完善电子商务支撑服务体系

1. 加强电子商务网络基础建设

以推进"宽带中国""无线城市""下一代互联网""三网融合""宽带村通"等工程建设为契机，加快基础通信设施、光纤宽带网和移动通信网、广电有线网络建设，构建有线无线相结合、覆盖城乡的信息网络体系。全面推进光纤进村入户，推进已建居住区光纤到户改造，实现新建小区光纤宽带全覆盖。加快推进企业信息化，普及信息技术在研发设计、生产管理、采购营销等领域的融合应用。加快实现区域内金融、交通、口岸通关等领域信息资源共享。建设完善网络安全防护体系、数据资源安全管理体系和网络安全应急处置体系，保障电子商务网络安全。

2. 构建电子商务服务体系

加强电子商务公共服务体系建设，为传统企业应用电子商务提供电商软件开发、网店建设、仓储管理、营销推广、售后服务和代运营等服务。

围绕电商服务相关业务，有效整合相关资源，结合广西产业特色和业务需求，做好与国内外知名电子商务平台的业务对接。加强电子商务产品公共检测平台建设，提升电子商务产品质量检测能力。建立电子商务促进全民创业技术服务体系，为电商创业提供一站式服务。

3. 构建电子商务信用体系

鼓励电子商务第三方信用认证、信用评级机构的发展。完善信用监督和失信惩戒机制，规范电子商务经营行为。构建安全规范、方便快捷的支付体系。

4. 完善电子商务物流配送体系

整合物流资源，鼓励发展共同配送等物流配送组织新模式，支持快递、城市配送、冷链物流、中转分拨中心等集约发展。支持电子商务与快递业协同发展。支持电子商务企业建设仓储、配送等物流设施，建立高效通畅的电子商务物流配送体系。在区域中心城市和交通节点城市规划发展电子商务物流园区，构建覆盖全区各市的都市配送网络，并逐步向县、镇和村延伸。完善全区物流运行监控系统，健全物流业管理体制机制，不断提高物流现代化管理水平。

5. 提升电子商务支付能力

支持支付服务市场健康发展，推动各类金融机构开展在线交易、结算业务，支持手机支付等新型支付方式发展。支持第三方支付机构开拓海外市场，推进第三方支付机构进行跨境电子商务外汇支付业务试点建设，实现为电子商务企业集中办理跨境收付汇和结售汇业务。

6. 加快电子商务领域的对外合作

加强电子商务交流与合作，不断拓宽电子商务对外特别是面向东盟国家的交流合作渠道。依托中国—东盟博览会、中国—东盟商务与投资峰会、泛北部湾经济合作论坛等国际性、区域性重要平台开展电子商务工作。积极推动并参与和东盟国家的电子商务规则标准的谈判、制定、交流与合作，探索建立互认机制。

（四）建立社会诚信体系，倡导以德经商

要通过广泛的社会宣传和有力的市场监管措施，增强公众的网络经济

意识和信心。一是品牌培育上水平。通过电子商务工作的开展，培育拓展农业工业产品或服务上品牌的宣传方式和营销手段；通过面向消费者营销活动的深入开展，提高消费者对"桂"系列品牌的价值认同感，提升广西品牌总体形象。二是客户服务上水平。通过进一步推广网上订货、零售终端信息系统、网上配货等工作，提升零售客户的经营素质和终端信息化水平，促进客户的盈利水平和满意度持续提高。三是市场把控上水平。通过电子商务工作的开展，能够更为准确地掌握终端营销信息，把握市场消费特征及消费行为变化，提高精准营销的能力。四是内部管理上水平。通过信息技术的运用，将主要业务流程固化在系统中，实现营销管理信息化、业务流程规范化，推动内部管理水平的提升。以建立信用体系和加强信用监管为手段，以健全法规和制度为支撑，倡导以德经商，防范交易风险。通过行业诚信自律机制，强化守信意识和诚信自律，积极探索符合我国国情的企业和个人信誉等级认证制度，加快建立权威性的信誉认证中心和电子商务信誉等级数据库，对企业和个人进行信誉记录、评测及信用等级认证，发放信用等级证书，以保障电子商务交易的可靠性和安全性。

（五）大力发展物流体系，助推电商发展

现代物流业的发展可以降低企业的运行成本，提高区域物流资源配置效率，增强市场反应能力，强化企业市场核心竞争力。电子商务的快速发展给物流市场提出了更高的要求，为了满足不同层次的电子商务交易需求，除了要鼓励邮政部门发挥自身优势，与从事电子商务的部门签订协议，积极开展各种新服务外，政府还应通过政策进行引导和鼓励发展第三方物流企业，逐步开放市场，加快建设以物流科技和信息服务为核心的物流服务平台，通过运用信息技术和供应链管理技术进行资源整合和一体化运作，降低成本、提高效率、优化服务，助推电商发展。

（六）加大电子商务产业的政策支持

1. 加大财政支持力度

各级人民政府要大力支持电子商务发展，按照国家有关规定，充分用好广西现有财、税、费、土地等综合支持政策。各级财政要根据本级财力状况和相关政策规定，支持电子商务发展。自治区本级要优化服务业发展

资金等相关产业发展引导资金支出结构，加大对电子商务的支持力度。支持中小企业应用电子商务开拓国内外市场，支持电子商务重大项目建设、服务体系建设、人才培训、关键技术研发以及电商模式创新。对在广西设立全国或区域性总部、营运服务中心（基地）、区域性物流配送中心（基地）、结算中心的国内外知名电子商务企业给予重点支持。对大宗商品电子商务交易平台企业暂停征收水利建设基金；对其他属于地方征收的税费，采取优惠的征收办法。

2. 加大税收政策的支持

依法实施地方税收优惠政策。依据《中华人民共和国民族区域自治法》和《中华人民共和国企业所得税法》有关民族自治区域税收政策规定，从 2015 年 1 月 1 日至 2020 年 12 月 31 日，对于提供第三方服务的电子商务平台和大宗商品电子商务交易平台免征属于地方分享部分的企业所得税。对符合房产税、城镇土地使用税、车船税困难减免申请条件的电子商务企业，可按相关规定申请减免。

用足用好现行税收优惠政策。符合条件的电子商务企业可享受西部大开发、公共基础设施项目、高新技术企业、小微企业税收优惠政策，研究开发费用企业所得税加计扣除政策，员工教育经费税前扣除政策，出口货物增值税和消费税免抵退税政策等现行优惠政策。优化电子商务税收服务，积极研究解决物流企业代理采购、电子商务税收管辖、税务登记和电子发票应用等相关问题。

3. 加大对电子商务用地支持

对于电子商务标杆企业、国内外龙头电子商务企业落户和重大电子商务项目建设，各市应优先安排用地指标，确保项目落地。在符合土地利用总体规划和城乡规划情况下，项目用地尽量不占或少占耕地，避让基本农田。鼓励利用空置厂房、仓储用房等存量房产发展电子商务产业园区，在不改变用地主体、不重新开发建设等前提下，经批准可由土地使用权人分期缴纳土地收益金，暂不办理土地用途变更手续。

4. 加大电子商务企业金融支持

引导和鼓励金融机构创新推出电子商务发展需要的金融产品和服务，

加快推进集风险投资、银行信贷、债券融资、上市扶持、融资担保、保险合作等内容的多层次电子商务金融服务。允许电子商务出口企业申请设立外汇账户，凭海关报关信息办理货物出口收结汇业务。鼓励各类投资公司积极投资电子商务，引导电子商务企业引入风险投资、战略投资。支持电子商务企业通过境内外证券进行市场融资，符合条件的可列为重点上市培育企业。

5. 加大对电子商务人才引进和培养

按照国家职业标准要求，健全人才培养和评价体系，确定一批培训机构和实践基地。支持电子商务企业和行业协会与区内高校开展多层次、多形式合作，培养精通电子商务的复合型、应用型、技能型专门人才。大力推进乡村电子商务培训，扩大农民网商队伍。重点电子商务产业园区企业引进的高层次人才，按照国家和自治区有关人才引进规定，可享受居留和出入境、落户、子女入学、医疗保险等方面的优惠政策，产生的住房货币补贴、安家费、科研启动经费等列入成本核算。

6. 鼓励在电子商务领域就业创业

把发展电子商务促进就业纳入就业发展规划和电子商务发展整体规划。建立电子商务就业和社会保障指标统计制度。充分利用就业创业相关政策，支持大学毕业生、个体工商户通过电子商务创业。支持院校与电商企业建立共同孵化基地、创业园，鼓励各类电子商务基地、集聚区、市场等设立电子商务创业园区、孵化器，指导各类创业孵化基地为电子商务创业人员提供场地支持和创业孵化服务。加强电子商务企业用工服务，完善电子商务人才供求信息对接机制。

（七）加强电子商务的管理和服务

1. 加强组织领导

建立由商务部门牵头，联合相关单位的工作协调机制，强化对电子商务的指导、组织、协调，研究制定扶持和鼓励电子商务发展的相关政策措施，健全覆盖全区的促进电子商务发展的组织保障体系和工作机制，协调解决全区电子商务发展中的重大问题。各级人民政府要转变工作作风，强化服务意识，为企业提供电子商务相关的技术、信息、人才、金融、法律、政策等方面的咨询、培训、评估等全方位服务，要结合各自工作实际，提出相应的具体工作措施，共同推进广西电子商务快速发展。

2. 降低行业准入门槛

鼓励各类资本投资电子商务产业。推进行政审批改革，进一步简化注册资本登记，放宽、简化经营场所登记，加快推行"先照后证"、电子营业执照和全程电子化登记管理，完善相关管理措施。方便电子商务相关证照办理，对自治区重点电子商务企业中从事网络零售业务的企业，其用于配送的小型车辆予以办理相关通行证和临时停靠证。完善价格政策，电子商务企业用水、用电、用气与工业企业同质、同量、同价。

3. 依法保障电子商务发展

发挥商务、公安、工商、税务、文化、质监、通信、海关、检验检疫等部门在电子商务活动中的管理服务职能，简化办事流程，提高工作效率。依法研究制定电子商务管理规范，强化电子商务法规和标准的执行，促进建立开放、公平、健康的电子商务市场竞争秩序。充分发挥电子商务中介组织、行业协会的作用，加强行业自律与行业监管。加强电子商务领域市场监管，严厉打击各类电子商务领域违法经营行为，着力建设规范有序的网络市场环境。加强电子商务领域商品质量监测，及时在网络上发布商品质量监测信息，引导消费者理性消费，促进广西电子商务健康有序发展。

4. 营造良好的电子商务发展氛围

充分发挥主流媒体舆论导向作用，采用多种形式，加大力度宣传和普及电子商务知识，强化社会各界的电子商务应用意识，宣传推介电子商务应用示范企业、优秀网站和典型案例，不断扩大示范效应，形成良好的创业氛围。

5. 加强电子商务统计和促进行业组织发展

行业主管部门要研究制定电子商务产业统计指标体系，加强电子商务企业信息统计和采集，建立电子商务运行监测系统，积极开展统计试点工作，并逐步推广，为政府决策和企业经营提供依据。支持行业组织发展，充分发挥行业组织在行业自律、技术推广、交流合作等方面的作用。

第八章

健康服务业的培育与发展

第一节 健康服务业的内涵和特征

一 健康服务业的内涵

国务院 2013 年出台的《关于促进健康服务业发展的若干意见》界定的健康服务业产业为：以维护和促进人民群众身心健康为目标，主要包括医疗服务、健康管理与促进、健康保险以及相关服务，涉及药品、医疗器械、保健用品、保健食品、健身产品、健康养生等与健康相关的服务产业。

健康产业作为一种新兴服务业，在国际上被认为是继 IT 产业之后的"财富第五波"。以生物技术和生命科学为先导，涵盖医疗卫生、营养保健、健身休闲等健康服务功能的健康产业将成为 21 世纪引导全球经济发展和社会进步的重要产业。健康产业是全社会为维护健康和促进健康而从事产品生产经营、服务提供和信息传播等活动的经济领域。

从健康消费需求和服务提供模式角度出发，健康产业可分为医疗性和非医疗性健康服务两大类，并形成四大基本产业群体，即以医疗服务机构为主体的"医疗产业"；以药品、医疗器械以及其他医疗耗材产销为主体的"医药产业"；以保健食品、健康产品产销为主体的"传统保健品产业"；以个性化健康检测评估、咨询服务、调理康复和保障促进等为主体的"健康管理服务产业"。

二 健康服务业的特征

健康产业作为一项产业，与其他产业相比具有其自身的特点，具体体现在：以人的健康为出发点和落脚点；健康需求的广泛性；关乎人类的永恒存在和发展，使得健康需求具有永恒性；既跨产业、跨领域、跨地域，又与其他经济部门相互交叉、相互渗透，因而具有复合性；市场环境的特殊性；能够顺着医学模式的转变而改变。

（一）以人为本

关爱生命、维护健康是人类永恒的主题。健康产业以改善人的健康为出发点和落脚点。健康产业的回报是在提供了改善人的健康状况的产品之后获取的。

（二）广泛性

广泛性主要体现为两个方面，一是健康产业需求主体的广泛性，即来自社会中的每一个人，既有患者，又有健康和亚健康的人；既有老人和小孩，也有青年和壮年；既有女人，也有男人。二是健康问题来源的广泛性，如生命自然周期带来的健康问题，即成长、成熟、衰老过程引起的健康问题；外来侵害造成的健康问题，包括物理创伤、化学污染、生物感染、环境影响、精神刺激等；精神压力、社会压力、生活压力、情感问题等造成心理失衡引起的心理和生理健康问题；不良的生活、工作习惯引起的健康问题；对健康生活缺乏科学的认识、正确的知识引起的健康问题。

（三）永恒性

健康产业面向每个人，贯穿人的生、老、病、死全生命过程，面向疾病的预防、诊断、治疗、康复、保健等提供产品与技术手段。人类的永恒存在和发展，使得健康需求永恒存在。健康产业是永不衰落的"朝阳产业"。同时，部分健康需求（如对症治疗）为刚性需求。

（四）复合性

健康产业不能被简单地归类到第一、第二、第三产业，它是一个跨产业、跨领域、跨地域，与其他经济部门相互交叉、相互渗透的综合性产业。例如，提供健康管理服务的企业属于第三产业，它需要整合其他产业提供装备、设备、技术、信息等；而医药企业则属于第二产业。

（五）市场环境特殊

健康产业的产品市场受到人群疾病谱、文化与生活习惯、医疗卫生制度的影响。例如，医药产品属于被动消费，由疾病或不良健康状况决定；健康管理往往由消费者主动选择；保健品消费则介于被动与主动选择之间。

（六）适应医学模式转变

医学模式是医学理念和实践的总结、概括与升华。医学模式发生转变，是医学研究和实践发展的结果，其演变体现了人类认知的进步、医疗技术的发展。相应地，医学模式转变催生着健康产业的发展，健康产业的发展顺应了医学模式的转变。

第二节　广西健康服务业发展现状

广西老龄人口基数大，健康需求的缺口大，产业发展的潜力更大，多层次、多样化的健康需求呈快速增长的态势，巨大的市场需求为健康服务业发展提供了空间。近年来，广西医疗医药、养老健康、旅游文化、体育健身等产业发展势头强劲，壮医、瑶医、苗医等民族医药发展步伐加快，一批健康产业园区、生物产业集聚区、医疗旅游先行区和特色产业基地集群获得了快速发展。广西健康服务业在以下方面获得了成效和发展。

一　在产业功能上打造四大核心功能业态

（一）打造以"健"为主题的国际生态休闲旅游胜地

围绕进一步提升桂林国际旅游胜地、北部湾国际旅游度假区、巴马长寿养生国际旅游区水平，布局建设一批休闲旅游度假项目，重点依托山地、丘陵、峰林、峡谷、溶洞、江河、湖泊以及丰富的海洋海岛资源，大力发展森林探险、急速漂流、野外拓展、天然攀岩、山间溯溪、徒步登山等热门户外运动，打造休闲健身运动基地。

（二）打造以"医"为主题的民族特色医药医疗产业基地

大力实施壮、瑶医药振兴计划，推进中医药民族医药标准化、规范化、现代化、产业化、国际化，推进系列化、规模化的养生养老保健食品、护理用品、康复用品的开发与应用，努力形成特色优势突出、在全国及东盟有影响力的临床医疗、学科科研、人才培养三大体系，逐步打造世界级药用植物园和千亿元产业，建设全国中医药民族医药面向东盟开放合作交流的新高地。

（三）打造以"养"为主题的特色长寿养生养老产业基地

充分发挥自治区长寿养生资源丰富的优势，培育一批医疗与养老融合发展的服务机构，促进医疗卫生资源进入养老机构、社区和居民家庭。在全区规划建设一批社会化养老基础设施，支持崇左中国乐养城、桂林国际智慧健康旅游产业园等养老基地建设。依托桂东南温泉带、贺州温泉群以及龙胜、象州、九曲湾等温泉养生资源，做大做强以温泉疗养为主线的疗养产业。

（四）打造以"补"为主题的绿色有机健康产品生产基地

依托现代高效农业示范园区、特色农产品生产基地、中医药材种植研发基地等优势，着力发展以"养生滋补"为主题的绿色有机健康养生产品，通过培育壮大合作社、龙头企业、家庭农场、专业大户等新型生产经营主体，形成产业化、规模化的发展模式，把广西生态农林业资源优势转化为产业优势。继续加快淘宝特色中国广西馆、钦州东盟商贸城、柳州阿里产业带等电子商务平台项目建设，力争到 2020 年打造 5 个自治区级养生食品产业示范基地。

二 在产业布局上融入主体功能理念

（一）严格以主体功能理念规范大健康产业发展

在自治区大健康产业发展上实行最严格的生态源头保护制度、损害赔偿制度和责任追究制度，进一步完善环境治理和生态修复制度，牢固树立生态保护红线的观念,引导各地区严格按照主体功能区和生态功能区定位推进大健康产业发展,避免产业过度开发和短期行为。

(二) 以主体功能理念推动养生旅游产业分类布局

结合自治区的自然资源禀赋、交通区位优势和已有产业基础等因素,挖掘不同区域旅游养生养老资源特点,分类推进大健康产业布局。比如积极发展以北海涠洲岛—斜阳岛、钦州三娘湾等北部湾滨海生态旅游资源为依托的滨海养生健康旅游;以大瑶山、姑婆山、十万大山、大容山、大明山等森林生态资源为依托的生态康体养生;以桂东南休闲养生温泉带、贺州温泉群、龙胜温泉、象州温泉、嘉和城温泉谷、九曲湾温泉为依托的温泉疗养;以壮、瑶、苗、侗等民族体育项目为依托的体育健康旅游;以巴马盘阳河流域为重点打造巴马长寿养生国际旅游区等。

(三) 以主体功能理念推动农产品主产区融合发展

在盘阳河流域重点发展有机稻米、有机山茶油、珍珠玉米、火麻、香猪、三乌鸡、有机茶等特色农产品,打造有国际知名度和影响力的长寿养生品牌和种养基地。在桂北地区重点加大富硒农产品生产试验、示范及新技术推广力度,大力培育富硒水稻、罗汉果、砂糖橘、黑李、柿子、荔浦芋等,逐步实现富硒农业的现代化。在桂东南地区重点壮大六堡茶、砂糖橘、八角、玉桂、软枝油茶、桑树以及蔬菜等特色优势种植业,优先发展兔、蚕、鱼、蜂等特色养殖业,努力形成规模化的特色农业产业带。

三 在保障机制上加强规划统筹和改革创新力度

(一) 充分认识加快发展大健康产业的重要性

抓紧编制健康产业发展专项规划,加快制定扶持健康服务业发展的政策意见,优化布局、明确重点。创新财政、投资、融资、金融、价格、土地、产业、环境、运营、科技政策。加大政府财政投入力度,统筹制定年度资金筹措方案,探索设立生态经济发展投资引导基金,带动社会投资。加大政策性金融对生态产业的支持力度。

(二) 在促进大健康产业发展方面推出负面清单

深入推进依法行政,推行一个窗口,一站式审批,一条龙服务,急事急办，特事特办。制定全面责任清单、负面清单，放宽市场准入，实施健康产业非禁即入，激活社会力量参与健康产业发展，鼓励金融机构创新适合健康产业特点的金融产品和服务方式，鼓励企业、民间资本投资健康产业。

（三）建立大健康产业高端人才引进的配套保障政策

加快引进国内外医疗服务、生物医药研发团队和重点行业、瓶颈行业紧缺急需的领军人才，大力培养健康产业发展需要的高素质应用型人才。同时，完善产学研结合体系，发挥高校、科研机构、企业等协同作用，建设国家级和自治区级大健康产业领域的研发中心、工程研究中心和工程实验室，建成一批成果转化平台、中介服务机构。

（四）进一步完善大健康产业监督监管机制

依法推动促进大健康产业发展的相关法规的制定和修订，定期开展督查，切实抓好税费、土地、价格等政策措施的落实。重点加强大健康产业的统计调查方法和监测指标体系建设，客观、科学和全面地反映广西产业发展状况。依法规范健康服务机构从业行为，充分利用广播电视、平面媒体及互联网等新兴媒体，加强宣传和舆论引导，进一步扩大生态广西、养生天堂的品牌效应。

第三节 广西健康服务业发展成效

一 政策支持不断完善和增强，为健康服务业的发展提供了有力保障

在经济新常态下，健康服务业作为"无限广阔的兆亿美元产业"，蕴含着巨大的发展机遇，它一头连着民生福祉，另一头连着经济社会发展，既是培育经济增长点的有效载体，又是广西保障和改善民生的现实需要。"十二五"以来，以健康、养老、养生、休闲为核心的大健康产业发展越来越受到重视，国家连续出台多项支持大健康产业发展的政策性文件，为推动健康服务业转型发展提供了政策保障。广西也随之出台了相关的文

件，2014 年 10 月 28 日广西发布了《广西壮族自治区人民政府关于促进健康服务业发展的实施意见》，为广西健康产业发展提供了难得的机遇。

二 正确把握健康服务业未来发展方向，进一步强化顶层设计

新常态下健康服务业蕴藏着巨大潜力与发展空间，在大有可为的同时更需规范发展。从总体上看，健康服务业更好、更快的发展还需要一段时间的积累与沉淀，广西正确把握健康服务业未来发展方向，进一步强化顶层设计，在《广西壮族自治区人民政府关于促进健康服务业发展的实施意见》出台的基础上，抓紧制定和实施统一长期的战略规划和系统化强有力的扶持政策。更为重要的是完善健康产业企业的准入制度和加强管理力度，避免产业资源的过度开发，避免浅尝辄止的短期行为，实现健康服务业与生态文明的协同发展，从"发展中规范"走向"规范中发展"。

三 创新医疗、养生、旅游"三位一体"发展模式，推动传统健康服务业转型升级

在《广西壮族自治区人民政府关于促进健康服务业发展的实施意见》颁布后，广西利用自身优势和政策机遇，重点创新医疗、养生、旅游"三位一体"发展模式，探索建立全产业链的医疗健康旅游服务体系，实现传统健康服务业向多样化、高层次转型升级，主要开展了以下工作。

（一）做大休闲度假产业

1. 树立龙头

立足广西旅游特色资源，以桂林国际旅游胜地、北部湾国际旅游度假区、巴马长寿养生国际旅游区三大旅游目的地建设为依托，建设桂林山水、滨海度假、长寿养生、边关览胜、民族风情、红色福地等六大旅游集聚区，打造具有国际竞争力的高端旅游度假胜地。

2. 抓好延伸

围绕重点景区建设，延展产业链条，大力发展会展、节庆、健身、养生、演艺、娱乐等关联产业，将景区与其周边城镇统一规划和建设，促进区域休闲旅游产业的整体优化和协调发展，真正做到让游客慕名来、玩得

好、留得住、想再来。

3. 引进投资

利用新常态下结构调整的良机，积极引进国内外大企业投资广西健康旅游，鼓励成立有较强实力和带动力的专业投融资企业集团、控股公司、管理集团，推进休闲旅游开发建设。

（二）做优中医药保健特色品牌

广西拥有丰富、优质、独特的中医药养生资源，在推进广西中医药、壮瑶医药千亿元产业发展的基础上，规划建设中医药健康服务园区和养生旅游基地。在产业园区内既有特色民族中医院，也有中药材展销、保健、养老院等配套产业，形成了中医文化、中医医疗、保健与观光相结合的立体式发展模式。同时发挥广西特有的滨海、森林、温泉等自然资源优势，开发传统中医针灸、药浴药膳、养生 SPA 等康复保健特色服务，运用新思维、新主题、新体验，为传统中医药资源注入生机与活力。

（三）做精高端养生养老项目

随着我国老龄化进程的加快，养老既是夕阳事业，更是朝阳产业。广西在挖掘独特优势资源的基础上，一是积极探索"养医结合"的高端养老服务模式，打造集养老社区、养生中心、护理保健、老年专属医院、医疗康复等功能于一体的养老旗舰社区，并引入连锁经营模式，建设一批上规模、上档次、影响力大、带动性强的养老服务集聚区；二是积极开发养生养老服务业项目，如养老地产、保健咨询、金融理财、老年保险等行业与产品开发，探索发展"候鸟式"养老和"虚拟养老"模式，倡导"游住养生、旅居养老"新理念。

第四节　广西健康服务业发展面临的主要困难和问题

一　机遇与挑战

随着现代健康观念和医学模式不断发生深刻变革，在日益增长的养老长寿健康消费需求和政策利好的刺激下，广西养生长寿健康产业已经迎来了前所未有的发展机遇。

（一） 党和国家大力支持健康服务业发展

随着经济总量的不断扩大，城乡居民的收入快速增长，居民的消费结构不断升级，消费需求由温饱型、实用型迅速向享受型、发展型转变，健康意识由治疗为主向预防为主转变。新一轮医药卫生体制改革实施以来，已取得显著的阶段性成果，为加快发展健康服务业创造了良好条件。与此同时，国家出台了一系列政策支持健康服务业发展，《国务院关于促进健康服务业发展的若干意见》为健康服务业发展进一步指明了方向，意见明确提出到 2020 年，基本建立覆盖全生命周期、内涵丰富、结构合理的健康服务业体系，打造一批知名品牌和良性循环的健康服务产业集群，并形成一定的国际竞争力，基本满足广大人民群众的健康服务需求；健康服务业总规模达到 8 万亿元以上，成为推动经济社会持续发展的重要力量。

（二） 国内养老长寿健康产业已初现雏形

有关资料显示，目前我国的健康养老产业已初步形成四大产业聚集区域，分别是环渤海地区、长三角地区、珠三角地区以及西南地区。这种分布格局与经济水平有紧密的联系。东部沿海省份经济水平高，社会老龄化程度深，养老产业的发展也领先一步；环渤海地区是我国养老产业政策的策源地，政策影响大、落实快，医疗条件也较好，同时还是老年用品生产企业的集聚地；长三角地区是我国经济基础条件最好的区域，外商投资吸引力强，养老的国际合作项目较多；珠三角地区是我国老年医疗器械、康复器具与保健药品的生产基地，产业集聚程度高；西南地区是我国老年旅游的主要目的地，旅游资源丰富，环境宜人，生活成本低，同时在养老健康医疗药品上较具特色。

（三） 自治区政府将养生长寿健康产业列入战略性新兴产业，推动其发展

早在《广西壮族自治区人民政府关于加快培育发展战略性新兴产业的意见》《广西壮族自治区战略性新兴产业发展"十二五"规划（2011—

2015 年)》中就明确提出要发展养生长寿健康产业。2014 年，广西出台的《广西壮族自治区人民政府关于促进健康服务业发展的实施意见》进一步指出，要充分调动社会力量共同参与，统筹城乡、区域健康服务资源配置，发挥市场在资源配置中的决定性作用，着力扩大供给，创新服务模式，提高服务质量和效率，不断满足广大人民群众多层次、多样化的健康服务需求。到 2020 年，健康服务业总规模达到 4000 亿元左右，成为推动广西经济社会持续发展的重要力量。

二 问题与困难

广西作为长寿、养生、健康等生态资源丰富的西部省份，发展大健康产业的资源和人文优势突出，但受基础设施滞后、产业链条分散、规模化程度不够等因素制约，目前大健康产业发展程度仍显不足。广西发展健康服务业虽有优势条件，但也存在与经济、社会发展还有不相适应的瓶颈问题，主要表现在以下七个方面。

（一）医疗服务能力偏低，高端特色优质医疗资源较少

医疗卫生资源总量相对不足，加之社会资本对医疗服务产业投资不足，在总量匮乏的同时分布亦不均衡。

（二）规范发展不够，政策体系有待健全

专业化、标准化、职业化的养老健康体系有待完善，养老健康服务业产品和服务研发相对滞后，医养结合的政策尚未破冰，社会办医瓶颈仍待突破。

（三）服务业总量尚小，产业化层次有待提高

广西健康医药领域偏重低附加值制造，缺少基因药物、生物工程育种等技术含量高的高端医药产品，同时产业组织化和市场化程度低，旅游休闲、医疗健康、养生养老尚未形成功能配套衔接、资源集约共享的服务链条。

（四）产业规模有待提升

当前，广西健康服务产业对全区生产总值的贡献率不高，产业规模不大，总体实力不强，产业规模和效益与资源优势不匹配，"一业带百业"

的联动效应没有得到充分发挥，产业相关基础设施建设比较薄弱。

（五）产业资源有待整合

广西养老长寿健康资源丰富，但目前养生保健、特色医疗、文化和旅游等不同种类资源之间缺乏有效整合，相关产品融合程度不高，导致资源优势尚未转化为经济效益。一方面，特色养老长寿旅游产品区域分散，存在"多、杂、散"的问题，而生态养老养生产品未形成统一的整体品牌；另一方面，养生产品种类、数量众多，区域内同质化现象严重。

（六）产业结构需要优化

从产业分布看，多为劳动密集型的低端产品加工企业，缺乏精深加工型、高附加值型、高科技含量型的龙头企业带动。从产品种类看，一般品种多，名特优新品种少；初级加工产品较多，精深加工产品偏少。从行业结构看，生态休闲旅游、生态养生农林业、养生医疗保健业具有传统优势，而养老养生文化业、养生房产业、养生教育培训业等相对薄弱。

（七）中医药优势发挥不够

中医药、壮瑶医药资源是发展广西养生长寿健康产业独具特色的宝贵资源，具有广泛的群众基础，在传统理论上具有独特优势，在历史上确有实效，在技术操作应用上具有简单便捷的优势。而在广西养生长寿健康产业近年来的发展历程中，却出现了中医药、壮瑶医药特色养生养老技术及产品研发投入严重不足、科技含量不高、创新能力薄弱、服务领域缩小、较兄弟省份发展滞后、优势特色淡化等困难和问题，影响甚至阻碍了产业的可持续发展。

第五节　广西"十三五"时期健康服务业发展目标、重点和对策

一　发展目标

到 2020 年，基本建立符合区情、结构合理、可持续发展的健康服务业体系。健康服务业总规模达到 4000 亿元左右，成为推动广西经济社会持续

发展的重要力量。

一是建立起比较完善的覆盖城乡居民的基本医疗卫生制度，实现人人享有基本医疗卫生服务的目标，促进医疗卫生服务均等化，大幅提高全民健康水平，使人均预期寿命达到 76 岁，婴儿和 5 岁以下儿童死亡率分别控制在 10‰和 13‰以下，孕产妇死亡率降低到 20/10 万。

二是健康服务水平明显提高，中医医疗保健、健康养老、健康体检、体育健身、医疗保健旅游等多样化服务体系基本形成。

三是打造一批健康服务品牌和产业集群，健康服务消费规模不断扩大，消费质量不断提高。

四是健康保险服务业进一步完善，健康保险服务领域更加广泛，参保人数大幅增加，健康保险支出占卫生总费用的比重大幅提高，人均拥有健康保险保单件数和健康保险赔付支出占卫生总费用的比重达到全国平均水平，形成较为完善的健康保险服务体系。

二 发展重点

第一，打造健康产业创新发展名片。开发特色医药和治疗技术，依托国家级重点实验室、广西医科大学等高校以及中恒、慧宝源等有实力的企业，开发一批疗效确切、具有较好前景的民族药新产品，重点研制对肿瘤、心脑血管疾病、糖尿病以及地中海贫血等区域性高发疾病和疑难病症具有显著疗效的生物药物，培育独具特色的广西民族药产品和企业品牌，建设南方中药材种植基地、民族药二次创新基地和国家基本药物重大疾病原料药基地。第二，开发特色医疗器械。提高智能健康产品、中医功能状态检测与养生保健设备器械的生产制造水平，重点研发与健康医疗相关的人工智能技术、生物三维打印技术、医用机器人、口腔医疗器械、大型医疗设备、便携式家庭医疗器械等，推进壮医、瑶医等传统医疗器械数字化、高端化。第三，开发健康饮品。大力开发功能型保健品、健康饮用水、健康农产品；加快推进"广西天然优质饮用水"国家地理标志和国家标准建设，建成国内外有较高知名度的生态长寿天然饮用水产业基地。第四，开发健康养生旅游产品。发展居住、游乐、滨海、壮瑶医、温泉等特色旅游养生产品，打造健康养生旅游胜地。第五，开发养老产品。发展保健护理、康复疗养、医养结合、异地养老等技术与模式，建设国家养老产业基地和国际休闲养老基地。第六，开发体育养生产品。支持开发大众运动养生项目，适度开发高端运动养生，不断壮大健身休闲、竞技表演、体育用品等体育健身产业。

三 政策措施

（一）大力发展医疗卫生服务

1. 优化城乡医疗资源配置

坚持公立医疗机构提供基本医疗服务的主导地位，完善医疗机构设置规划，研究制定 2015～2020 年医疗机构设置规划，强化区域内各级医疗机构之间的功能整合及分工协作。进一步加强以县级医院为龙头、乡镇卫生院和村卫生室为基础的农村三级医疗卫生服务网络建设，实现农村患者在县域内就诊率达到 90%。完善城区政府主导发展的社区卫生服务体系，每个街道办至少有 1 所政府办的或公立医院办的城市社区卫生服务中心。

2. 鼓励社会资本以多种形式投资医疗服务业，加快形成多元化办医格局

全面落实《广西壮族自治区人民政府办公厅转发自治区发展改革委卫生计生委等部门关于进一步鼓励和引导社会资本举办医疗机构实施意见的通知》（桂政办发〔2014〕61 号）精神，鼓励社会资本举办非营利性医疗机构、高端医疗机构和特色专科医疗机构；支持社会资本和境外资本举办二级以上医疗机构。按照总量控制、结构调整、规模适度的原则，严格控制公立医院发展规模，留出社会办医的发展空间，形成以非营利性医疗机构为主体、营利性医疗机构为补充，公立医疗机构为主导、非公立医疗机构共同发展的多元化办医格局。

3. 建立完善的分级诊疗制度

加快推进基层首诊、分级医疗、双向转诊、急慢分治、上下联动、防治结合的分级诊疗制度的实施，提升各级医疗卫生机构医疗服务能力，落实基层医疗卫生机构、二级医院、三级医院的功能任务，实现"小病在基层，大病去医院，康复回基层"的就医格局。

（二）加快发展健康养老服务

1. 培育一批医疗与养老融合发展的服务机构，促进医疗卫生资源进入养老机构、社区和居民家庭

建立健全医疗机构与养老机构的协作机制，支持有条件的养老机构设立医疗机构，开通养老机构与医疗机构预约就诊绿色通道；合理布局老年病医院、老年护理院、康复疗养机构、临终关怀医院等；鼓励医疗机构转型或增设老年护理机构，综合医院开设老年病科；形成规模适宜、功能互补、安全便捷的健康养老服务网络。到 2020 年，每千名老人拥有养老机构床位数达到 35 张。

2. 积极发展社区健康养老服务

研究出台优惠政策，引导和鼓励医疗机构、社区卫生服务机构将康复护理服务延伸至居民家庭，为社区老年人建立健康档案，逐步建立与老年人家庭的医疗契约服务关系，提供日常护理、慢性病管理、康复、健康教育和咨询、中医保健服务；在社区建设养老服务中心、服务站（托老所），构建社区养老服务平台；培育一批社区日间照料、全托、半托等由社会资本举办的规模化、连锁化服务机构。

3. 加快培育健康护理业

大力发展以老年护理、母婴护理、家庭护理等为主要内容的家庭服务业，推进养老机构的医疗护理、康复保健能力建设，鼓励推动民办养老机构增加养老护理床位，新建床位按比例设置养老护理床位。推进社会资本投资兴办以老年人群为对象的老年生活照顾、家政服务、心理咨询、康复服务、紧急救援等业务，向居家老人提供养老护理服务。

（三）积极构建全民健身服务体系，促进全民健身服务发展

广泛开展全民健身运动，普及科学健身知识和理念，增强人民群众体育锻炼意识，引导体育健身消费。加强城乡基层体育健身设施建设，力争到 2020 年，80% 以上的市、县（市、区）建有"全民健身活动中心"，70% 以上的街道（乡镇）、社区（行政村）建有便捷、实用的体育健身设施。打造群体活动品牌，提高公共体育设施的综合服务能力和水平，推动体育场馆、学校体育设施等向社会开放；引导和鼓励社会力量参与体育场

馆的建设和运营管理；支持发展体育协会、健身俱乐部等群众体育组织，培育一批专业性强、理念先进、管理规范的体育场馆运营企业和体育健身俱乐部，鼓励发展运动健身培训、健身指导咨询等健身服务业。

（四）全面发展中医药医疗保健服务，提升中医健康服务能力

1. 充分发挥中医医疗预防保健特色优势，提升基层中医药民族医药服务能力

力争使所有社区卫生服务机构、乡镇卫生院和70%的村卫生室具备中医药民族医药服务能力。优先将中医中药、中医诊疗项目纳入医疗保险药品目录、诊疗项目范围，对定点社区卫生服务机构提供的一般常见病和多发病诊疗等基本医疗服务进行逐项审定，明确纳入医疗保险基金支付范围的社区医疗服务项目。推动医疗机构开展中医医疗预防保健服务，鼓励零售药店提供中医师坐堂诊疗服务。宣传普及中医药养生保健知识，推广科学有效的中医药民族医药养生、保健服务，鼓励有资质的中医师在养生保健机构提供保健咨询和调理等服务。

2. 推广科学规范的中医保健知识及产品

开发中医诊疗、中医药养生保健仪器设备，加强药食同用中药材的种植及产品研发与应用，开发适合当地环境和生活习惯的保健养生产品。推进巴马、永福养生示范基地建设。

（五）积极发展健康保险服务

积极引进专业健康保险机构，鼓励一般商业保险机构开展健康保险业务。在完善基本医疗保障制度、稳步提高基本医疗保障水平的基础上，鼓励保险机构发展与基本医疗保险互补衔接的商业健康保险，推进城乡居民大病保险全区覆盖，推进医疗责任保险、医疗意外保险等多种形式的医疗执业保险，提供多样化、多层次、规范化的健康保险产品。拓宽健康保险服务领域，开展以政府购买的方式委托具有资质的商业保险机构开展各类医疗保险经办服务试点，建立商业保险机构与医疗、体检、护理等机构合作的机制，发挥商业保险机构在医疗行为监督、医疗费用控制、参保人健康管理等方面的积极作用，鼓励探索建立高新技术和创新性健康服务企业的保险保障机制。

（六）支持发展多元化健康服务

1. 推进全科医生服务

创新激励约束机制，推动城乡基层医疗卫生机构组建以全科医师为骨干的全科服务团队，通过签约服务，有效落实基本医疗卫生服务，到2020年，力争全区以乡镇（社区）为单位签约覆盖面达到90%以上。

2. 发展健康体检、心理咨询、母婴照料等健康服务

鼓励医疗机构开展健康体检、健康咨询和健康管理服务，根据医疗机构设置规划和健康服务需求，支持设立独立的健康体检机构。加快发展心理健康服务，培育专业化、规范化的心理咨询、辅导机构。培育10～15家提供健康体检、心理咨询、母婴照料等服务的大型专业服务机构。

3. 发展区域性集中式医学检验、影像检查和放射治疗服务

积极引导和支持区域内医疗机构联合建立区域性大型医用设备检查中心，形成共建、共用、共享和共管机制，促进资源充分合理利用。鼓励社会资本按照有关规定设置医学检验所、医学影像检查中心、放射治疗中心。培育3～5个年产值上10亿元的第三方医疗服务机构。

4. 构建多样化的健康旅游产品体系

积极发展以北海涠洲岛—斜阳岛、钦州三娘湾等北部湾滨海生态旅游资源为依托的滨海养生健康旅游；以大瑶山、姑婆山、十万大山、大容山、大明山等森林生态资源为依托的生态康体养生旅游；以传统的中医、壮医、瑶药为依托的健康养生旅游；以桂东南休闲养生温泉带、贺州温泉群、龙胜温泉、象州温泉、嘉和城温泉谷、九曲湾温泉为依托的温泉疗养旅游；以壮、瑶、苗、侗等民族体育项目及广西山体资源为依托的体育健康旅游；以巴马盘阳河流域为重点，以桂西长寿养生旅游资源为依托打造巴马长寿养生国际旅游区。创新健康旅游模式，打造金秀大瑶山"康体养生＋生态休闲＋民俗体验"、桂东南温泉带"健康体检＋SPA温泉＋观光游览"、桂西红水河流域壮瑶族"体育运动＋民俗体验＋观光游览"等健康旅游发展模式，增强特色吸引力，促进产业融合，发展多元化的健康旅游业态。

5. 大力发展远程医疗服务

积极发展以远程会诊、远程影像诊断、远程病理诊断、远程监护指

导、远程手术指导、远程教育为主要内容的远程医疗服务；积极推进"省院合作"远程医疗政策试点工作，加快远程医疗相关政策的研究和制定，探索构建市场化的远程医疗服务体系；建立远程医疗服务长效机制，促进优势医疗资源纵向流动，提升广西医疗服务水平。

（七）培育健康服务业相关支撑产业

1. 大力推进中医药、壮瑶医药"三名"战略工程

构建桂产地中医药科技创新体系，推进中医药、壮瑶医药标准化建设和现代化进程，积极发展生物技术药物，发展保健、功能食品等相关产品，强力抓好新版药品生产质量管理规范（GMP）改造工作。着力推进中医药民族医药千亿元产业发展，到2020年，力争建成一批现代中医药、壮瑶医药产业集群。

2. 积极发展医疗健康器械生产

发挥广西在超声洁牙设备、尿液分析仪、全科诊断系统等领域的优势，引导啄木鸟、优利特等医疗器械生产企业，开发功效确切、市场需求量大的医疗器械产品。支持广西企业承接国际以及东部沿海产业转移，加强科技创新，提高技术水平、产品质量和营销水平。

3. 打造广西养生长寿保健食品特色产业，提升中医药和海洋生物医药科技创新能力

开发一批疗效确切、具有较好前景的民族药新产品，重点研制对预防、诊断和治疗恶性肿瘤、心脑血管疾病、糖尿病、艾滋病等重大疾病具有显著疗效的生物药物，培育、打造独具特色的广西民族药产品和企业品牌。到2020年，力争全区医药制造业产值达到1000亿元以上。

（八）加强人才队伍建设

1. 加快健康服务人才培养

支持高等院校和中等职业学校增加健康服务业相关学科专业，调整优化专业设置，增加健康服务业相关专业招生计划，合理扩大健康服务业人才培养规模。支持社会资本开办相关职业院校；建立健全健康服务业人员继续教育制度；深入实施医药卫生领域人才项目；制定医师多点执业工作实施办法；鼓励和引导城市大医院优秀人才和退休医生到县级医院执业。到2020年，力争高等院校和中等职业学校人才培养能力基本适应健康服务业发展需要。

2. 加强社会体育指导员队伍建设

发展社会体育指导员队伍，充分发挥社会体育指导员协会的作用，加强社会体育指导员技能培训、规范管理、职业技能鉴定工作。鼓励和支持退役运动员通过职业技能培训和鉴定，成为社会体育指导员，为全民健身服务。

3. 鼓励和引导高校毕业生在健康服务业领域就业创业

鼓励和引导高校毕业生到健康服务业企业就业，对吸纳符合条件的高校毕业生就业的健康服务业企业，按规定落实社会保险补贴等就业扶持政策；对自主创办小微型健康服务业企业的高校毕业生，按规定落实小额担保贷款贴息、税收优惠等创业扶持政策。

4. 加强健康服务业高层次人才的培养和引进力度

完善培养和引进平台，做好遴选、评选、特聘与健康服务业相关的"新世纪十百千人才工程"第二层次人选、自治区特聘专家的各项工作。在同等条件下，对健康服务业人才的遴选和评审进行适当倾斜，促进广西健康服务业发展。

（九）保障措施

1. 加大市场开放力度

实行"非禁即入"，凡是法律法规没有明令禁入的领域，都要向社会资本开放；凡是对本地资本开放的领域，都要对外地资本开放。各相关部门要抓紧研究制定社会资本投资健康服务业准入标准、等级评定和审批程序等具体政策，简化行政审批程序；简化对康复、老年病、儿童、护理等紧缺型医疗机构的立项、开办、执业资格、医保定点等审批手续；及时发布机构设置和规划布局调整等信息。民办非营利性机构可与同行业公办机构享受同等待遇。

2. 加强财政、土地和规划布局保障

建立健全政府购买社会服务机制。由政府负责保障的健康服务类公共产品可通过购买服务的方式提供，逐步增加政府采购的类别和数量。将健康服务业纳入服务业发展引导资金支持范围。符合条件的提供基本医疗卫生服务的非公立医疗机构，其专科建设、设备购置、人才队伍建设可纳入财政支持范围。各级人民政府在编制土地利用总体规划和城乡规划时要根据人口规模预测健康服务业发展需求，合理预留健康服务业发展用地。充分利用存量房产兴办健康服务业；优先保障非营利性健康服务业机构用地；对利用以划拨方式取得的存量房产和原有土地兴办健康服务业的，土地用途和使用权人可暂不变更。连续经营 1 年以上、符合划拨用地目录的健康服务业项目可按划拨土地办理用地手续；不符合划拨用地目录的，可采取协议出让方式办理用地手续。城乡总体规划中要明确相关设施用地布局和用地比例，控制性详规中要明确不同健康服务用地性质、开发建设强度和范围，确保健康服务业用地落实。

3. 创新投融资引导方式

鼓励金融机构创新适合健康服务业特点的金融产品和服务方式，符合条件的健康服务业企业可上市融资和发行债券。允许各类创业投资机构和融资担保机构对健康服务创新型新业态、小微企业开展业务；积极引导保险资金投资建设健康服务业项目；建立健全由政府引导、金融和产业资本共同筹资的健康产业投资资金运行模式。

4. 落实税收价格政策

企业按国家有关政策规定为其员工支付的补充医疗保险费用，按税收政策规定在企业所得税税前扣除。经认定为高新技术企业的医药企业，可依法享受高新技术企业税收优惠政策。对非营利性医疗机构建设免予征收有关行政事业性收费，对营利性医疗机构建设减半征收有关行政事业性收费。清理和取消对健康服务机构不合法、不合理的行政事业性收费项目。实行非公立医疗机构用水、用电、用气与当地公立医疗机构同价政策，探索建立医疗价格形成新机制。

5. 完善监管机制

依法推动促进健康服务业发展的相关法规的制定、修订；加快完善统计调查方法和指标体系；充分发挥行业协会、学会的桥梁和纽带作用；加强健康服务业监管，依法规范健康服务机构从业行为；加强宣传，强化社会监督；建立促进健康服务业发展联席会议制度。各地要结合实际，制订具体方案或专项行动计划，推动健康服务业持续快速发展。

农业篇

第九章

发展农村新产业新业态的背景、意义和内涵

第一节 研究背景

一 政府对县域经济的发展高度重视

郡县治，天下安。县域经济是国民经济的基本单元，同时，作为全面建成小康社会重点和难点的"三农"问题也集中于县域，因此县域经济的作用举足轻重。广西政府对县域经济的发展高度重视，2017 年 7 月召开了全区县域经济发展大会，提出要把县域经济摆上广西发展全局更重要的位置，要围绕县域经济发展的突出短板和关键环节，着力提升基础设施建设水平，增强县域经济发展支撑；着力发展特色产业，增强县域经济发展实力；着力推动县域城镇化，增强县域经济承载力和公共服务能力；着力推进改革创新，优化县域经济发展环境。2017 年 9 月 28 日，广西壮族自治区人民政府在南宁召开了广西发展壮大县域经济新闻发布会，宣布制定出台支持县域经济加快发展"1 + 6 + 2"系列文件，即《中共广西壮族自治区委员会、广西壮族自治区人民政府关于加快县域经济发展的决定》（桂发〔2017〕16 号），配套出台特色农业示范区、工业园区、特色旅游、特色小镇、金融支持、财政体制改革等 6 个实施意见，支持县域经济加快发展。同时，出台《关于加强县域经济发展分类考核的意见》和《广西县域经济发展"十三五"规划》，指引广西县域经济发展的考核导向和工作方向。

二　广西农业农村环境发生了深刻变化

当前广西正处于全面建成小康社会的关键时期，国民经济发展进入新常态，广西农业农村环境发生了深刻变化，资源环境约束增强，国际国内市场营销加深，比较效益提升困难，迫切需要打造新动能，推动调结构、转方式、稳增长、惠民生。已有理论研究和实践均表明，推进农村三次产业融合发展，延伸产业链，提升价值链，既是加快农业现代化进程、拓宽农民增收渠道的战略举措，也是推动县域经济发展，促进城乡一体化、实现全面建成小康社会奋斗目标的重要途径。探索产业融合发展新模式，有助于活跃农村经济新业态和推动县域经济的发展（师艳玲，2016）。

三　国家大力支持产业融合

2015 年的中央一号文件明确指出要推进农村产业融合发展，2015 年12 月国务院办公厅印发了《关于推进农村一二三产业融合发展的指导意见》（国办发〔2015〕93 号），提出用工业理念发展农业，以市场需求为导向，以完善利益联结机制为核心，以制度、技术和商业模式创新为动力，以新型城镇化为依托，推进农业供给侧结构性改革，着力构建农业与第二、第三产业交叉融合的现代产业体系。

之后发布的 2016 年中央一号文件也指出，要大力推进农民奔小康，必须充分发挥农村的独特优势，深度挖掘农业的多种功能，培育壮大农村新产业新业态，推动产业融合发展成为农民增收的重要支撑。

2017 年的中央一号文件更是进一步明确提出："要大力发展乡村休闲旅游产业、推进农村电商发展、加快发展现代食品产业、培育宜居宜业特色村镇。"文件锁定农业供给侧结构性改革，在支持农村新产业新业态发展方面，内容很足，分量很重，着重突出了一个"新"字。

必须培育壮大农村的新产业新业态，推动产业融合发展成为农民增收的重要支撑，让农村成为可以大有作为的广阔天地。但是，迄今为止，广西关于这一问题的深入研究仍然较少。当前广西正处于全面建成小康社会的关键时期，为适应新形势的要求，本书拟就这一问题进行深入研究，将立足广西区情，在培育县域经济新动能视域下，研究如何通过大力推进农村三次产业融合，发展农村新产业新业态，进而提升县域经济总体实力，为政府部门制定制度政策提供支撑，为企业经营发展提供参考依据。

第二节 研究意义

一 理论意义

在生产成本迅速上升、生态环境日益恶化、资源约束不断加强的背景下，依靠拼资源、拼消耗、拼农资投入的粗放式农业发展道路难以为继，必须加快转变农业发展方式。本书在产业融合理论、经济增长理论的基础上构建产业融合与新产业新业态发展之间的理论分析框架，从培育县域经济新动能的视域，探寻广西农村三次产业融合推动新产业新业态发展的深层次动力源；对农业与第二、第三产业的融合度进行测量与评价，可为提出发展新产业新业态的政策建议提供理论和实证依据，有助于丰富广西农村新产业新业态的研究成果。

本书以国务院印发的《关于推进农村一二三产业融合发展的指导意见》（国办发〔2015〕93号）为指导，一是调查广西农村新产业新业态的发展现状，分析存在的问题和发展机遇；二是构建数理模型实证研究农村三次产业的融合度，对广西农村产业融合的现状做出更为全面、客观的定量判断和评价；三是从培育县域经济新动能的视域，探寻广西农村三次产业融合推动新产业新业态发展的深层次动力源；四是借鉴国内外农村产业融合的先进经验，制定广西农村产业融合的发展目标、确定发展原则、明确发展任务，提出推进农村三次产业融合的政策措施，加快农村新产业新业态的发展，为政府制定产业政策提供支撑，为企业制定发展战略提供参考依据。

二 现实意义

以工业化为主导的县域经济发展模式的劣势已经逐步显现，"十三五"

时期是全面建成小康社会的决胜阶段,壮大县域经济对于提升广西综合经济实力、加快全面建成小康社会至关重要,因此寻找推动县域经济转型升级的新动能刻不容缓。本书的现实意义体现在以下五个方面。

(一) 有利于推动农业供给侧结构性改革

当前,传统的农业增长方式已经跟不上经济发展的步伐,农民增收的传统动力逐渐减弱,促进农民增收就必须壮大新产业新业态,提升农业产业链价值。要做到这点,就需要深度挖掘农业的多种功能,建立以消费为导向的农业产业体系,使其成为带动农民增收致富的新亮点。

(二) 有利于农民增收,分享产业融合的红利

推进农村产业融合发展,使农业生产经营活动在传统的生产环节之外增加了农产品加工、包装、运输、保管、销售等环节,将与农业产业链相关的第二、第三产业增值收益留在农村,拓展了农民就业增收渠道。农村产业融合发展可以激活农村土地、住宅和金融市场,增加农民财产性收入。

(三) 有利于推进农业转型升级,促进农业现代化

推进农村产业融合发展,广泛应用现代农业技术成果,加快高端农业、设施农业、资源节约型农业发展,既有利于克服农业产业结构单一、农业发展空间相对狭小的局限,推进农业内部结构调整;又有利于减少农业生产对自然资源的依赖,使农业发展更多地依靠科技和知识投入,增强农业可持续发展能力;还有利于更好地发挥服务业对农业发展方式转变的引领、支撑、带动作用,促进农业价值链升级,提高农业竞争力和附加值,促进农业现代化。

(四) 有利于催生农村新业态,形成国民经济新增长点

推进农村产业融合发展,实现三次产业在农村的优化组合和空间重构,将催生生物农业、智慧农业、休闲农业、创意农业、工厂化农业等新业态,以及农村电子商务、产地直销、会员配送、个性化定制等新模式。借此,顺应或引领消费结构升级方向,更好地满足城乡居民多层次、多样化的消费需求,并创造新的社会需求,带动形成居民消费新热点和

国民经济新增长点，促进农业发展由"生产导向"向"消费导向"转变。

（五）有利于实现城乡一体化，推进美丽乡村建设

推进农村产业融合发展，有利于推动形成生态农业和循环农业的发展模式，提高农产品和加工副产品的综合利用率，减少农业对水、土、气等自然环境的污染，促进农业生产和农民生活方式向绿色、环保方向改变，更好地推动生态文明建设；有利于拓展城市资本和生产要素进入农业、农村，强化农村产业发展的要素支撑，促进以城带乡和强农惠农、缩小城乡差距和实现城乡一体化；有利于通过发展休闲农业、创意农业等产业融合新领域，增加对农村基础设施、生态环境、居住条件等建设和投资，完善农村公共服务体系，更好地保存乡村传统文化和历史底蕴，维护村落功能和农村环境，推进美丽乡村建设。

第三节　产业融合的内涵

一　三次产业融合的内涵

政策界和学术界都在尝试对农村三次产业融合的内涵做出界定。陈晓华（2015）指出，三次产业融合发展是以农业为基本依托，以产业化经营组织为引领，以利益联结机制为纽带，通过产业联动、要素集聚、技术渗透、体制创新，促进农业产前、产中、产后以及休闲服务各环节的有机结合，实现农业产业链的延伸、价值链的跃升、功能的拓展、多主体的共赢，让农民参与第二、第三产业，分享增值收益。姜长云（2015）提出，农村三次产业融合发展以农村三次产业之间的融合渗透和交叉重组为路径，以产业链延伸、产业范围拓展和产业功能转型为表征，以产业发展和发展方式转变为结果，通过形成新技术、新业态、新商业模式，带动资源、要素、技术、市场需求在农村的整合集成和优化重组，甚至农村产业空间布局的调整。郑风田、崔海兴、程郁（2015）则认为，农村三次产业融合发展，是指以农业为基础和依托，借助产业渗透、产业交叉和产业重

组方式，通过形成新技术、新业态、新商业模式延伸农业产业链，由一产向二产和三产拓展，打造农业产业综合体和联合体，进而达到实现农业现代化、城乡发展一体化、农民增收的目的。

从上述不同形式的内涵界定中，可以归纳出如下共同点。①产业链条的延伸。主要是指以农业为中心，向产前和产后延伸链条，进而把种子、农药、肥料供应以及农产品加工、销售等环节与农业生产连接起来。②技术的支撑。新技术的推广应用，在提高生产效率、转变生产模式、缩短供求双方之间距离的同时，也使农业与第二、第三产业间的边界变得模糊。③产业间的关联与渗透。通过开发、拓展和提升，使农业具备生态休闲、旅游观光、文化传承、科技教育等多种功能，进而与文化、旅游、教育等产业交叉融合。④产业发展效益的提升。农村三次产业融合的最终目的，是推动农村产业空间布局的调整和发展方式的转变，并让农民参与第二、第三产业，分享农村产业增值收益。

二　三次产业融合的主要形态

从实践情况看，农村三次产业融合包含多种形态，而且按照不同的标准可分成不同的类型。从所涉及产业的关系来看，可分为横向产业融合和纵向产业融合。前者主要是指产业链的拓宽，即农业具有了其他产业的功能；后者主要是指产业链的延伸，即农业与其他产业联系在一起。从融合主体的性质来看，可分为内源性融合和外源性融合。前者是指以农户、专业大户、家庭农场或农民合作社等农业生产主体为基础的融合发展；后者是指以农产品加工或流通企业等非农业生产主体为基础的融合发展。从融合发展的路径来看，可分为组织内融合和组织间融合。前者是指家庭农场、农民合作社等进行农产品加工和销售，或农业企业自建基地进行一体化经营，在产业组织内部实现融合；后者是指龙头企业与农户、家庭农场、合作社等合作，在产业组织间实现融合。这里主要以横向和纵向产业融合为例做简要介绍（见表9-1）。

表 9 - 1　农村三次产业融合的主要形态

类型	名称	主要形态示例
横向产业融合	第一、第三产业之间的融合	休闲观光农业、创意农业、会展农业、籽种农业、环保农业等
纵向产业融合	垂直一体化模式	农业产业化龙头企业
	分工合作模式	"公司＋农户""合作社＋农户""公司＋合作社＋农户""公司＋合作社＋基地＋农户"
	空间产业集聚模式	"一村一品""一乡一业"
	循环经济模式	"种植业—养殖业—生物质产业—种植业"循环模式

（一）横向产业融合

目前，农村横向产业融合主要表现为第一、第三产业之间的融合，即通过开发、拓展和提升农业的多功能性，赋予农业科技、文化、教育和环境价值，使农业的功能拓展至生态休闲、旅游观光、文化传承、科技教育等领域，内涵覆盖生产、生活、生态等方面，从而实现农业与文化、旅游、教育、健康、环保等产业的有机统一。横向产业融合的典型代表包括休闲观光农业、创意农业、会展农业、籽种农业和环保农业等。其中，休闲观光农业实现了农业与旅游业的融合，创意农业实现了农业与文化创意产业的融合，会展农业实现了农业与商务、教育产业的融合，籽种农业实现了农业与科技服务业的融合，而环保农业则实行了农业与生态修复、环境保护等产业的融合。

（二）纵向产业融合

纵向产业融合又因产业间关联方式的不同，有着多种实现模式。①垂直一体化模式。这种模式属于组织内的产业融合，即通常以大型企业或合作社为主体，其生产经营向上游延伸至农产品生产、生产资料供应乃至技术研发等环节，向下游则扩展至销售服务环节，涵盖了研发、生产、加工、流通、销售、服务等各个领域，从而实现贸工农一体化、产加销一条龙。很多农业产业化龙头企业都采取了这种模式。②分工合作模式。这种模式属于组织间的产业融合，即以企业、合作社等为主体，通过订单生产、统购统销、股份合作等利益联结手段，将在空间上分离的农村三次产业紧密连接，主要形式有"公司＋农户""合作社＋农户""公司＋合作社＋农户""公司＋合作社＋基地＋农户"等。③空间产业集聚模式。这种模式属于区域内的产业融合，即受地区资源禀赋、产业特色和发展导向等因素影响，三次产业及相关产业组织在农村特定区域集聚，形成集群化、网络化的发展格局，如发展"一村一品""一乡一业"等。④循环经济模式。这种模式属于链条上的产业融合，即农业内部种植业、养殖、畜牧等子产业之间，以及农业与加工制造业之间，依据生物链的基本原理而建立起产业上下游之间的有机关联，并形成相互衔接、循环往复的发展状态。比较典型的例子是"种植业—养殖业—生物质产业—种植业"模式的循环。

（三）主要观点

第一，欠发达县域经济转型升级的核心是农村产业升级，而农村产业升级的重要途径是实现三次产业融合发展。产业融合是不同产业或同一产业的不同行业，通过相互渗透、相互交叉，最终融为一体，逐步形成新产业的动态发展历程，其特征在于融合的结果出现了新的产业或新的增长点。

第二，广西农村新产业新业态发展的研究多集中在生态农业、旅游休闲农业、农村电子商务，而针对信息农业、工厂化农业、创意农业、智慧农业、生物农业这些新业态的研究较少，应加强关注和研究。

第三，农村三次产业的融合发展是推动农村新产业新业态产生的重要因素。广西大力推动农村产业融合，一是有利于催生农村新产业新业态，形成县域经济新的增长点；二是有利于推进农业转型升级，促进农业现代化；三是有利于农民增收，分享产业融合的红利。

第四，广西可以围绕以下三种主要模式促进农村三次产业融合，推动新产业新业态发展：一是农业内部产业循环型；二是农业产业链延伸型；三是农业与其他产业交叉型。

第四节 农村新产业新业态相关研究

一 广西农村新产业新业态相关研究

经济新常态下，国内学者对广西农村部分新产业新业态的发展状况进行了较为深入的探讨。张媛（2012）研究发现，广西循环农业的发展水平比较低，评价指标不健全。滕明兰（2012）对广西发展生态农业的模式进行了研究，并提出了发展建议。陶增胜（2012）、施少扬（2016）研究发现，广西旅游资源丰富，有利于旅游休闲农业的发展，但目前存在缺乏统一规划、缺乏实力雄厚的投资主体、基础设施不完善、缺乏品牌营销、生态保护较弱等问题。欧阳韬（2016）研究在新常态下，如何利用"互联网＋"加快推进传统农业进入现代化发展轨道，打造升级版的现代农业。

二 产业融合的基本界定

20 世纪七八十年代以来，伴随着信息技术的快速发展和经济服务化趋势的不断加强，计算机业、电信业、广播电视业和出版业之间率先形成明显的产业融合现象，引起了学术界的关注和系统研究。关于产业融合的界定最早是从技术角度出发的，认为产业融合始于产业之间的技术关联（Sahal，1985）。随着实践发展，关于产业融合的研究逐步从技术视角扩展和转换到产品、产业视角，认为产业融合是采用数字技术后原来各自独立产业的整合（Yoffie，1997）。有学者则认为，产业融合是为了适应产业增长而发生的产业边界的收缩或者消失（Greenstein & Khanna，1997）。欧盟委员会在深入分析产业融合现象的基础上，提出产业融合不仅仅是一个技术问题，更是涉及服务以及商业模式乃至社会运作的一种崭新方式，融合包括了技术、产业、服务和市场三个层次（European Commission，1997）。还有学者从融合产生的原因入手，认为产业融合是通过技术革新和放宽限制来降低行业间的壁垒，加强行业企业间的竞争合作关系（植草益，2001）。

进入 21 世纪，在吸收和借鉴国外学者研究的基础上，国内学者从不同视角提出了对产业融合的不同界定。有学者从技术角度出发，认为产业融合是以数字融合为基础，为适应产业增长而发生的产业边界的收缩或消失的一种新经济现象（周振华，2002）。有学者拓展了植草益的观点，认为产业融合是由于技术进步和放松管制，发生在产业边界和交叉处的技术融合，其改变了原有产业产品的特征和市场需求，导致产业的企业之间竞争合作关系发生改变，从而导致产业边界模糊化，甚至重划产业界限（马健，2002）。更多的学者从不同产业或行业之间相互作用的角度入手，认为产业融合是高新技术及其产业作用于传统产业，使得两种或多种产业合为一体，逐步成为新的产业（卢东斌，2001）；产业融合是指不同产业或同一产业的不同行业，通过相互渗透、相互交叉，最终融为一体，逐步形成新产业的动态发展过程，其特征在于融合的结果出现了新的产业或新的增长点（厉无畏，2002）。

在此基础上，学者们从不同角度对产业融合进行了分类：从市场角度看，产业融合可分为供给方面（技术融合）和需求方面（产品融合）的融合（Gerum et al.，2003）；从融合程度看，可分为完全融合、部分融合和虚假融合（马健，2005）；从融合方向看，可分为横向融合、纵向融合和混合融合（胡永佳，2008）；从融合形式看，可分为产业渗透、产业交叉和产业重组（胡汉辉、邢华，2003）；也可分为高新技术的渗透融合、产业间的延伸融合、产业内部的重组融合、全新产业取代传统旧产业的融合（聂子龙、李浩，2003）。

三 农村产业融合与新产业新业态发展的相关研究

国内外学者的研究表明，农村三次产业的融合发展是推动农村新产业新业态产生的重要因素。产业融合是不同产业或同一产业的不同行业，通过相互渗透、相互交叉，最终融为一体，逐步形成新产业的动态发展历程，其特征在于融合的结果出现了新的产业或新的增长点（Shih-MingHsu et al.，2013；Anthony et al.，2015；马晓河，2015；SanatSarangi et al.，2016）。广西可以通过大力延伸产业链、培育职业农民、探索农村的三次产业融合等方式发展农业新业态（王春林，2015）。日本东京大学教授今村奈良臣（1996）提出要发展"第六产业"，它的实质是实现农业"接二连三"，即三次产业的融合互动（"一产＋二产＋三产"等于六，"一产×二产×三产"也等于六）。朱进华（2016）、李吉华（2015）等学者认为，三产融合才能激活"六产"。

四 农村产业融合与县域经济发展的相关研究

从整体上来看，我国的县域经济主要是以农村工业化的推动为主导

（黄祖辉，2011）。随着我国经济转型升级的不断推进，县域经济进入新的发展阶段，工业化主导的劣势逐步显现：区域发展不平衡、农业产业比重大、发展方式粗放、可持续性不强、金融支持体系落后、特色不足、自主性增长能力差、实际城市化率不高等（王晓芳，2008；周仁标，2011；张鼎良，2012）。对存在的相关问题，近年来，有学者提出可以通过促进产业融合加快县域经济发展。李小红等人（2016）提出新常态下通过推动三次产业融合发展和着力培育推广农业经营新模式来激发县域经济发展的新动能。张鼎良（2012）、马洪君（2014）、卞建军（2015）等人建议欠发达县域经济转型升级的核心是农村产业升级，而农村产业升级的重要途径是实现三次产业融合发展。

五　农村三次产业融合的代表性观点

（一）六次产业化

日本东京大学教授今村奈良臣从产业链整合、融合的发展理念提出农业的"六次产业"概念，认为农业的六次产业是指农村地区各产业之和或之积（即第一产业＋第二产业＋第三产业＝六次产业，或第一产业×第二产业×第三产业＝六次产业）。"六次产业"的内涵是鼓励农户搞多种经营，不仅从事种植、养殖业（第一产业），而且从事农产品加工（第二产业）和农产品流通、销售及观光旅游等服务业（第三产业），实现三次产业融合，达到提升农产品附加值和提高农民收入的目的。六次产业打破了原有三大产业并列且分割的现状，突破了原有的产业边界，体现了三次产业融合。

（二）农业与相关产业融合是农业产业化进程中的趋势

随着人们需求层次的提高、科学技术的发展和生产力水平的提升，农业产业化进程不断加快，农业与加工业、高科技产业、旅游业等出现了加速融合的趋势，传统意义上的农业生产与农产品加工、农产品销售及其他相关服务形成"一条龙"，在产值和劳动力就业的统计上难以准确区分。农业产业化进程中的融合趋势主要表现为农业与信息技术的融合（信息化农业）、农业与高新技术产业的融合（生态型农业）、农业与旅游业的融合

（观光型农业）、农业与工业的融合（工厂化农业）、不同产业的交叉重组融合（综合型农业）（孙中叶，2005）。

（三）农业产业融合是技术、产品、市场等多领域的融合

有学者认为，农业产业融合是让农业技术与其他产业技术，农业产品和服务与其他产业的产品和服务，农业市场与其他产业市场相融合，让农业中的一部分生产要素从农业中脱离出来，发挥另一种职能，创造另一种形式的价值体。如在农业与旅游业融合产生的观光农业中，传统的生产要素土地、劳动力、资本与知识、技术、文化、休闲相结合，虽仍是生产农产品，但生产目的、产品价值、顾客定位发生了根本性变化（李世新，2006）。农业与高新技术产业，传统的第二、第三产业，以及农业内部子产业之间基于技术、产品、业务和市场资源的优化配置，在企业跨产业经营的基础上进行的产业创新，从而出现具有融合性产业属性的农业新形态（或业态）（梁伟军，2011）。农业产业融合包括农资供应，农产品生产、加工、销售及服务环节的纵向融合，以及农业引入生物技术、信息技术等高新技术产业的发展理念、技术成果和管理模式的横向融合。从类型上看，可分为高新技术对农业的渗透型融合，农业内部子产业之间的整合型融合，农业与服务业之间的交叉型融合、综合型融合等四大类型（梁伟军、王昕坤，2013）。

在上述研究基础上，近期有学者对农村三次产业融合发展做了更为明确、更加直接的界定。姜长云（2015）认为，农村三次产业融合发展以农村三次产业之间的融合渗透和交叉重组为路径，以产业链延伸、产业范围拓展和产业功能转型为表征，以产业发展和发展方式转变为结果，通过形成新技术、新业态、新商业模式，带动资源、要素、技术、市场需求在农村的整合集成和优化重组，甚至农村产业空间布局的调整。赵海（2015）认为，农村三次产业融合是各类农业产业组织通过延伸产业链条、完善利益机制，打破农产品生产、加工、销售相互割裂的状态，形成各环节融会贯通、各主体和谐共生的良好产业生态。他同时从融合主体、融合路径两个角度对农村第一、第二产业融合类型进行了划分：从融合主体划分，可分为内源性融合和外源性融合，前者如以农户、专业大户、家庭农场或农

民合作社为基础的融合发展，后者如以农产品加工或流通企业为基础的融合发展；从融合路径划分，可分为组织内融合和组织间融合，前者如家庭农场、农民合作社进行农产品加工和销售，或农业企业自建基地进行一体化经营，在产业组织内部实现了融合，后者如龙头企业与农户、合作社签订产品收购协议，在产业组织间实现了融合。

综上所述，目前关于广西农村新产业新业态发展的研究仍相对缺乏。一是从研究内容上看，已有文献研究多集中在生态农业、旅游休闲农业、农村电子商务，而针对信息农业、工厂化农业、创意农业、智慧农业、生物农业这些新业态的研究较少；二是从研究方法上看，尽管已有文献认为农村产业的融合发展是推动农村新产业新业态产生的重要因素，提出通过促进产业融合加快县域经济发展，但大多开展的是定性研究，较少涉及定量研究，缺乏对广西农村三次产业的融合度、新业态产业结构红利、新业态对经济增长的贡献率等方面的定量研究，导致对广西农村新产业新业态的研究不够深入、全面，提出的政策建议亦缺乏合理的数据支撑。

本书拟在前人文献研究的基础上，采用定量和定性研究相结合的方法，对广西农村新产业新业态发展的现状进行调研分析，采用赫芬达尔指数法建立融合度测评体系，对农村三次产业的融合程度进行定量评价，在此基础上提出通过加强产业融合来推动新产业新业态发展的对策建议。

| 第十章 |
广西农村新产业新业态的发展现状

近年来，以旅游休闲农业、循环农业、会展农业、创意农业等为代表的农村新产业新业态发展迅速，为广西农业增效、农民增收注入了前所未有的新动能。下文将选取广西农业新业态中具有代表性的四大行业进行分析，主要分析该新产业的特点、产业融合的类型以及发展现状，探寻其存在的短板，辨明发展趋势，抓住发展机遇乘势而为，推动广西县域经济蓬勃发展。

第一节　旅游休闲农业

一　旅游休闲农业的概念

旅游休闲农业是农业与旅游业相融合的新型产业，以乡村自然资源和人文资源作为吸引物，通过利用农业生产活动及各种娱乐旅游项目，来满足社会各阶层旅游者观光、休闲度假、体验等需求的一种旅游产业类型。

二　旅游休闲农业的特点

旅游休闲农业是第一产业农业和第三产业旅游业相结合的新型产业，其具有自身发展的特点。其一，旅游资源乡土性。这是旅游休闲农业最显著的特征，旅游休闲农业的旅游资源本身就拥有着无可替代的天然乡土气息，以旅游资源乡土性为吸引物，可以吸引到对乡土性感兴趣的游客，从而满足游客回归自然的需求。其二，旅游参与性强。旅游休闲农业利用农耕体验，参加钓鱼、采摘、饲养等活动，让人们充分参与到旅游休闲农业的活动中来，一边在活动中了解农业生产知识，体会亲自劳动的乐趣；一边可以参与到当地村民的生活当中，加强相互了解，促进交流。其三，旅游消费实惠。人们在旅游休闲农业景区往往是自己亲自动手，例如可以参与捕捉、钓鱼、采摘等劳动过程，甚至是动手烹煮食物等，人们在劳动中全凭自己的喜好来选择，因此所选之物新鲜物美。由于是当地自产自销，节省交通运输等费用，价格相对其他旅游景区较为实惠。其四，旅游的季节性。旅游休闲农业具有明显的季节性，由于旅游休闲农业依附于农业生产活动，受气候的影响，有些农业活动无法进行，所以旅游休闲农业产生了淡旺季之分。

三　旅游休闲农业发展的类型

根据旅游休闲农业的概念和特点，可将旅游休闲农业划分为五个类型，分别为田园农业型、民俗文化型、农家乐型、休闲度假型、科普教育型。

（一）田园农业型

田园农业型旅游休闲农业是通过利用农村的生态环境、农业生产活动和田园景观为人们提供观光、劳作、采摘、体验农业等旅游活动。这种类型的旅游休闲农业主要是将自然资源作为旅游吸引物，满足游客放松心情、亲近自然、返璞归真的心理需要。如农业观光采摘园、现代农业示范区、花卉观赏区等。

（二）民俗文化型

民俗文化型旅游休闲农业是通过利用当地的传统风俗、历史文化、乡土人情等为人们提供文化展示、传统节日风俗、民间技艺表演等旅游活动。这种类型的旅游休闲农业主要是将区别于城市文化的乡村民间文化风俗作为吸引物，进一步提高旅游休闲农业的文化属性。其表现形式有民间文化村、民间民俗园、民间博物馆等。

（三）农家乐型

农家乐型旅游休闲农业是通过利用农民自家院落、农民生活方式、农家饮食等为人们提供特色农家饭、特色农家住宿、特色农家体验等旅游活动。这种类型的旅游休闲农业主要是将区别于城市生活的农家生活作为吸引物,以优惠的价格吸引游客前来观光、体验和休闲。其表现形式有农家采摘、农家风味餐饮、农家火炕等。

(四)休闲度假型

休闲度假型旅游休闲农业是通过利用乡村优美的自然风光、独特的旅游资源,与当地风俗文化、民间特色结合起来,为人们提供休闲、度假、疗养等旅游服务。这种类型的旅游休闲农业主要是将乡村的自然景观和人文景观作为吸引物,满足人们释放压力、休闲度假的旅游需要。其表现形式有休闲农庄、休闲度假村等。

(五)科普教育型

科普教育型旅游休闲农业是通过利用农业资源,将农业生产设备、农业生产过程等结合起来,为人们提供学习农业知识的旅游活动。这种类型的旅游休闲农业主要是以农业资源为基础,通过专业人员的讲解满足人们增长农业知识、求知求新的旅游需要。其表现形式有农业博物馆、农业教育基地等。

四 旅游休闲农业的产业融合类型

产业融合是一个逐步实现的动态发展过程,休闲业属于旅游业的分支,旅游休闲农业从本质上讲是休闲业与农业的融合。随着产业结构优化升级,新的业态不断产生,休闲业与其他产业之间的界限逐渐模糊甚至消逝,旅游休闲农业新业态由此诞生,休闲业可以与种植业、养殖业、文化产业、教育业、医疗保健业、养老事业等产业进行融合,形成多种旅游休闲农业产业融合类型。

(一)休闲业与农村生产活动融合

休闲业与农村生产活动的融合体现在,休闲业与养殖业、种植业、水产业的融合,主要是依靠当地丰富的自然资源进行生态养殖,科学种植。盘锦市西安镇在开发旅游休闲农业新业态的时候进行参观生态养猪基地、瓜果采摘活动、水产养殖等，通过这些农村生产活动让游客亲自参与进来，从中体验动手劳作的乐趣，从而满足游客体验性的旅游需求。

（二）休闲业与农村文化教育融合

休闲业与农村文化教育融合，即休闲业与文化事业、休闲业与教育事业的融合。旅游休闲农业依靠当地悠久的历史、深厚的文化底蕴等优势，将本地区的风俗民情和物质文化遗产充分挖掘出来，从而带动本地区旅游休闲农业的文化事业发展；同时，旅游休闲农业以农村民俗物质文化为载体，开发出民间特色技艺、民间歌舞等一系列文化休闲旅游项目，增加旅游休闲农业的旅游文化内涵，利用文化产业带动本地区农业、农村的发展。休闲业与教育事业的融合主要是满足游客"求知、求新"的旅游需求，广西旅游休闲农业新业态发展可以通过引进先进的农业技术设施，向游客展示高科技农业成果，比如建设农产品特色展览馆、农业科技生态园等；也可以利用当地天然的农业资源，建立农业观光园、农业博物馆，为广大旅游消费者提供学习农业历史、了解农耕文化、增长农业知识、体验农业技术的旅游休闲农业活动和科普教育的场所，让旅游者开阔眼界、不断学习新知识。

（三）休闲业与新农村建设融合

旅游休闲农业是利用农村的基础设施、农业生产场所、农村人文资源及农业自然生态等客观环境，经过一系列的设计规划，为游客提供观光、采摘、体验等多方面服务。由于人们的需求越来越高，对农村的建设也需要不断改进，新农村建设有助于加深城市游客对新型农村与农业的体验，提升旅游休闲农业的旅游品质，提高广大农民收益，有力推进城乡统筹协调发展。广西旅游休闲农业新业态的发展要着重注意新农村的建设，有效促进农业结构的调整、农村环境的改善、农民收入的提高。

（四）休闲业与养老事业融合

由于中国逐步进入老龄化社会，大多数老年人对乡村有着浓厚的情怀，喜欢到农村养老，休闲业与养老事业的结合就要根据老年人的身体状况、喜好需求，制定安全、健康的旅游产品和服务设施。广西旅游休闲农业新业态的发展要注意到老年人的自身特点，在安排旅游活动时，要考虑到老年人行动不便，尽量安排非剧烈活动，例如品茶、棋牌、温泉疗养等；同时，要考虑到大部分老年人身体比较虚弱，容易出现突发疾病，旅游休闲农业景区要提供应急的医疗人员和必备的医疗设施。针对老年人的消费水平不同，为满足不同层次的老年人需要，旅游休闲农业景区可以建立不同档次的养老机构和模式，比如说农院家庭养老、乡间别墅养老、温泉度假养老等。休闲业与养老事业的融合开辟了老年人的旅游市场，扩大了市场规模，促进了旅游休闲农业健康有序的发展。

五 广西旅游休闲农业的发展条件

（一）良好的环境与资源条件

广西旅游资源得天独厚，山海兼备，有自然景观、人文景观、民俗风情等，独特的自然生态环境、良好的资源优势，为旅游休闲农业新业态的开发提供了环境条件与资源条件。旅游又可分为五大项目。第一是桂林山水。自古就有"桂林山水甲天下"一说，到目前为止，没有哪个风景名胜可以取代桂林山水。每年中国十大风景名胜评比，桂林山水都名列榜首。第二是民族风情。广西是个民族大家庭，有丰富多彩的民族风情。第三是海滨风光。广西有北海银滩、防城港金滩等。第四是中越边境旅游。第五是探险旅游。广西现已开发的探险旅游资源有资江探险、龙谷峡探险、百色原始森林探险等。

（二）充分的客源市场条件

2016 年，广西全面实施全域旅游战略，接待旅游总人数、旅游总消费等各项经济指标持续增长，全年接待旅游总人数 4.09 亿人次，实现旅游总消费 4191.36 亿元。[①] 同期，广西多个国际旅游区投入建设和使用，巴马长寿养生国际旅游区基础设施建设三年行动计划启动；《中越德天·板约国际旅游合作区（中方）规划》已通过自治区级评审；东兴（芒街）、友谊关（友谊）、龙邦（茶岭）跨境旅游合作区及防城港、崇左、百色三市

---

① 商务部网站，http://www.mofcom.gov.cn/article/resume/n/201701/20170102505841.shtml。

边境旅游试验区方案均已编制完成，实现了中国东兴—越南芒街跨境自驾游常态化。可见，随着国民经济水平的提高，人们的出游意愿增强，外出旅游的人数不断增多。

（三）便利的交通条件

广西良好的地理位置吸引了周边国家和地区的游客前来观光。"动车公交化，千里归途半日还"，近年来，随着广西高铁陆续开通，高铁已经成为市民出行的主要交通工具，铺就了旅客便捷的回家路，这也极大地促进了来广西观光旅游人数的增加。

六 广西旅游休闲农业发展的现状

旅游休闲农业和乡村旅游是现代农业和现代旅游相结合的新业态，是推进农村三次产业融合发展的新载体，是促进农村经济发展的新动能，是实现农民就业增收、加快贫困地区农民脱贫致富的新途径。发展旅游休闲农业和乡村旅游对于促进农业强、农村美、农民富，推动农业供给侧结构性改革，弘扬中华农耕文化，推进生态文明建设，建设美丽宜居乡村和美丽中国都具有十分重大的意义。

2015年，农业部下发了《关于积极开发农业多种功能大力促进休闲农业发展的通知》，这份通知可谓广西发展旅游休闲农业的"指南针"，广西发展旅游休闲农业的黄金时间到来了。旅游休闲农业是现代农业的新型产业形态、现代旅游的新型消费业态，为农、林、牧、渔等多领域带来了新的增长点。广西旅游休闲农业经历了从无到有、自小到大、从简单的垂钓到餐饮娱乐一体化服务的发展过程，呈现出快速发展的势头。

据统计，截至2016年，广西旅游休闲农业和乡村旅游涉及种养面积2.45万公顷，年接待游客5280万人次，产业总收入近190亿元，广西旅游休闲农业成为带动农村就业、农民增收的新亮点。广西建立的农家乐近4000个、乡村旅游点1100多个、旅游休闲农业园630多个，创建了国家级旅游休闲农业与乡村旅游示范县8个、示范点30个，四星级以上乡村旅游区71家，四星级以上农家乐136家，全国旅游休闲农业与乡村旅游十大精品线路 2 条，认定了中国重要农业文化遗产 2 个。① 广西各地通过建设观景平台、科普中心、生态绿道、休闲驿站等一批休闲服务配套设施，已经开展了观光采摘、科普教育、农耕体验、乡村文化体验等一系列休闲服务项目，基本上形成了"产村互动，农旅融合"的旅游休闲农业新格局。

2017 年 4 月，广西正式发布旅游休闲农业电子地图，地图囊括了广西最全最新的旅游休闲农业景点，涵盖了农家乐、乡村度假、自然生态、采摘体验、特色古村镇、民俗风情等多个休闲类型。目前更新上地图的景点多达 330 个，其中由广西农业厅、旅游发展和改革委员会评选的广西旅游休闲农业与乡村旅游示范点达到了 30 个，形成了涵盖山水田园型、民俗风情型、农（渔）家乐型、科普教育型、养生度假型、特色村落型和节庆娱乐型等多主题、多类型、多业态的旅游休闲格局，文化品位和档次不断提升，产业内涵不断丰富。

旅游休闲农业可以把农业自然优势转变成经济优势，是帮助农村群众脱贫的"金钥匙"。据测算，旅游休闲农业每增加 1 个就业机会，可带动整个产业链增加 5 个就业机会。一年接待 10 万人次的休闲农庄，可实现营业收入 1000 万元左右，可安置 300 名农民就业，并带动 1000 户农民家庭增收。以马山县古零镇乔老村为例，该村依托示范生态旅游区和综合示范村建设的机遇，以发展生态农业、精品农业、休闲观光农业为起点，以生态蔬菜和特色水果规模化种植为龙头，将农业生产、自然风光、休闲娱乐等融为一体。隶属于乔老村的小都百屯作为南宁市生态文明村，整个村屯的建设以打造水车之乡为特色，结合环弄拉生态旅游区建设，小都百屯已成为"吃住行、游娱购"的一站式时尚生活、休闲农业旅游基地。小都百屯在规划布局上强调场地的低开发、高档次建设，同时结合当地民族特色打造农家院落。目前全屯 86 栋房屋已进行外立面改造，建筑采用"灰白"主色调，设计水波窗花，融入水车元素图案，建设白墙灰瓦的壮乡特色民居。在示范村建设过程中，该村突出挖掘、保护和传承发展小都百物质、非物质文化遗产，并在人文景观和自然景观等方面体现独具魅力的民族特

---

① 广西农业龙头企业行业协会网站，http://www.gxnylt.com/index.php? id = 4028。

色文化。如今，乔老村已是集农耕文化体验、生态农业观光、休闲民宿度假为一体的乡村旅游观光胜地。仅 2016 年，马山县就接待游客 285 万人次，完成国内旅游总消费 17 亿元。农民原来只知道种菜、卖菜，现在种菜还有游客看，挣钱也变得容易了，有效地促进了农民增收。

七　广西旅游休闲农业发展存在的问题

近年来，广西结合现代农业示范区建设，注重农田变花园、园区变景区，提高了农业附加值，延长了农业产业链，加快了广西现代农业发展步伐，但是仍然存在以下短板急需解决。

（一）部分村民发展旅游休闲农业意识落后

由于长期生活贫困、发展基础条件差等原因，相当一部分村民在思想上仍不同程度地存在不思发展、不会发展的问题，缺乏自力更生、艰苦奋斗的思想作风，"等、靠、要"思想严重，守着金山银山过着穷日子。与此同时，由于村民个体力量单薄，缺乏经济投入，缺乏经营接待能力和信息获取能力，再加上小农意识导致专业合作社发展滞后，大部分地区村民普遍存在参与能力不强、参与条件匮乏、参与内生动力不足的问题。适合发展旅游休闲农业的地方政府应将旅游休闲农业纳入工作的重要议程，以旅促农，促进新农村建设的顺利开展。动员党员干部开发旅游休闲农业，宣传模范的示范作用，组织有愿意的村民到全国各地考察学习，邀请示范户介绍经验，引导村民进行旅游休闲农业的开发和经营。

（二）区域范围内旅游休闲农业项目单一、功能雷同、重复建设

从总体上看，广西部分旅游休闲农业规划不够合理，总体投入不高，乡村住宿设施闲置，项目功能单一，主要停留在春天赏花、秋天摘果和品尝农家饭的模式上，难以满足多种旅游需求，吸引力不强。因而游客逗留时间短，大多为半日或一日游，造成经济效益低下。同时，区域内旅游休闲农业项目开发模式雷同，项目间恶性竞争，缺乏耕作、栽培、牧羊、驾船、捕鱼等参与性农事活动项目。旅游休闲农业规划应在内容和形式上不断创新，形成观光和参与相结合，运动和静心相结合，知识和趣味相结合的产品组合。要与村镇规划相结合，针对地域性特征，设计多样的旅游休

闲农业形式，按照目标市场的特点来选择项目，确定服务和费用水平。项目布局时要考虑环境和资源保护，因地制宜地开展旅游休闲农业开发规划。项目不能一哄而上，不能盲目重复建设，要开发具有当地特色的项目，同时兼顾美学要求，使环境美观、协调。

（三）许多项目缺乏乡土文化的挖掘和包装

广西许多旅游休闲农业经营者基本上是在现有农业、农村设施的基础上进行稍加改动就开门迎客，没有深入具体挖掘当地的乡村乡土内涵，如传统作物、动物、饮食、服饰、手工艺品、音乐舞蹈、风俗习惯以及农作方式等。结果是乡土氛围不够浓郁，甚至有的地方根本不了解旅游休闲农业的客源市场需求，而把古朴典雅的乡土建筑拆除，盲目新建现代化的娱乐设施，导致建筑风格材料和色彩同乡村周边环境非常不协调。保持旅游休闲农业项目乡土气息的浓郁性和真实性，是旅游休闲农业魅力不减的基本条件。因此，项目的布局和设计都要深入系统地挖掘当地文化内涵，营造一个乡土气息浓郁的环境空间，让游客体验乡野之趣、田园之乐。利用竹桥、木屋、绿廊和竹棚等造景来点缀，能获得较好的效果。

（四）贫困地区发展旅游休闲农业的基础设施尚不完善

由于山区自然条件恶劣，资金投入不足，旅游休闲农业基础设施及配套服务设施比较落后，其可进入性差，甚至不具备可进入性，这成为长期制约贫困地区旅游休闲农业发展的瓶颈。贫困地区游客反映强烈的问题，仍主要集中在公共厕所、食品卫生、餐饮价格、旅游购物、公共交通及道路设施等领域。目前旅游休闲农业的投入基本都是民间资本，主要以中小企业、私营企业主或农民个体投入为主，政府在这方面并无专项财政支持资金，并且农民的融资渠道较窄，无法加大投入，所以全区旅游休闲农业普遍存在散、小、弱、差现象，缺少专业合作社，更缺乏鼓励和引导企业参与的政策机制，严重阻碍了旅游休闲农业的发展。

政府要协调解决旅游休闲农业发展中的重大问题，发改、财政、交通、卫生和建设部门应做好统筹规划，积极为旅游休闲农业发展创造良好的条件。设立专项资金，引导和扶持具有一定发展基础、特色鲜明的旅游休闲农业经营户和村庄。同时完善基础设施建设，进一步改善农户接待设施及卫生条件，提升产业水平。用税收政策鼓励产业发展，对新办的旅游休闲农业企业，可考虑减征或免征所得税一年。拓宽融资渠道，鼓励民间资本参与旅游休闲农业开发和经营，可以采取独资、合资、合伙等多种形式，鼓励农户以土地使用权、固定资产、资金、技术等多种形式入股旅游休闲农业企业，享有薪金、租金、股金等相对稳定的收益。

（五）从业者素质普遍不高，经营管理不规范

大多数经营者都是当地从事农业生产、加工的农民，服务及工作人员基本上以经营者的亲朋邻居为主，许多人仅有初中或小学文化，没有受过正规专业或必要的培训。项目基本是在原有的农业设施基础上自发形成的，缺乏前期的科学规划设计，更没有严格的审批进入制度。绝大多数经营方式都是农家乐，其开业、停业比较随意，管理人员文化水平较低、服务素质较差，同时没有先进的管理经验，"各自为政"，缺乏组织协调，管理比较混乱。政府应该大力开展农业技术知识、服务礼仪、接待标准等相关知识和技能的培训，提高服务质量和水平。同时引导政府各级管理者和旅游休闲农业经营者更新发展观念，创新服务理念，不断提高经营管理水平，注重打造旅游休闲农业的特色服务品牌，满足游客的多层次需求。

八 广西旅游休闲农业的发展趋势

旅游休闲农业已经提升为国家发展战略，成为农业第四大产业，是破"三农"问题的重要途径。发展旅游休闲农业能够延伸农业的产业链条，带动相关配套产业的发展，是新时期拓展农民就业增收空间，引领农民发家致富的重要举措。

（一）产业融合化

旅游休闲农业将持续推动三次产业融合，呈现更丰富多元化的业态。旅游休闲农业会促进农业与第二、第三产业融合发展，发展农产品精深加工业，开发农业多种功能，打造形式多样、特色鲜明的休闲农业和乡村旅游产品，提高农业综合效益。

（二）规模扩张化

旅游休闲农业的发展规模将不断扩张，成为农村发展和农民增收的新

动力。要以市场为导向，引导农民立足资源优势，不断扩大旅游休闲农业的规模。

（三）经营集约化

从农民自发发展向各级政府规划引导转变，经营规模从零星分布、分散经营向集群分布、集约经营转变，功能定位从单一功能向休闲、教育、体验等多产业一体化经营转变，经营主体从农户经营为主向农民合作经济组织和社会工商资本投资经营发展转变。

（四）资源产品化

把现有的农村产品进行打磨，打造成具有观光、体验、休闲价值的旅游产品，并且一定区域内要进行差异化发展，具体有田园农业旅游、民俗文化旅游、农家乐旅游、村落乡镇旅游、休闲度假旅游、科普教育旅游等模式。此外，随着政府部门和企业举办的各类休闲农业与乡村旅游系列活动影响越来越大，以及国家级、自治区级、市级休闲农业与乡村旅游星级示范点评定的深入开展，旅游休闲农业的品牌建设将不断推进，会培育一大批省内外的知名品牌。

（五）农村景区化

现存的乡村风貌是旅游休闲农业发展的财富，有山有水、有树有地，把好的景观放大，用景观和旅游亮点来经营农业，把乡村民居发展成观光体验产品，把当地的优势资源与文化特色相结合。未来，乡村处处都可以形成风景，使游客流连忘返。

（六）农民多业化

乡村旅游的发展可以使农民以乡村旅游服务为主业、种植为副业；农民的身份可以从务农转变成农商并举，农户可以独立经营，也可以形成私营企业；农民可以做经营，可以做管理，可以做商务；农村可以成片区域发展，农民可以大力发展观光农业、生态农业、精品农业。

（七）体验互动化

旅游休闲农业的卖点之一就是体验性，如何将优势资源设计成知识性、趣味性、人性化的体验活动，将游客融入情景，从他们所听到的、尝到的、闻到的、看到的体验之中产生美好的感觉和难忘的记忆，这将是未来旅游休闲农业能否制胜的关键。

（八）生态化

绿水青山就是金山银山。可以说旅游休闲农业如果没有了自然生态作为依靠，就相当于一个人没有了灵魂，所以发展旅游休闲农业应该珍惜自然资本，在休闲旅游与生态保育之间取得平衡，以奠定可持续发展的根本。

（九）健康化

旅游休闲农业是一个健康产业，好的环境能够让人减轻压力，减少烦恼。所以，未来旅游休闲农业经营者应致力于维护环境，提供新鲜空气、洁净水、无毒蔬果和设计养生餐饮及健身运动场所，营造和谐而富有人情味的社会情感，从而利于游客维护自己的身心健康。

传统农业和旅游休闲农业的比较如表 10 - 1 所示。

表 10 - 1　传统农业和旅游休闲农业比较

比较方面	传统农业	休闲农业
功能	单一农产品生产功能	生产、生活、生态"三生"一体的生产、服务功能
空间格局	单一的农业、农田景观	构筑了"城市—郊区—乡间—田野"的空间休闲系统
产业规模	单一化的农业生产经营	产业多样化，以多资源综合利用为基础的综合农业生产经营
产业类型	第一产业、第二产业	第一产业、第二产业、第三产业
产业布局	品种单一化，种植连作化	立体种植、用养结合，农业生产与休闲体验融为一体
经济效益	整体效益偏低	综合效益高、整体效益大
生态效益	自我更新能力差、农业生态系统脆弱	景观异质性增强，利于景观生态安全格局的形成与优化

第二节　循环农业

一　循环农业的概念

循环农业（Circular Agriculture）是继生态农业（Ecological Agriculture)、有机农业（Organic Agriculture；Organic Farming）、可持续农业（Sustainable Agriculture）等诸多农业发展模式之后，提出的一种新的农业发展模式。循环农业是以农业生态学、生态经济学、系统工程学原理为指导，通过能量多级流动、物质多次循环、资源再生利用、产品加工增值、产业链接融合等多种途径与方法，遵循公认的"3R"原则——减量化（Reduce）原则、再利用（Reuse）原则、再循环（Recycle）原则，实现农业生态经济系统的效益最大化和对资源环境消耗的最小化。它是未来世界农业发展的战略方向。

二　循环农业的特点

从 2008 年至今，每一年的中央一号文件都有关于发展循环农业及其相关内容的表述。与一般农业发展模式相比，循环农业具有资源投入少、能量效率高、物质产出多、环境污染少、系统功能强等诸多优点。

（一）生态特征

1. 资源节约性

"减量化"是循环农业原则中的首要原则，其核心是要减少购买性资源的投入，走资源、能源节约的路子。循环农业的资源节约性特征，就是指在发展循环农业的过程中，做到节时（节约时间资源，不误农时，充分利用季节，减少农耗时间）、节地、节水、节肥、节药（少施或不施农药）、节种、节材（农膜、农机等）、节能（节油、节电、节煤、节柴）、节饲（提高畜牧业的饲料利用率和转化率）、节粮（发展节粮型畜牧业，由人畜混粮走向人畜分粮，粮饲分治）、节钱（减少不必要的资金投入，避免农业资金挪用）、节劳（省工节力，使农村剩余劳动力向第二、第三产业转移）等"12节"技术。只有这样，才能逐步缓解我国农业资源短缺和农业能源不足的问题。

2. 排放低碳性

循环农业的资源节约特性，使得投入农业系统中的资源、能源比常规农业大大减少，从而排放到大气中的 CO_2、CH_4、N_2O 等温室气体也相应减少，循环农业的这种排放的"低碳性"，对减缓全球气候变化有利。根据估算，采用循环农业模式与技术，比采用传统农业模式与技术可以减少 $1/4 \sim 1/3$ 的温室气体排放量，有的甚至更高，可以减排 $1/3 \sim 1/2$ 的温室气体排放量。

3. 环境友好性

由于循环农业节约了购买性资源、能源（如化肥、农药、农膜等）的投入，减少了 CO_2、CH_4、N_2O 等温室气体的排放，这实际上就是保护了农业生态环境，保护了农业生物多样性。这就是循环农业环境友好性的真实表现，或者说是生态友好性的客观表现。

4. 结构复杂性

与传统农业的"单一性、直线性"特性相比，循环农业具有多层性、立体性、复合性和复杂性的结构特性。传统农业是"资源→产品→废物（排入环境，危及生态）"的直线性生产模式，而循环农业是"资源→产品→废物（通过资源化、无害化处理）→再生资源→新产品"的多层性、立体性、复合性生产模式，且往往是第一、第二、第三产业相互交织融合在一起，形成结构复杂的产业网络。循环农业结构的复杂性，必然产生其功能的多样性和高效性。

5. 模式多样性

由于组成循环农业的生物种类多、产业部门多，加上不同生物、不同产业部门之间存在复杂的能流、物流、价值流、信息流，由此构成的循环农业模式往往是多种多样和丰富多彩的，且有时还是随机应变、千变万化的。有时每种模式还可分为若干种"亚模式""小模式"。可见，循环农业的模式是非常之多的。

6. 发展可持续性

自然界的一个普遍规律是：凡循环，才能持续、永久。宇宙中各种天体，年复一年，循环往复地"旋转"——自转和公转，从而"天长地久"。同样，农业生产中，发展循环农业模式和循环农业技术，这样的"模式"与"技术"，是可持续的，是永久的。一句话，循环农业发展具有可持续性，循环农业是可持续农业。

（二） 经济特征

1. 技术综合性

由于循环农业不是由单一的产业或部门组成，因而循环农业的生产技术也不是单一的，而往往是由多项单一的技术组成的复合性、综合性生产技术体系。当前，我国各地循环农业综合技术至少是由以下几种或多种单项技术组成的综合生产技术，包括绿肥养地技术、秸秆还田技术、粪肥利用技术、垃圾再用技术、污染防治技术、防灾减灾技术、环境整治技术、绿色覆盖技术、间混套作技术、复种轮作技术、生态养殖技术、产品加工技术等。

2. 产业融合性

循环农业在产业方面的重要特性之一就是产业融合性，这是循环农业与传统农业的重要区别之一。循环农业之所以资源利用率高、能量转化率高、物质转换率高，根本原因就在于其具有产业融合性这一特性。实践证明，现代循环农业，不仅仅是停留在第一产业系统的内部循环（单一系统内循环），而更多的是表现为第一、第二产业之间的融合与循环，第一、第三产业之间的融合与循环，以及第一、第二、第三产业之间的融合与循环。循环农业是种植业、养殖业、微生物产业之间的融合与良性循环，是种、养、加和产、供、销之间的一体化与高度融合。

3. 经济高效性

与传统农业发展模式相比，循环农业在经济上表现为明显的高效性。根据各地大量生产实践及试验示范研究结果，循环农业的经济效益一般比传统农业模式增加 20% ~ 30%，高的可比传统农业模式效益提高50% ~ 80%，甚至 2 ~ 3 倍或更高。循环农业的模式越复杂、产业链条越长，产生的经济效益就越高。循环农业模式的经济效益之所以高，分析起来不外乎三个原因：一是"节本"增效，循环农业强调资源节约，减少购买性资源投入，显然生产成本下降了，效益提高了；二是"多用"增效，循环农业对同一资源的利用环节增多、利用链条延长，且往往是一物（资源）"多用"——多层利用、多次利用、多级利用，"吃干榨尽"，经济效益自然增加了；三是"优质"增效，采用循环农业生产技术——清洁生产技术，化学品投入减少，产品"安全"质量提高，尤其是循环农业生产出来的产品多为无公害农产品、绿色农产品、有机农产品，这些农产品优质、安全、健康且具有保健作用，在市场上更受消费者欢迎，价格要比普通农产品高出 30% ~ 50%，或 60% ~ 80%，甚至更高，有的可高出好几倍。以"质"增"效"将是循环农业今后发展的重要方向，特别是农产品进入国际市场的重要方向。

三　循环农业发展的类型

（一）以生态农业模式的提升和整合为基础的循环农业模式

这种模式在生产流程中自始至终贯穿着经济、生态、社会三大效益统一的基本思想，这是生态农业模式的精华部分。它强调农业发展的生态整合效应，通过建立"资源—产品—再利用—再生产"的循环机制，实现经济发展与生态平衡的协调，实现"两低一高"（资源低消耗、污染物低排放、物质和能量高利用）的目标。它通过"企业＋基地＋农户"或农民专业协会等组织形式将散户农民集中管理，扩大生产规模，实行种、养、加一条龙的生产模式。

（二）以农业废弃物资源多级循环利用为目标的循环农业模式

以农业废弃物资源为原料的生物质产业在以往任何一种农业经济模式中都没有被列入整个农业生产系统的循环路径当中。然而，随着国际对于生物质能开发利用的广泛关注，以及各种生物质能转化技术的成熟和发展，作为一种有效缓解全球能源危机问题的主要途径，生物质产业应该引起高度重视。这种模式的特点是将生物质产业作为一个重要的子系统引入整个农业生产系统的循环路径当中，寻求农业废弃物资源，特别是农产品加工业产生的废水、废气、废渣的综合利用途径。在整个循环路径的物流中，没有废物的概念，只有资源的概念。

（三）以循环农业园区为方向的整体循环农业模式

以循环农业园区为方向的整体循环农业模式，是将种植业、养殖业、农产品加工业和生物质产业四个子系统纳入循环农业产业体系的闭合循环路径中来，通过外循环（实现由生产到消费过程的转化）及内循环（实现废弃物资源再生产和再利用过程的转化）两条循环流程的物质流动，实现了区域内不同产业系统的物流与价值流的共生耦合及相互依存。

四　广西循环农业发展的现状

为贯彻落实《国务院办公厅关于加快转变农业发展方式的意见》（国办发〔2015〕59号），进一步加快全区转变农业发展方式，广西于2016年出台了《广西壮族自治区关于加快转变农业发展方式的实施意见》，提出要"加快创新农业经营方式"，"鼓励发展种养结合循环农业和设施农业"。

广西成功推广应用的生态农业模式较多。广西生态农业发展模式是在现代农业的生产实践中，为适应特定的时空生态环境条件，结合资源环境禀赋而逐渐发展起来的。经过相当长一段时间的实践探索，广大农民群众积累了丰富的经验，形成了多种独具地方特色的生态农业经营形式。像立体种植类型、立体养殖类型、立体种养类型、以沼气为纽带的生态农业模式和观光生态农业模式对全区的生态农业发展起到了很好的示范带动作用，尤其是以沼气为纽带的生态农业模式，在全区已推广发展出20多种创新模式。根据粗略统计，目前广西循环农业各种大、小模式至少有100种，其中常见的、较为典型的且推广面积较大的模式有二三十种，如"养殖＋沼气＋种植""三位一体"模式、"猪＋沼＋果＋灯＋鱼＋捕食蝇＋生物有机肥"模式、"猪＋沼＋菜＋灯＋鱼＋黄板"模式、"稻（免耕抛秧）＋灯＋鱼"模式、以"观农景、品特色、农家乐、风情游"为一体的休闲观光循环农业模式等。目前广西累计建成户用沼气池约450万座，沼气入户率达65%，广西连续10年保持全国沼气池入户率最高，沼气生态农业模式推广面积居全国首位。

近年来，广西各地市在发展循环农业方面做出了有益的探索，主要的措施包括以下方面。

第一，加快发展现代饲草料产业体系，开展优质饲草料种植推广补贴试点，提高种植比较效益。加大对粮食作物改种饲草料作物的扶持力度，支持在石漠化地区率先开展试点。

第二，开展"一蔗两用"示范，推动糖料蔗产业与牛羊产业有机结合，形成糖饲兼顾、农牧结合的新型糖料蔗产业体系。统筹考虑种养规模和环境消纳能力，积极开展种养结合循环农业试点示范。

第三，大力发展生态高效养殖，重点在西江沿岸推广"高架养猪"等生态养殖模式。发展现代渔业产业，通过政策引导、示范带动，大力推广稻田养蛙、稻鱼共生、稻鸭共生、稻鳖共生等综合种养技术模式，大力发展池塘、网箱等生态养殖，以及工厂化循环水养殖、设施化大棚养殖、设施化池塘养殖和深水抗风浪网箱养殖等设施渔业。

第四，加强渔政渔港和海洋牧场等基础设施建设，积极发展远洋渔业，增强海洋渔业生产能力。抓好生态农业产业带规划建设，重点在西江水系"一干七支"沿岸规划建设生态农业产业带，推广生态种养技术，加强生态修复和林草植被的覆盖，打造魅力两岸、美丽西江。

围绕群众舌尖上的安全，广西大力发展有机循环农业，无公害农产品、绿色食品、有机食品、地理标志产品（简称"三品一标"）发展取得了较好成效。2016 年，全区有效期内"三品一标"产品有 1156 个，比2015 年增长 18.5%，首次突破千个大关。据统计，广西的"三品一标"农产品监管实现了"五个100%"，即产品生产销售100% 强制执行相应标准规范、获证企业100% 配备 1 名以上内部检查员、获证企业100% 签订产品质量安全承诺书、对有效期内的绿色食品企业100% 进行现场年检以及有机农产品100% 实现质量可追溯。

以平南县"活力龚州"生态循环现代农业示范区为例，该示范区是平南县推广农业技术、发展循环经济、统筹城乡发展、促进农业增效和农民增收的"领头雁"，于 2017 年 10 月获得了自治区政府授予的第四批"广西现代特色农业（核心）示范区（四星级）"称号。平南县"活力龚州"生态循环现代农业示范区位于上渡镇大乙岭，由 2 家公司和 7 家合作社投资建设，分为核心区、拓展区和辐射区，总面积共 3 万多亩。核心区占地5000 亩，总投资 3.2 亿元，主要发展生态猪、优质肉牛、酒糟三黄鸡、优质肉鸭、特色果蔬和牧草等特色种养循环产业。该示范区利用雄森酒业公司的酒糟、米糠等原料发展生态养殖，产生的动物粪便等经过微生物技术处理、沼气池发酵后，产生的沼气供示范区使用，沼气渣作为有机肥料供生态种植，种植出来的牧草等又为生态养殖提供饲料，形成了"生态养殖—沼气、有机肥—生态种植—饲料—生态养殖"的生态种养循环农业模式。拓展区面积约 10000 亩，主要发展花卉、香瓜、百香果、砂糖橘、火龙果等种植业。该示范区生产的优质牧草供应给雄森动物大世界饲养动物；生产的农产品输送给农产品深加工基地进行深加工，同时销售给拓展区内的雄森动物大世界、农业产业园、德湖山庄，或通过批发市场销往全国各地，实现了内销与外销相结合，形成了"生产—加工—销售"一体化发展模式。辐射区面积超 15000 亩，主要辐射带动周边乡镇发展肉猪、三黄鸡、肉牛等养殖业以及生态种植业。该示范区通过创建"公司＋合作社＋农户""公司＋基地＋农户""公司＋村委＋农户"的运行机制，直接吸纳 800 多名贫困群众从事生产，带动 2000 多户农户增收，帮助 6 个贫困村提高了村集体经济收入。在广西各地调查发现，凡富裕村、富裕农户，都是推广应用了循环农业的核心技术、关键技术。在广西循环农业试点区内，农民人均收入常常比一般未进行循环农业试点的农民收入平均要高出 20%～30%，有的甚至要高出 50%～80%。

五　广西循环农业发展存在的问题

（一）科技力量薄弱，人才不足

广西是我国西部地区 12 省份之一，科技力量总体比较薄弱，人才相对不足，就农业科技与人才而言，则更显薄弱和不足。农业科技创新人才缺乏，特别是农业科研领军人物、学科带头人和高层次科技人才奇缺。

农民群体素质普遍偏低，对现代农业科技成果的运用能力十分有限。因此，不少农户在发展生态农业时，无论是管理，还是技术水平均较低，制约了生态农业优势的充分发挥，影响了农民进行生态农业开发的积极性。部分地区的生态农业依然停留在传统农业阶段，制约了广西生态农业的生产效率和综合性效率。

（二）资金投入不足

广西循环农业资金投入没有形成稳定增长机制，资金投入总量不足，导致循环农业科研资金不足和循环农业科技成果转化经费缺乏。由于财政投入不足，一些农业科研单位设备落后，现代信息手段缺乏，大面积综合试验基地较少，特别是在基层农业科技单位这一现象更为严重。农业科研基础设施差，农业科研用地日益受到侵蚀；科研基础设施普遍陈旧，有的甚至破损严重。由于农业科技创新手段落后，大部分科研院所仅具有应用常规技术的能力，缺乏使用高新技术的设备和能力，严重影响了农业科技创新，以及循环农业的建设与发展。

在一些贫困山区，农民收入普遍偏低，有相当部分农民甚至温饱都无法解决，农民连必备的生产资料都买不起，缺乏扩大再生产的资金积累，造成贫困的恶性循环。而循环农业的发展初期是要有一定的资金启动和支撑的，但广西发展循环农业所必需的资金十分短缺。可以说，经济落后、资金缺乏是当前广西循环农业发展面临的突出问题之一。

（三）生态脆弱，条件恶劣

广西各地市县的自然条件、自然资源、生态环境状况，以及经济社会发展水平的差异较大，发展生态农业的背景条件也千差万别，因此各地市县发展生态农业的条件具有许多不可比的因素。广西整个生态环境大致可分为红壤丘陵地区、石山地区、沿海地区等三大类型区，且均在不同程度上存在生态脆弱、条件恶劣的问题，对发展生态农业构成了严重威胁。①在红壤丘陵地区，存在水土流失、土壤退化（肥力下降和土壤污染）、物种消失等多方面的生态环境问题。②在石山地区，生态问题更加突出，不仅地形破碎、水土流失严重，更严重的是石漠化加剧，而石漠化又加剧了石山地区生态环境的恶化，导致自然灾害频发。③在沿海地区，存在突出的生态环境问题：一是自然灾害频繁，主要以冬春旱、低温阴雨、台风、暴雨为主，易对农业生产造成危害；二是农业基础设施落后，水利设施不完善；三是土壤贫瘠，砂多、偏酸，有机质和 N、P、K、Ca、Mg 等养分缺乏，保水能力差，中低产田（地）占 60% 以上，农作物产量偏低，部分田块和旱坡地仍存在水土流失问题。特别是有些石山地区，因自身条件太差，生态承受能力已达极限，农民怎样勤劳也无法解决温饱问题，发展生态农业的难度极大。随着乡镇企业的发展和工业化、城市化、城镇化速度加快，农业环境污染的事故增多，直接影响到生态农业发展的环境。

六　广西循环农业的发展趋势

（一）规模化趋势

广西传统农业多是"小农经济"，生产规模小，单位成本高，生产效率低，难以实现农业现代化。作为广西农业发展战略方向的循环农业，必将朝着规模化方向发展，农场化是规模化的有效形式。截至 2016 年，广西已注册登记的家庭农场总数为 5786 家；农民合作社 33595 家，实有成员超过 82 万户；市级以上重点农业龙头企业 1262 家。新型农业经营主体带动农户 338.37 万户，占全区农户总数的 35.62%，成员收入比当地同行业农户普遍高出 20%。未来循环农业的农场化经营方式是必然趋势，这将极大地推动广西整个农业生产方式走向规模化。

（二）科技化趋势

循环农业是现代农业模式的一种，现代农业一个很重要的特征就是科技化。目前，世界各国特别是发达国家，都在千方百计地将最先进的现代科学技术应用于现代农业发展之中，如现代生物技术、信息技术、航空航天技术、新材料技术、新能源技术等。广西的循环农业只有向着科技化方向发展，才能跟上国内外现代农业的步伐。循环农业科技化的更高形式是实现循环农业生产的工厂化、精准化、智能化。在生产实践上，要实现广西循环农业的科技化必须做到：一是将农作物（农产品）最大化地进行利用；二是延长产品链条，实现产业深度对接、融合；三是将农业农村中的"废物""副产品"等进行多次、多级、多层、反复、综合、高效、持续利用；四是加快循环农业科技化、高效化的研发和创新。

（三）优质化趋势

循环农业遵循"再利用、再循环"原则，强调在生产实践中将废弃物进行"资源化"处理和利用，做到"废物再用、资源再生""变废为宝、化害为利"，这就极大地提高了环境质量，减少甚至避免了环境污染，为农作物和畜禽生长及确保产品质量提供了保障。此外，循环农业采用一整套清洁生产技术，减少各种化学制品（化肥、农药、添加剂、防腐剂等）

的使用，这就极大地提高了农产品质量。可见，未来广西的循环农业必然朝着优质化方向发展。

（四）国际化趋势

当今的世界是开放的世界，农业的国际化趋势已不可逆转，广西循环农业的国际化是必然趋势。一方面，广西要广泛吸收国内外发展循环农业方面的先进理论、技术和经验，本着"拿来主义""为我所用"的原则，主动出击，及时跟进；另一方面，要加强与国内发达省份和国际上的交流与合作，尤其是加强在循环农业先进技术、关键技术方面的合作研发并力争取得突破，真正实现互利互惠、合作共赢。

第三节　会展农业

一　会展农业的概念

会展农业与农业会展相关联，但又是两个不同的概念。农业会展主要指与农业和农村发展有关的各种主题论坛、研讨会和各种类型的博览会、交易会、招商会、农业节庆活动等，是促进消费者了解地方特色农产品和农业对外交流与合作的现代化平台，其属于生产流通服务业，归属第三产业的范畴。会展农业是因农业会展活动的举办而发展起来的一类农业，是我国现代农业发展中近几年提出的新概念，是农业发展的新产物、新形态。

通过对会展农业实践活动的分析，会展农业的概念可以表述为：因各类农业会议、论坛，农业博览会、展览会、展示会、交易会和农业竞赛、节庆、旅游活动等带动发展起来的具有区域特色的集优质生产、休闲体验、旅游观光、景观展示、科普教育于一体的农业产业体系。其表现形式为因上述活动的开展而形成的农业生产基地、农业园区、农业景观等。从会展农业的实践看，会展农业构成要素包括特色农业产业、农业会展、龙头企业或经济组织、生产展示基地、政府政策等。

二　会展农业的类型

根据对现有会展农业实践形式的分析，会展农业可以从不同的角度进行分类。

(一) 按会展农业主要功能分

按照发挥的主要功能作用不同,会展农业可以分为商品生产型、展示型、体验型、综合型。

1. 商品生产型会展农业

商品生产型会展农业是指所在区域已形成某种农产品的大规模商品生产基地,农业会展的举办促进了所在区域农业产业的升级和结构优化,实现了农业增效和农民增收,这类会展农业是以大规模的商品生产功能为主的。例如,山东省寿光市是国内最早的冬暖式蔬菜大棚生产基地,已连续成功举办 12 届蔬菜博览会,扩大了寿光蔬菜产业的影响力和竞争力,使蔬菜产业成为寿光市最具竞争力和特色的支柱产业,产生了波及国内外的带动效应。

2. 展示型会展农业

展示型会展农业是指为农业会展配套设置的集展示农产品品种特性,普及农业科技知识,吸引各方客人交流沟通、洽谈业务、参观访问和休闲观光等功能为一体的农产品基地或园区。这类会展农业的主要功能是展示农产品的品种特性。例如,北京市丰台区王佐镇庄户籽种展示基地,设有蔬菜、玉米、油葵和食葵、十字花科蔬菜、棉花五个展示区,集中展示了 15 大类 620 个新品种。自 2006 年兴建以来,其已经发展成为北京市设施规模最大、功能最完备的专业型新品种展示观摩基地。

3. 体验型会展农业

体验型会展农业是指利用农产品采摘等活动,引导人们参与、体验农产品收获的乐趣,刺激其消费购买有关农产品的农业产业。这类会展农业的主要功能是为消费者提供休闲、旅游、观光目的地,兼具农产品生产功能。如全国各城市郊区的农产品采摘园、农产品主题公园都属于此种类型。

4. 综合型会展农业

综合型会展农业是集商品生产、展示、体验、休闲观光等功能于一体的农业。综合型会展农业,无论是展品、参展商还是观众都来自与农业相关的各个领域,可以全面反映多个领域的产品和技术状况。例如,中国云南农云博览会、新疆国际农业博览会等。

（二）按会展农业载体分

按照载体不同，可以把会展农业分为农业生产基地、现代农业园区、农业主题公园、农业博物馆等。

1. 农业生产基地

农业生产基地就是在全国或地区占有重要地位并能长期稳定地提供大量农产品的集中生产地区。它有以下几个方面的要求：一是强调生产的专业化和种植的区域化；二是在基地管理上，重点强调生产技术规程的组织实施，推行农资供应、病虫害防治等统一服务。

2. 现代农业园区

现代农业园区是以技术密集为主要特点，以科技开发、示范、辐射和推广为主要内容，以促进区域农业结构调整和产业升级为目标的农业产业园。现代农业园区有：农业科技园区，包括农业示范、农业科技示范园、工厂化高效农业示范园、持续高效农业示范园等；农业旅游园区，包括农业观光园、休闲农业园、采摘农业园、生态农业园、民俗观光园、保健农业园、教育农业园等；农业产业化园区及农产品物流园区等。

3. 农业主题公园

农业主题公园是通过对某个农业主题的整体设计，创造出特色鲜明的体验空间，兼有休闲娱乐和教育普及等功能，以满足游客需求的一种现代公园式游览场所，也是一种社会效益、经济效益和环境效益并重的园林形式。目前我国已经建成的农业主题公园有江西农业主题公园、上海马陆葡萄主题公园、北京昌平苹果主题公园、北京通州于家务南瓜主题公园等。

4. 农业博物馆

农业博物馆是通过对某个农业主题的整体设计和历史挖掘，创造出特色鲜明的展示空间，兼有休闲观光和教育普及等功能，以满足游客需求的一种现代化陈列展示场所。目前我国已经建成的农业博物馆有西北农林科技大学博览园、山东寿光蔬菜博物馆、北京大兴庞各庄西瓜博物馆等。

三 广西会展农业发展的现状

会展农业作为现代农业的一种实现形式，近年来在广西一些地区得到了较快的发展，开发了农业的多种功能，延伸了农业产业链，有效实现了农业和第二、第三产业的融合，同时又具有鲜明的农业产业特征，带动了地区农业产业升级和农民收入提高。如广西的红阳牌红心猕猴桃、恭城的月柿等，都是通过举办各种形式的农业会展活动而发展起来的融经济、生态、生活为一体的新型农业产业。会展农业不仅是现代农业一种新的实现方式，而且已经成为一种新的发展理念和发展方式，一种实现城乡统筹发展的有效途径。

近年来，随着国家推进"一带一路"建设，广西作为我国古代海上丝绸之路始发港之一，迎来了历史性的新发展机遇。当前，广西正在加快推进中国—东盟现代农业科技合作园区建设，推进全区现代特色农业示范区创建，形成了全区上下创建现代特色农业示范区的热潮。2016 年，广西农业项目合作洽谈暨科技成果对接会共签约合同项目 140 个，签约金额达 319.7 亿元。截至 2016 年 9 月，已开工建设和投产项目 121 个，开工率 86.43%，实际到位资金 101.48 亿元，资金到位率 31.74%；47 个重点项目中已开工建设和投产项目 43 个，开工率 91.49%，实际到位资金 65.67 亿元，资金到位率 42.64%。在 2017 年广西农业项目投资合作对接洽谈会上，果类、肉类、电子商务平台等 30 多个种类在大会上落地。这将提升广西全产业链，使农产品增值增效，扩大市场，农民也可以从中学到高新技术。与 2016 年相比，2017 年广西农业项目投资合作对接洽谈会引进了将近 700 个项目，项目数量增加，质量更高，消费者今后将能吃到更安全，品尝到更丰富的新品种农产品。2017 年，广西基本建成自治区级示范区 100 个、县级示范区 200 个、乡级示范区 300 个，示范区开发建设的空间广阔，产业合作的基础良好，有利于区内外、国内外的企业不断拓宽合作领域、深化合作内容，共同推动双方的互利共赢。

从广西举办重要的农业会展经历来看，近年来农业会展的规模和质量都在稳步提升。从 2011 年首届广西名特优农产品交易会成功举办至 2017 年，已走过 6 个年头，累计举办 11 届，足迹涉及北京、上海、香港等大城市，展销超过 4000 种广西本土特色优势农产品，为广西农产品"走出去"做出了积极的贡献。2016 年，农业部农业展会分类将广西名特优农产品交易会认定为 3A 级别，这既是对广西名特优农产品交易会与日俱增的影响力的认可，同时也对广西今后进一步办好农交会提出了更高的要求和希望。广西应以此为契机，将广西名特优农产品交易会努力打造成符合"市场化、专业化、国际化、品牌化、信息化"要求的高品质农业贸易和交流平台。

"南方农资博览会"自创立以来，每年固定在广西南宁举办，经过多年的精心培育，展会规模和影响力逐年提高，专业化服务水平快速提升，参展效果得到国内外企业的高度认可，是南方最具影响力、层次最高的农资行业盛会。南方农资博览会立足华南、面向全国、辐射东盟，成为企业开拓南方市场，寻找合作伙伴的首选途径。2016 年第 14 届南方农资博览会的参展企业超过 800 家，展出面积达到 25000 平方米，专业观众超过 60000 人次；国内外行业巨头和广西区内龙头批发商积极设展。2017 年南方农资博览会于 10 月 12～13 日在广西南宁国际会展中心举行。展会继续以"展示新产品，推广先进生产力，加快实现农业现代化"为主题，重点邀请国内外先进农资新产品、新技术云集南宁，构建现代农业种植全产业链展示交流平台。此外，每年都会在广西展览馆举行中国—东盟博览会农业展。加上其他各类大大小小规模的展会，广西的会展农业逐年获得发展。为满足企业和农业经营户日益增长的农业会展需求，广西修建了南宁农产品交易中心，该中心是按照"国内一流、南宁市最大的农产品综合交易中心"的要求建设的，2017 年底第一阶段建设单体全部竣工。该项目占地面积约 3000 亩，分三期进行建设。其中，一期共建设 25 个单体，总建筑面积 64 万平方米，分两个阶段建设：第一阶段建设广西农业会展中心、冷库、大棚等 17 个单体，约 27 万平方米；第二阶段建设商务综合楼、仓储交易区等 8 个单体，约 37 万平方米。广西农业会展中心，建筑面积达 5.93 万平方米（含地下车库面积），可设置 600 余个标准展位，停车位上千个，在 2017 年底完成建设。广西农业会展中心将南宁农产品交易中心产业汇聚平台，作为中国国际农产品交易会、东博会农业展等区域性农业会展、特色商品展销会申办平台，建成立足广西、联系全国、辐射东盟的最有影响力的区域性农产品综合展销体系，打造农业会展经济圈。

　　南宁农产品交易中心建成后，将集广西农产品交易集散中心、广西农业会展中心、广西—东盟农产品交易（信息）集散中心、广西农产品电商交易中心、南宁涉农项目投资融资平台、国家农产品可追溯体系示范基地、广西农业信息惠民示范基地、西南农产品冷链仓储基地、广西农产品食品安全输出中心、广西特产交易展示中心于一体。项目建成正常运营后，预计年交易量为 500 万吨，其中加工配送交易量 120 万吨，电子商务交易量 170 万吨，实物交易量 210 万吨；其可提升南宁农产品物流综合服务水平，辐射带动周边农业和农村经济发展，有利于保障南宁市"菜篮子"稳定、安全供应，平抑区域物价，同时带动 5 万人以上就业。根据南宁市政府定位要求，未来南宁农产品交易中心将打造成为立足南宁、服务广西、连接周边省份及东盟各国的广西"南菜北运"枢纽和中国—东盟农副产品交易集散地、国家农产品可追溯体系示范基地以及广西农业信息惠民示范基地、国内大型现代农产品交易中心"升级版"、全国乃至全球农产品物流的重要节点。

　　2017 年广西农业项目投资合作对接洽谈会于 11 月 3～5 日在南宁国际会展中心举办。本次洽谈会重点围绕农产品加工及品牌建设、农业种业及高新技术产业、休闲农业及田园综合体、农业园区、富硒农业、产业扶贫等 6 大领域开展交流合作，将广西特色产业富硒、现代种业等推广出去，同时也引进区外资金、优秀企业及高新技术。洽谈会邀请了 200 多家大型农业企业到广西进行考察交流、投资合作。洽谈会还举办了农产品加工及品牌建设综合专场、富硒农业专场、农业种业及甘蔗生产机械专场 3 个专场推介会，区内重大招商项目企业在专场会上做了推介，与区外企业针对投资合作项目进行了交流。

　　玉林市五彩田园现代特色农业示范区是广西发展会展农业的成功范例，2017 年国庆长假期间接待游客超过 100 万人次。在五彩田园的中国现代农业技术展示馆里，1000 多种奇花异草、罕见果蔬以及珍贵药材等植物在各种先进技术的栽培和人文景观的衬托下焕发着蓬勃生机，宛如一个四季常青的"植物大观园"。在这个总面积约 11 万平方米、由 8 个主题场馆和 3 栋配套拱棚以及 1 个主题长廊组成的展示馆内，集中展示了 1056 种植物品种，有 116 项先进农业技术以及新引进的 23 项专利，集科技示范、高效生产、休闲采摘、农业体验、科普教育为一体，是目前国内面积最大的农业嘉年华项目。在一号馆的"瓜彩世界"里，通过应用燕尾箱栽培技术、物联网系统等 18 项国内外先进技术和 8 种栽培模式，培植了 50 多种不同种类，颜色、形状各异的瓜类植物。园区目前已经研发和积累了一套完整的栽培技术，包括多层式立体水培成果转化项目和控根容器栽培技术、DFT（深液流）双层水培技术、立柱气雾培技术、螺旋仿生栽培技术等，这些农业技术目前在国内外都属于比较先进的农业科技。在二号馆的"农艺高科"里，采用了水培、雾培、基质培等多种无土栽培方式，运用了 11 项国内外先进技术，培植了 41 个叶菜品种。该馆以科技栽培展示为主，同时辅以农业景观和农事体验活动，体现了现代农业高科技的应用和趣味。

四 广西会展农业发展存在的问题

（一）农业会展专业化和市场细分程度较差，依然呈现"大而全"的状况

根据会展行业的普遍规律，专业化的会展更符合交易双方的诉求。农业会展的专业化程度越高，越有利于缩短交易双方的搜寻时间，提高交易效率。而从广西近五年所举办农业会展的情况来看，定位于"大农业"的综合性展览占 60% 以上，定位于农业内部特定行业或产业的专业性展览仅占约 40%，其中绿色、有机食品展最多，种子展次之；从展示内容的侧重上看，生产资料展占 30%，消费产品展占 20%，复合展占 50%。从总体上看，综合性展览比重仍然较高，说明当前广西农业会展专业化程度和会展农业市场细分程度较差，展览活动"大而全"的现状没有得到根本改变。

（二）农业会展政府参与度过高，行政化办展趋势严重

在当前大多数农业会展活动当中，是由政府通过行政手段（如发文）来推动和协助会展成功举办的，政府的参与程度较高。"政府搭台、企业唱戏"的运作模式和思路在农业会展中仍然占据主导。

（三） 农业会展准入门槛较低，国际化道路仍十分漫长

按照国际展览联盟的标准，国际性展会至少要已连续举办 3 次，至少要有 2 万平方米的展出面积，20% 的国外参展商，4% 的海外观众。而广西的农业会展距离这些标准仍有较大差距，说明当前我国农业会展的进入门槛仍较低。

（四） 农业会展专业人才较为缺乏，会展服务发展滞后

当前广西农业会展行业面临专业人才队伍建设严重滞后的问题，主要表现在会展人才总量不足、从业人员专业素质不高、从业人员专业结构不全且分工不明确三个方面。而在广西举办的农业会展中，只有极少数设立了相关的服务商、法律咨询机构、专业观众检录系统，大多数农业会展处于"重规模、轻管理"的粗放发展阶段，硬件设施和管理系统上的欠缺制约了展览服务水平的提高和经济社会效益的实现。

五 广西会展农业的发展趋势

（一） 会展业专业化程度不断提升

随着会展业的发展，广西的展会主题正由综合化逐渐趋于专业化，办展的主体和方式也趋于专业化，现在已逐步形成专业分工协作的局面。展览策划、展览评估、展览咨询、展览设计、展览广告、展览运输、展览工程、展览服务都进一步专业分工细化。从专业人才素质来看，展览从业人员的整体素质不断提高，有更多的人接受过会展专业的培训，具有良好的服务精神、开阔的思路、敏锐的洞察力、超前的预见性及熟练的外语，熟悉现代国际展览业务，这些都有助于广西的会展农业更多地参与国际竞争与合作。

（二） 会展业向规模化、国际化发展

广西的农业展会不应只满足于吸引本地区、本国的参展商和参观商，而是要力争提高展览的国际影响力。通过与国外展览公司在国内或国外合作办展，特别是在发展中国家办展，以及通过加强海外营销和宣传力度等方式，提高展览的国际化程度。

（三）会展业发展中政府职能定位应当逐步明确

政府应在会展经济发展中做好自己的职能定位，从宏观上对会展业进行指导和调控，营造有序的市场竞争环境，逐步形成良性发展的会展经济格局。同时，要选择适当的时机从会展中退出来，并彻底解决政企不分的问题。因为只有企业才是市场竞争的主体，政府出面主办展览，将对展览市场造成一定程度的冲击，不利于推动会展业的产业化、市场化、规范化。此外，政府还应充分发挥社会第三部门的作用，大胆放权于会展协会，从而解决政府与市场都难以解决的一些社会问题。只有明确政府在会展业中的职能，使会展从"行政活动"转变成"经贸活动"，才能推动会展经济运行体系逐渐向市场化方向发展，从而逐步提高其产业化水平。

第四节　农业电子商务

一　农业电子商务的概念

电子商务是指交易各方通过电子交易的方式，进行产品宣传、买卖和结算的一种经济活动，具体包括网络洽谈、资料交换，还包括资金结算和相关售后服务等经济活动。农业电子商务属于电子商务的范畴，主要是指利用成熟发达的网络系统来进行的农业商务活动，包括农业生产的经营管理、农产品的网络营销和在线支付活动、物流管理以及客户关系管理等。农业电子商务的发展改造了我国传统农产品的流通过程，提高了流通效率；为现代农业电子商务的发展打造了一整套兼信息流、资金流、物流和商流的完备的流通体系，推动了中国新农村的建设和发展，为社会主义新农村的发展提供了一个广阔的平台；把我国农业从传统的贸易方式转变为网络贸易，提高了农业发展的经济效益。

二　农业电子商务的内容

农业电子商务从本质上来说也是电子交易行为，同样也依托互联网网络技术，只是应用的范围和领域变为农业领域，进行的活动是农业相关的电子商务活动。狭义的农业电子商务是指利用计算机网络在农户、农业企业和消费者之间的农产品买卖活动;而完善的农业电子商务过程是利用先进的信息技术来改善和转变农业商务活动的途径,包含农业电子商务信息流(农业相关资讯、供求信息、市场行情等)、农业电子商务物流(农产品的网络销售渠道、农产品储存及配送体系等)、农业电子商务资金流(电子合同、农产品买卖交易资金的电子支付等),涵盖农产品从种植、收获、加工到消费者手中的全部过程。参与农业电子商务活动的机构和企业比较多,主要包括农民生产者、农业合作组织和相关企业、经销商、消费者、物流企业机构、金融机构以及认证机构和政府部门等。农业电子商务主要是利用电子网络传输消息,使生产者能够和消费者直接协商,节省中间环节,从而大大减少了在生产、运输和交易过程中的成本,提高了农产品交易的效率。通过没有障碍的网络传输,促使农产品国际化的进程和步伐加快。

三 农业电子商务的特点

由于农业产业本身的特殊性,农业电子商务也就呈现出与其他行业电子商务与众不同的特点,主要表现在以下三个方面。

(一)用户特色

农民相对来说受传统观念和习惯的影响比较大,不会轻易接受新的发展模式来代替传统的生产模式;同时农民又是很容易被引导的群体,只要是对他们有益的事情,他们会很容易接受并彼此影响。

(二)农产品特色

农产品本身的种类非常多,而且标准化程度没有很好的区分,对信息的质量比其他电商产业的需求要多。在运输的过程中,对物流的要求相对来说也比较苛刻,尤其是生鲜产品的冷链处理等问题都是目前我国发展不足的地方。

(三)市场特色

农业的产业集中化程度比较低,目前农业经济仍是小农户占主导地位，并将长时间处于这种状态；农户现在也不仅仅是以消费者的形式存在，更多的是以生产单位甚至生产企业形式存在，所以简单的 B2C 电商模式将不能满足用户的需求。

四　农业电子商务的类型

政策层面上，中央一号文件连续 12 次聚焦"三农"，并于 2015 年底发布了《国务院办公厅关于促进农村电子商务加速发展的指导意见》，着重强调力推农村电子商务发展，大力支持电商、物流、金融、商贸等多领域行业融入农村电商中去，将提高农村居民的物质生活水平作为党和国家未来工作的重要目标。自 2015 年以来，国家级文件中涉及农村电子商务的多达 20 余份，各地关于农村电子商务的政策更是数不胜数。2015 年 11 月 9 日，国务院发布了《国务院办公厅关于促进农村电子商务加速发展的指导意见》，提出了包括加强政策扶持、鼓励和支持开拓创新在内的推动农村电商发展的七大政策措施。国内农村电商经过近几年的发展，在全国涌现出一批具有典型性和示范性的经营模式。

（一）浙江遂昌模式——综合服务商＋网商＋传统产业

2013 年，阿里研究院就专门总结、提出并推广了"遂昌模式"。所谓"遂昌模式"，就是以本地化综合服务商为驱动，带动县域电子商务发展，促进地方传统产业，尤其是农业及农产品加工业的发展。

1. 做法

该模式的核心是"综合服务商"，即"遂昌网商协会"下属的"网店服务中心"。其主要职能是制定并推行农林产品的产销标准；统一制作商品的数据包（图片、描述等），用于支撑网络分销商选货和网销；统一仓储，为网络分销商的订单统一发货并提供售后服务。

2. 启示

"网店服务中心"在遂昌农产品电商化的过程中起了非常重要的作用，其通过"统一采购、统一仓储、统一配送、统一物流、统一包装"等零成本开店的运营服务，使看似无序的"农产品"向"商品"变身有了规范，而且降低了网商的技术和资金门槛，使网商实现零库存经营。

（二）浙江丽水模式——区域电商服务中心＋青年网商

丽水是国内农村电商发展最好的地方之一，9个县（市、区）中就有7个入围"全国电商百佳县"。据不完全统计，截至2016年底，丽水活跃网店有1.1万余家，直接实现就业人口3万人，间接带动就业岗位8万余个。值得一提的是，2016年3月，浙江省政府正式批复同意在丽水市设立浙江（丽水）农村电子商务创新发展示范区，这是全国唯一也是该省首个获批的地级市层面农村电商试点示范区。

1. 做法

一是青年创业＋基地。鼓励农村青年，构建"一核八心"电子商务集聚区，建立区域电商服务中心，建设市、县两级电商创业园。2015年上半年，创业园入驻600余家电商，同比增长66%，青年从业人数达2600余人。二是团委帮扶＋信贷。该市团委向部分行政村整村授信，给信用村发放3000万元贷款，主要用于解决农村电商发展资金不足问题。

2. 启示

丽水的建设模式为"政府投入、企业运营，公益为主、市场为辅"，通过政府服务与市场的有效结合，吸引大量人才和电商主体回流取得成功。

（三）县域电商：吉林通榆模式——生产方＋电商公司

通榆电商项目于2013年10月启动，在短短一年时间内，被阿里巴巴集团看中，作为全国第三个农村淘宝的试点县纳入了"千县万村"的发展战略。

1. 做法

成立电商公司。2013年末，在吉林通榆地方政府的支持和参与下，由社会力量投资成立了一家电商公司。该公司的主要职能就是整合生产方（农户、生产基地、合作社或农产品加工企业等）的产品（小米、绿豆、小麦和竹豆等），经淘宝平台销售。公司注册统一的品牌，统一包装、销售和服务。

2. 启示

政府整合当地农产品资源，系统性委托给具有实力的大企业，进行包装、营销和线上运营，地方政府、农户、消费者及平台共同创造并分享价值，既满足了各方的价值需求，又带动了县域经济的发展。

（四）河北清河模式——专业市场＋电子商务

"清河模式"是我国电商集群发展的一种典型模式，与专业市场的带动密不可分。

1. 做法

建成新百丰羊绒（电子）交易中心，吸引国内近 200 家企业进行羊绒电子交易，建立 B2C 模式的"清河羊绒网"、O2O 模式的"百绒汇网"，100 多家商户在此平台设立网店。实施品牌战略，清河有 12 个品牌获中国服装成长型品牌，8 个品牌获河北省著名商标，24 家羊绒企业跻身"中国羊绒行业百强"。

2. 启示

由于有强大的传统产业和专业市场作支撑，清河羊绒电商的商品价格低、供应链效率高、行业竞争力强。

（五）陕西武功模式——集散地＋电子商务

2013 年以来，陕西省武功县确立了"建设西北电子商务第一县"的目标，探索"买西北、卖全国"的营销模式。

1. 做法

以园区作载体，大力吸纳外地电商到当地注册经营。园区不仅聚集了农产品生产、加工、仓储、物流和销售等各类企业，还聚集了西北五省 30 多类 300 多种特色农产品。以人才为支撑，搭建电商孵化中心、产品检测中心、数据保障中心、农产品健康指导实验室四大平台；实施免费注册、免费提供办公场所、免费提供货源信息及个体网店免费上传产品、免费培训人员、在县城免费提供 WiFi 等"五免"政策。

2. 启示

武功县的"铁公机"优势明显，对电子商务的物流、供应链等方面产生了很强的支撑。同时，政府思路明确，搭建了各项平台，并给予各种扶持政策，使农村电子商务得到较好发展。

（六）"货通天下农商产业联盟"模式——农产品供应商 + 联盟 + 采购企业

"货通天下农商产业联盟"的运营总部位于上海，属于 B2B 模式的一种。联盟的主要任务是为采、供双方提供以交易为核心的多种服务，联盟从达成的交易中收取 1% ~3% 的服务费。

1. 做法

通过联盟平台组织会员，实现销售型"大企业"和生产型"小农户"的产销对接。通过交易平台运营管理，有效匹配农产品需求和供给。在实际交易中，平台不仅为供需双方提供订单撮合、拍卖销售、委托采购、支付结算等交易服务，还根据销售方需求建立一套农产品的品质标准和质量检验、缺陷折扣的交易流程。通过提供社会化服务，整合生产、加工、销售产业链。例如，定向为会员企业提供农产品信息、种养技术、加工技术、农资保障、管理咨询服务等。

2. 启示

农商产业联盟模式在整合农业产业链、降低市场交易成本和推动农业生产的规模化、产业化、专业化和服务的社会化等方面，具有积极意义。

五 广西农业电子商务发展的现状

截至 2017 年 6 月，广西各示范县共建成电子商务进农村服务站点 1708 个，其中，县级服务中心 18 个，乡镇服务站 104 个，村级服务点 1586 个；共建立物流配送网点 1583 个，其中县级物流配送中心 26 个、乡镇配送网点 233 个、村级配送网点 1324 个；农村电商业务累计培训 3.6941 万人次；推动形成农产品网销单品 698 个。目前广西农业电子商务蓬勃发展，特色产业与电子商务融合发展成效显著，形成了一批"电商 + 产业"发展的新模式；涉农电商平台发展迅猛，阿里巴巴集团已与广西 39 个县（市、区）正式签订合作协议，开通农村淘宝县域 33 个，建设村点 1170 个。乐村淘、京东商城、苏宁易购、村邮乐购等全国知名电商平台，争相布局广西农村市场。

（一）农业电子商务发展政策不断完善

2015 年，广西出台了《广西壮族自治区人民政府关于加快电子商务发展的若干意见》，2016 年，广西出台了《广西壮族自治区电子商务进农村三年规划（2015—2017）》，政策的密集出台推动了广西农村电商发展。

（二）电商渠道逐渐畅通

广西建有广西农产品交易信息网，糖、茧丝绸、松香、淀粉、红木等大宗商品网上平台健康发展。目前大宗农产品电子商务交易占到广西电子商务交易总额的 49.2%。2016 年，知名电商平台在广西农村落地发展，广西农产品在主流电商的销售渠道已初步建立，乐村淘、京东派等在广西落地发展。

（三）农产品产业化、信息化、电子商务逐步形成

广西实施农业产业化"339"工程，农产品产业化、信息化、电子商务逐步形成。3 个千亿元产业（蔗糖、畜禽、速丰林）中，蔗糖产业率先建立了全国最大的糖业交易平台"广西糖网"；畜禽业方面出现了不同的品牌，网上销售快速发展。3 个五百亿元产业（粮食、水果、蔬菜）都分别建有不同的交易平台，其中，2014 年，广西"南菜北运"综合服务平台投入运行。水果产业尤其受到各地欢迎，百色杧果等特色水果网上畅销全国，其中百色通过电商平台销售杧果的店铺达 3700 多家。广西粮食网上销售也出现新局面，富硒粮食供不应求。9 个百亿元产业中，都分别建有自己的销售网络。其中，桑蚕业建立有"广西桑蚕信息网"等。2016 年，广西 16 个县入选全国全域旅游示范区，农业生态游网上推广异军突起。2016 年底，广西共有 23 个县获批国家级电子商务进农村示范县，建成农村电子商务服务站点 1880 个。

（四）"快递下乡"工程实施

广西实施"快递下乡"工程，在乡镇建立快递物流配送门店，在贫困村建立快递服务点，2017 年广西已实现快递物流乡镇全覆盖，功能辐射到村，物流配送 48 小时内到达村（屯）。

六　广西农业电子商务发展存在的问题

广西农产品种类丰富，产量较高，如香蕉、荔枝、龙眼、杜果、圣女果、珍珠李、茉莉花等农产品产量在全国具有举足轻重的地位，广西为典型的亚热带水果之乡。多样化的农产品为广西农业电子商务提供了良好的发展条件，但目前广西农业电子商务基础薄弱，发展还处于起步阶段，尚有很大的发展空间。

（一）市场主体对发展农业电子商务认识不足

虽然广西已有非常优秀的电子商务产品和品牌，比如"农派三叔""荔枝疯会"，但是从整体或大多数人来看还存在对电商认识不足的情况，很多人更信赖于传统的"一手交钱一手交货"的交易模式；一些人觉得做电商是年轻人和城里人的事情；也有不少人以为"会上网就能开网店"；等等诸如此类情况。同时，由于缺乏计算机、网络、交易平台等基础设施和软件环境等，出现了政府和企业投入不足的情况，也制约了广西发展农业电子商务。

（二）农业电子商务基础设施落后

广西农村分布较分散，很多农民及农业企业根植于偏远山区，网络初装及维护成本高，网络运营商尚未开通网络服务。此外，广西电子商务平台较少，农业电子商务主要依赖于区外的电子商务交易平台，区内交易平台建设落后，缺乏专业水准。如广西农业信息网，只能提供农产品供求信息，不具备在线交易支付功能，不能满足电子商务的需要。

（三）农村物流配送网络不健全

据调查，目前广西农村没有建立起县、乡、村三级物流配送体系，缺乏物流仓储和货物的交货点。配送主要依赖邮政物流，其一般仅设置于乡镇，每个乡镇设置1所，且邮政服务普遍存在员工少、传送速度慢的缺点。物流配送体系的不健全已经成为农业电子商务发展的又一个障碍。

（四）农业电子商务人才缺乏

一方面，农民文化程度较低，多数是初中以下文凭，而且留家务农人员年纪偏大，导致他们接受电子商务相关知识的积极性不高，同时学习难度也比较大，难以快速掌握新技术和新信息；另一方面，高等院校电子商务专业的毕业生很少人愿意到农村从事电商工作，包括原本从农村出来的学生也不愿意再回到农村，收入少是一方面，更主要的是缺乏电商运营的环境和基础设施。

七 广西农业电子商务的发展趋势

下一步，自治区商务厅将继续会同相关部门，全力打造"电商＋产业＋市场＋冷链"新模式，争取用两年时间对自治区有条件的国定贫困县实现电子商务进农村综合示范全覆盖；重点打破农村物流配送瓶颈，建设县、乡、村三级电子商务进农村服务体系，进一步完善配套设施和功能，推动特色产业与农村电商融合发展。

（一）农业电子商务覆盖率逐年提升

2015 年，广西实现了 8 个农村电子商务示范县建设，全区农业电子商务网络市场辐射能力达到 30% 左右。2016 年，广西实现了 20 个电子商务示范县建设，全区农业电子商务网络市场辐射能力达到 60% 以上。2017 年，广西实现了全区 30 个电子商务示范县建设，全区农业电子商务网络市场辐射能力达到 85% 以上。

（二）电子商务进农村综合示范工作取得显著进展

按照财政部、商务部《关于做好 2015 年电子商务进农村综合示范申报工作的通知》，广西在全国电子商务进农村示范县内率先进行电子商务建设的示范推广，打造一批具有全国影响力的农村电子商务示范县，提升区域经济竞争力。

（三）电子商务普及度显著提高

广西组织各类农村电商培训和企业对接会议，增强农村居民和企业电子商务的意识。规模以上企业电子商务应用率达到 90% 以上，中小企业电子商务应用率达到 70% 以上。

（四）完善广西农产品网上交易体系

以国内知名电商的第三方平台及地方有实力的电商平台建设为主要载

体，全面建设覆盖全区范围的农产品网络销售平台，借助知名电商平台将广西特产行销全国。

（五）农村服务体系更加完备

围绕广西农村现代化发展及电子商务发展要求，完善农村便民服务、政府村务公开、培训服务、创业服务、金融服务等支撑服务体系。

（六）基础发展环境进一步优化

促进农村网络基础设施建设、交通通达体系建设，推动标准体系逐步建立，投融资更加便利；人才教育和培训深入推进，缓解电商人才瓶颈。

第十一章

广西农村三次产业融合发展的现状分析

第一节 广西农村三次产业融合的发展现状

一 探索出多种融合发展模式

随着广西农村产业融合发展，各地区因地制宜、发挥优势、注重创新，逐步探索出了不同类型的产业融合发展模式和新的业态，突破了传统农村产业的功能划分，实现了资源要素的跨界配置。

（一）种养结合型

以农业优势资源为基础，以若干涉农经营组织为主体，围绕农业相关产业发展，将种植业、畜牧水产养殖业连接在一起，形成农业内部紧密协作、循环发展的生产经营方式，最大限度地打开了种植业增值空间。例如，平南县"活力龚州"生态循环现代农业示范区，主要发展生态猪、优质肉牛、酒糟三黄鸡、优质肉鸭、特色果蔬和牧草等特色种养循环产业，该示范区利用雄森酒业公司的酒糟、米糠等原料发展生态养殖，产生的动物粪便等经过微生物技术处理、沼气池发酵后，产生的沼气供示范区使用，沼气渣作为有机肥料供生态种植，种植出来的牧草等又为生态养殖提供饲料，形成了"生态养殖—沼气、有机肥—生态种植—饲料—生态养殖"的生态种养循环农业模式。

（二）链条延伸型

依托涉农企业，以生产、加工或营销为关键环节，向产前产后延伸，拉长农业产业链，提升农产品附加值。例如，在横县，甜玉米所有副产品都得到了综合利用，玉米笋（生产过程中剥除的多余幼果穗）加工成罐头出口；甜玉米秸秆、苞衣、玉米芯等用来发展肉牛、水奶牛、山羊、梅花鹿等养殖业，或用来做种植食用菌的原料，形成了"甜玉米—秸秆养牛—牛粪种蘑菇—菇料还田"的循环农业模式，促进了资源循环利用，延长了甜玉米产业链，促进了甜玉米产业可持续发展。除了甜玉米，在横县，稻草、甘蔗叶、桑枝等农作物副产品，以前都是废弃物，如今都得到了循环利用，实现了变废为宝。

（三）功能拓展型

依托本地绿色生态资源，强化农业与旅游、文化创意等产业融合，开发农业多种功能，培育新型业态，包括休闲农业、旅游农业、文化农业、创意农业等，提升农业价值，拓展增效增收空间。例如，来宾市兴宾区正龙乡境内的红河红晚熟柑橘产业示范区，以产业为基本依托，通过完善农业农村基础设施，拓展农业产业功能，实现三次产业深度融合发展，从而有利于农民分享三次产业融合带来的红利。示范区集现代生态农业、科普教育、休闲旅游、加工流通为一体，全产业链生产模式降低了种植成本，极大提高了柑橘的种植效益，农户收益也大幅增加。

（四）多元复合型

发挥资源、技术、资金等优势，依托龙头企业或产业链核心企业，促进涉农企业集聚集群发展，做强农业、做大加工业、做活农村服务业，实现一产"接二连三"、三次产业联动发展，打造出融合生产加工、科技研发、物流储藏、商务会展、信息咨询、金融服务、生态旅游、养生休闲等于一体的复合型农业综合体。例如，总投资达30亿元人民币的"壮乡印象·现代农业特色田园综合体项目"，于2017年5月在广西百色市田阳县启动。项目以农业科技为主题，贯穿农耕、红色旅游、壮族民俗民风等文化脉络，以农旅创意为特色，引进国际国内农业先进科技，致力于打造广西特色现代农业的新典范。"壮乡印象·现代农业特色田园综合体项目"由广西建工集团投资，规划用地2390亩。项目规划的主要空间布局为"一心一轴两环五区"：一心指农业嘉年华核心；一轴为特色农业产业发展轴；两环为产业联动核心功能环和生态农业休闲景观环；五区为综合服务体验区、儿童科普教育区、农业嘉年华核心区、现代农业示范区和生态农业养生区。

二 形成了日趋紧密的利益联结机制

广西农村产业融合发展，突破了各个产业之间简单的要素交换关系，形成了多种日益紧密的利益联结机制，探索出不同经营主体之间"优势互补、利益共享，全链协作、共同投入，风险共担、持久运营"的互利共赢关系。

（一）订单合同型

龙头企业同农户之间签订合同，按照"公司+基地+农户"的方式，农民为企业生产提供原料，企业按照约定的数量、质量和价格收购农民原料，形成订单农业关系，为稳定农产品价格和农民收入预期提供保障，同时确保企业获得稳定优质的原料供给。一些企业根据事先签订的保护价，以现金形式一次性支付给农民，或进行利润返还、二次结算。

（二）股份合作制

农民以土地、劳务、资金等资产入股企业，或者企业以资金、技术、品牌等入股领办农民合作社，形成了较订单农业更紧密的股份合作型利益联结机制，在企业和农户之间建立起双方权益共享，风险共担，互惠共赢的关系。农民能够凭借股份获得更加可靠的利润收入，以及企业收益的二次分配，形成了你中有我、我中有你的利益共同体。

（三）反租倒包再就业型

企业通过土地租赁将农民分散的土地集中使用，并进行统一规划布局，然后将土地使用权承包给生产经营主体。农民通过土地出租获取租金收入，生产经营主体通过土地租用和项目开发建设获取利润，并通过吸收转出土地的部分农民再就业为其增加收入，双方各取所需，互利共赢。例如，南丹县把猕猴桃产业开发作为提高当地农民收入的一项扶贫产业来抓，猕猴桃产业已发展成为当地的一项特色优势产业。农业开发公司租用周边农民土地开发猕猴桃资源，形成了集猕猴桃种植、加工、销售，以及研发、休闲、科普于一体的现代化科技示范园区。农民每年获得公司支付的土地租金收入，公司同时也可安排当地农民进入园区就业。

三 提供了相关政策扶持保障

（一）促进农业产业化的转型升级

广西在财政扶持、税收优惠、金融信贷、科技创新、简化审批手续、规划等方面，出台了扶持农业产业化经营的相关政策。通过制定政策，支持农业龙头企业建设原料基地、开办加工车间、创办合作社或与农民专业合作社进行有效对接，不断扩大龙头企业集群规模，推动全产业链建设，促进农业产业化的转型升级。

（二）鼓励发展农产品加工业

广西陆续出台了许多鼓励发展农产品加工业的政策，促进了以产业延伸为核心的产业融合。广西农产品加工业的总产值已超过全区规模以上工业总产值的1/4，成为广西的支柱产业之一。

（三）促进新型经营主体发展

通过产业组织创新，把产业链、价值链等现代农业发展理念和组织方式引入农业，推动产业的融合发展。

（四）引导新型业态发展

产业融合促进了资源要素的跨界配置，加快了技术对农业产业的渗透和应用，培育出新的业态，因而成为政府政策支持的主要着力点之一。

第二节 广西农村三次产业融合度的测量及评价

一 融合度的内涵

产业融合度是指产业融合发展的程度。第一、第三产业融合是国家产业发展的重要战略安排，是农业发展的必然趋势。产业融合作为一种新兴的经济现象，正在全球范围内呈现蓬勃发展的态势。产业融合研究是目前产业经济理论研究的前沿课题，产业融合度的计算是衡量一个区域产业融合高低的关键点。产业融合过程的阶段性和产业融合发展引起的产业界限模糊性，决定了产业融合度测算必须考虑分阶段测算，进而进行综合评价。产业融合是一个系统过程，除了企业主体融合之外，一般要经过技术融合、产品与业务融合、市场融合等前后紧密衔接或并行不悖的三个阶段。技术融合是产业融合实现的前提和基础，产品与业务融合是重要内容，市场融合是最终结果，标志着新型产业业态的出现。由于产业融合是一个动态的产业创新过程，存在产业之间界限模糊不清，难以准确界定的问题，因此很难找到一种统一的测算产业融合程度的方法。但产业融合过程中的技术融合、产品与业务融合、市场融合具有相对明确的内涵，因此，可对产业融合的三个阶段的融合程度分别进行衡量，然后对各阶段融合程度进行综合，进而判断产业整体性融合程度。衡量农业与相关产业的融合程度，可在分别测算技术融合、产品与业务融合、市场融合程度的基础上，设立整体融合的不同程度及其对应的评价区间值，进而进行综合评价和判断。

二 广西三次产业融合度的测算

（一）测算公式

考虑到数据的可得性，并结合本书的研究目的，本书应用赫芬达尔指数法来对广西农村三次产业的业务融合度和市场融合度进行测量，然后进行综合评价，寻找广西农村产业融合中存在的短板，为今后加大产业融合力度提供依据。测评的关键之一是要对计算出的区间值进行定性描述。

以 X_i 表示广西对某产业的投资额，X 代表广西对所有产业的投资额，则 HHI 就代表该产业在广西内的业务融合程度；以 X_i 表示广西某一产业的市场需求量，X 代表广西所有产业领域的市场需求总量，则 HHI 就代表市场融合程度，其基本测算方法如下：

$$HHI = \sum_{i=1}^{n} \left(\frac{X_i}{X} \right)^2$$

HHI 值分为五个区间，分别是：0 ~ 0.36、0.36 ~ 0.52、0.52 ~ 0.68、0.68 ~ 0.84、0.84 ~ 1.0。将上区间的 HHI 值进行定性描述，从小到大对应的融合度依次为高度融合、中高度融合、中度融合、中低度融合和低度融合。HHI 值越小表明融合程度越高，反之则越低（见表 11 – 1）。

表 11 – 1　融合程度标准

融合程度	低	中低	中	中高	高
区间（HHI 值）	0.84 ~ 1.0	0.68 ~ 0.84	0.52 ~ 0.68	0.36 ~ 0.52	0.2 ~ 0.36

（二）三次产业间融合度测算

为了对广西产业融合有个总体的把握，本部分选取了 2011 ~ 2016 年三次产业的相关数据，利用赫芬达尔指数法对广西农村三次产业之间的融合情况做了进一步的分析，结果如表 11 – 2 所示。从表 11 – 2 中可以看出广西农村三大产业间的业务融合指数和市场融合指数总体分别在 0.662 ~ 0.851 徘徊，处于"低"和"中低"区间，这符合赫芬达尔指数的波动范围，也说明本书的测算是可信的。

表 11 – 2　广西农村三次产业间融合指数

年份	三次产业投资额（亿元）				
	一	二	三	投资总额	HHI1
2011	161.44	1626.55	1359.20	3147.19	0.851
2012	228.47	2094.13	1788.80	4111.40	0.848
2013	247.24	2472.82	2255.70	4975.76	0.812
2014	216.27	2738.27	2376.61	5331.15	0.738
2015	247.76	3312.75	2874.48	6434.99	0.713
2016	288.61	3946.46	3591.17	7826.24	0.662
年份	三次产业生产总值（亿元）				
	一	二	三	生产总值	HHI2
2011	797.63	3078.00	1529.93	5405.56	0.802
2012	830.72	3303.15	1710.27	5844.14	0.765

续表

年份	三次产业投资额（亿元）				
	一	二	三	投资总额	HHI2
2013	977.43	3967.91	1982.37	6927.71	0.721
2014	1053.67	4628.12	2397.52	8079.31	0.708
2015	1130.86	5001.66	2747.27	8879.79	0.693
2016	1217.69	5341.92	3087.15	9646.76	0.682

注：一、二、三分别表示第几次产业；HHI1、HHI2 分别表示业务融合指数和市场融合指数；投资额以当年全社会的固定资产投资总额为标准；生产总值以当年三次产业的实际生产总值为准。

从表 11-2 中可以看出，2011～2016 年，广西业务融合度（HHI1）和市场融合度（HHI2）指数都是逐渐小幅降低的（表明市场融合程度逐年加大），市场融合度指数的变化要大于业务融合度的变化。数据说明广西农村三次产业之间的融合度属于"低"和"中低"融合。从数值上看，市场融合度比业务融合度稍高一些，二者的融合度指数都处于"低"和"中低"区间。数据表明，"十二五"时期以来，广西农业、工业及现代服务业的融合程度逐年增加，产业融合的优势也已经初步展现。广西农产品加工业最近几年发展较快，农业产业化经营促进了粮、油、禽、菜等特色农产品发展。在工业方面，广西采用信息技术，推进生产设备数字化、生产过程智能化和企业管理信息化，使工业研发设计、生产制造和流通方式得到较大提高。高新技术和技术改造使得化工、纺织、采掘、建筑等传统产业产品结构得到优化。

（三）第一产业内部融合度测算

本书主要以 2011～2016 年广西农村第一产业中的农业、林业、牧业、渔业和农林牧渔服务业五个行业的相关数据为依据，对第一产业内部的融合度进行具体分析，计算业务融合度和市场融合度，融合度的数值在 0.511～0.697，呈现逐年上升的趋势，每年的市场融合度均大于业务融合度（见表 11-3、表 11-4）。

从表 11-3、表 11-4 可以看出，2011～2016 年，广西农业、林业、牧业、渔业和农林牧渔服务业的业务融合度指数在 0.528～0.697，市场融合度指数在 0.511 ~ 0.663，均处于中等度融合区间，且"十二五"时期以来融合度呈现逐年上升的态势，这表明广西农业内部各产业之间的融合态势在逐渐增强。

表 11 – 3　广西农村第一产业内部产业的业务融合度

年份	增加值（亿元）						
	农业	林业	牧业	渔业	农林牧渔服务业	合计	HHI1
2011	454.37	22.28	292.57	12.10	16.32	797.64	0.697
2012	501.08	24.23	273.95	13.27	18.19	830.72	0.670
2013	624.23	20.85	298.14	14.51	19.70	977.43	0.651
2014	632.65	22.95	361.79	14.73	21.55	1053.67	0.613
2015	694.74	25.48	370.04	17.49	23.12	1130.87	0.566
2016	737.45	27.56	407.88	18.93	25.88	1217.70	0.528

表 11 – 4　广西农村第一产业内部产业的市场融合度

年份	增加值（亿元）						
	农业	林业	牧业	渔业	农林牧渔服务业	合计	HHI2
2011	454.37	22.28	292.57	12.10	16.32	797.64	0.663
2012	501.08	24.23	273.95	13.27	18.19	830.72	0.652
2013	624.23	20.85	298.14	14.51	19.70	977.43	0.637
2014	632.65	22.95	361.79	14.73	21.55	1053.67	0.609
2015	694.74	25.48	370.04	17.49	23.12	1130.87	0.586
2016	737.45	27.56	407.88	18.93	25.88	1217.70	0.511

第三节　广西农村三次产业融合发展存在的问题

一　产业融合发展层次较低

在上一节，本书对广西农村三次产业的融合度进行了测算。从数据可知，三次产业的业务融合度和市场融合度均处于"低"和"较低"的层次；从农业内部的产业来看，其业务融合度和市场融合度也仅处于"中等"的区间。广西农村目前的产业融合发展仍处于较低的层次，其直接表现为：一是产业融合链条短，附加值偏低；二是利益联结松散，合作方式单一；三是农业多功能挖掘不够，休闲农业、旅游农业主要以观光为主，文化传承、人物历史、风土乡俗等触及不多，高品位、多样性、特色化不足，农村家庭复合经营型农家乐数量较少。此外，少数地方的农村产业融合项目同质性强，形式雷同严重，缺乏差异化竞争和深度开发，抢资源、争市场过于激烈，导致资源过度开发、市场无序竞争、环境破坏严重。

二 产业融合存在要素瓶颈约束

目前土地、资金、人才等要素是广西农村产业融合发展的主要障碍。一是土地制约突出。按照《国土资源部农业部关于进一步支持设施农业健康发展的通知》（国土资发〔2014〕127号）的规定，以农业为依托的休闲观光度假场所，各类庄园、酒庄、农家乐，以及各类农业园区中涉及餐饮、住宿、会议、大型停车场、工厂化农产品加工、展销等永久用地，必须严格按建设用地进行管理，这导致许多省份农产品产地加工、流通用房和休闲农业、乡村旅游服务设施难以正常建设；一些电商的经营场地、仓储用地和大规模培训场地用地也难以得到满足。二是资金短缺严重。广西现有的农村金融产品、服务和贷款抵押方式相对较少，租用土地及大量农业设施又不能抵押，能够得到银行贷款的规模十分有限，直接融资渠道窄，融资难、融资贵问题比较突出。三是专业人才不足。目前广西多数地区农村产业融合发展缺乏专业型和复合型人才，农民文化素质和技能水平不高，缺乏有经营和创新意识、会网页设计的专门人才。

三 产业融合主体带动能力较弱

目前，广西农村产业融合发展中普遍存在经营主体带动能力不强的现象。一是有实力的新型经营主体少，部分合作社不具备自我发展能力。二是部分新型经营主体结构单一、管理粗放、经营能力不强，大多数合作社"有名无实"，家庭农场和专业大户规模小，参与融合能力差。三是部分经营主体创新能力不足。一些农村产业合作发展项目个性彰显不力，休闲农业和乡村旅游的特色内涵、农耕文化、传统化、人文历史、民族特色等有待进一步挖掘。四是行业协会服务能力不强，有些协会"只开会，不服务"，"多收钱，少办事"，在推进区域标准化、品牌建设方面服务不足。

四 产业融合发展面临管理体制和政策障碍

广西面临的产业融合管理体制和政策障碍亦是全国范围的共性问题。我国涉农部门较多，条条块块职能交叉重叠，缺乏整体协调机制，与推进农村产业融合发展的需要存在较大差距。一是管理体制僵化。国土、环保、消防等部门从自身责任出发，过分强调本部门的管理规范，忽视了产业融合发展的需要，使得新型经营主体和新业态发展用地难、环评难、获证难。二是办事效率低。休闲农业、乡村旅游、电子商务等新兴业态，涉及财政、土地、农业、科技、旅游、商务、质检、工商等十几个管理部门，新型经营主体需要花费大量精力协调，办事效率大大降低，丧失发展机遇。三是缺乏统筹规划和安排。缺乏产业融合发展总体规划和布局，在发展重点、区域布局、品牌创建、标准制定、市场营销，以及公共服务平台建设等方面缺少综合规划引领，难以统筹协调和有序推进农村产业融合发展。四是部分政策生产导向过强、消费导向不足。有关部门主要从生产层面给予扶持，突出增加产品供给，对按照市场需求引导农村产业融合发展重视不够。

五 基础设施建设滞后

目前，广西许多地区农村供水、供电、供气条件差，道路、网络通信、仓储物流设施等不发达，与城镇基础设施衔接性不强。农村路网不完善，道路等级低，自然村之间及村内道路硬化率低；农村电网改造滞后，电压不稳定，电费价格偏高；部分地区农村水利和饮用水安全设施不足，人畜饮水安全问题突出；农村信息网络建设滞后，仓储物流设施严重缺乏；面源污染严重，农村垃圾集、收、运和污水处理能力差。农村基础设施建设滞后，延缓了新业态的发展，增加了特色资源开发利用难度，加大了农村产业融合发展的成本和风险。

第十二章
国内外农村三次产业融合发展的经验与启示

推进农村三次产业融合发展是中国特色社会主义进入新时代背景下实现"三农"发展新突破的积极探索，但目前广西农村产业融合发展还处于初级发展阶段，概念内涵不清、融合主体不清、发展路径不清等问题普遍存在。本章将梳理日本"六次产业化"战略、荷兰延伸农业产业链的经验做法，国内将选择广东和四川两个省的先进经验进行探讨，从中获得对于深化理解和加快推进广西农村产业融合发展的宝贵经验与启示。

第一节 日本：发展六次产业

1996 年日本学者今村奈良臣针对农业农村发展困境，提出"六次产业"（或称为"第六产业"）的概念：六次产业＝第一产业＋第二产业＋第三产业，指通过培育农业生产、农资制造、食品加工、农产品流通、休闲农业旅游等本土化农业产业链，实现农村第一、第二及第三产业的融合发展，促进农民更好地分享农产品加工、流通和消费环节的增值收益（姜长云，2015）。后来为了强调农村相关产业的整合与渗透，他又提出六次产业＝第一产业×第二产业×第三产业，意寓农村产业融合发展能够产生乘数效应，形成新的竞争优势和经济效益。由于 1＋2＋3 或 1×2×3 均等于 6，因此称为"六次产业"，其本质是通过产业链延伸和产业范围拓展推进农村产业融合发展。

21 世纪以来，日本政府吸收"六次产业"发展理念，大力推进农业主导型"六次产业化"战略,具有深刻的经济社会发展背景(王志刚、江笛,2011)。第一,传统以"商"为中心的农工商合作更多表现为工商资本前向整合兼并农业,如食品产业采用订单栽培、直营农场等经营模式,大部分利润被转移到农业以外的部门,农民无法分享农业产业链增值收益而使收入锐减。日本农产品生产环节产值占生产、加工、流通和消费全过程总产值的比重从1980年的25.7%下降到1990年的18.7%、2005年的12.8%,农民人均年收入则从1995年的689万日元下降到2008年的294万日元。第二,农村人口大量流入城市,农村"老龄化"和农业"过疏化"现象突出,老人和妇女成为农业生产的主体,可用耕地大量闲置,农产品自给率下降,农业进入缓慢发展时期,农村经济社会发展活力不足。日本农村人口比重从1980年的18.3%下降到2010年的5.1%,同期农业就业比重从9.1%下降到3.4%。第三,日本国内食品安全频曝"丑闻",沉重打击了消费者信心,日本国民对食品尤其是农产品质量安全提出了更高要求,加上日本经济由外向型转向内生型发展,面向居民消费结构升级的农业领域作为新的内需增长点日益受到政府重视。

2008年,日本民主党提出《农山渔村第六产业发展目标》,这是日本政府首次在政策大纲中提及"第六产业"。2010年,日本农林水产省制定《六次产业化·地产地消法》,标志着"六次产业化"战略正式实施。"六次产业化"的核心内容是促进"地产地消",即强调在深入挖掘地域资源、发现农村核心产业的基础上,通过本地原料加工代替外地产品输入的"引入替代",以及本地土特产品开发代替生产原料输出的"引出代替",将农业相关的工商活动内化于乡村地域系统,从而激活农村经济社会发展活力(崔振东,2010)。日本20世纪70年代末兴起的"一村一品运动"就提出因地制宜、就地取材,创造具有地方特色、在全国乃至国际堪称一流的产品(王昊,2006)。但"六次产业化"更加强调当地农产品的当地消费,如提出到2020年学校食物原料的本地生产比例超过30%,销售额在1亿日元以上的直营店比例从2012年的17%提高到2020年的50%。日本"六次产业化"主要形成产地直销型、产地加工型、旅游消费型等产业形态,2012年上述三大产业形态销售额占农业相关产业总销售额的比重分别为

48.4%、47.2%和4.4%。梳理近年来日本政府推进以"地产地消"为核心的"六次产业化"相关政策文件，其重大举措主要包括以下三个方面。

一　强化政府引导和政策支持

为避免经济高速发展时期城乡差距扩大，20世纪60年代以来日本政府加大对农业和农村基础设施的投入力度，农村地区道路铺设率、污水处理率分别从1970年的5%和10%提高到2005年的68%和47%，这为"六次产业化"顺利推进提供了重要支撑。即便是农业农村发展基础良好，日本政府也未完全依靠市场力量推进"六次产业化"，而是在遵循经济规律的同时，强化政府规划指导、组织领导和政策支持。第一，日本政府出台《农工商合作促进法》（2008），并将"六次产业化"纳入《粮食、农业、农村基本计划》（2010）、《日本振兴战略》（2013）等。日本农林水产省先后制定《农业六次产业化》（2009）、《六次产业化·地产地消法》（2010）、《农山渔村六次产业化政策实施纲要》（2010）等。第二，日本政府自上而下成立"六次产业化"战略推进组织机构。2011年，水产厅成立"水产业六次产业化推进团队"，都道府县相继组建"六次产业化·地产地消推进委员会"。第三，农民或企业围绕"六次产业化"制定经营改善计划（期限一般为3~5年，目标是附加值提高5%以上），经农林水产和经济产业大臣认定，可提高无息农业改良贷款年限和额度，获得新产品开发和新市场开拓支出补助、相关加工和销售所需设施购置支出补助等。农林水产省制定"农林水产技术基本书计划"，加大对革新性技术研发与产业化以及知识产权保护的支持。日本内阁会议同意由政府和企业共同出资成立农林渔业成长产业化基金，通过政策补助金、"劣后"贷款（即没有优先还债义务的贷款方式）、股权投资等形式支持农民投资"六次产业化"，最高可将经营资本分别扩大到自有资本的2倍、5倍和20倍。

二　因地制宜培育多元化经营主体

为有效激活农村经济发展活力，日本"六次产业化"注重因地制宜培育多元化经营主体。一是农业生产者主导型，以从事农业生产的专业农户为经营主体。二是社区主导型，以难以从事农业生产维持生计、留守农村的妇女和老龄者为经营主体。三是企业主导型，以涉农企业为经营主体将业务范围扩大到农产品加工、直销、宅配以及农村饮食和住宿业等。由于日本政府严格限制工商资本进入农业领域，因此直接从事农业相关产业经营的工商企业数量较少。四是自治体主导型，以农协为主导建立农产品加工设施、培育农产品地域品牌、拓展农产品市场网络等。农协在"六次产业化"中发挥着联结农户、整合资源、区域协作等作用。例如，农协联合农业生产者基于自律合作设立直销所，作为面向"地产地消"的农产品共同销售市场，实行会员准入制度并不以营利为目的，盈余通过农协转发分红（李凤荣，2014）。农协还通过开展饮食文化教育、农业体验活动等，提高消费者对地域农产品、农产加工品和传统饮食文化的认同感。五是农工商连带型，由农业生产者联合食品加工及流通企业共同成为经营主体。这被认为是推进"六次产业化"最普遍和最有效的形式，但"六次产业化"推进过程中始终面临着农户、农协、工商资本等经营主体利益再分配的矛盾。由于本土化农业生产者自主推进"六次产业化"存在诸多困难，因此需要外部植入的工商资本发挥引领和示范作用。农工商合作的目标是提升农业生产者参与"六次产业化"的能力并自我成长为农工商经营主体，强调农业生产者与工商企业在业务支持、知识共享和产业关联的基础上建立创新平台和经济网络，而不是让现有工商资本前向整合兼并农业。

三 推进以"地产地消"为主导的农工商合作

日本政府以《农工商合作促进法》为基础，推进中小企业和农业生产者有效利用各自经营资源，通过新产品开发、新需求拓展等提升农业综合价值。为避免工商资本前向整合兼并农业，"六次产业化"强调基于农业后向延伸，将立足于当地农业资源利用的工业和商业活动内化于农村地域网络，构建以"地产地消"为主导的农工商合作体系，让农业生产者能够分享农产品加工、流通和消费环节的增值收益。为保障农业生产者对企业经营和利润分配的主导权，日本政府限制工业和商业的出资股份不能超过49%。以"地产地消"为主导的农工商合作重点主要包括以下方面。一是培养"协调者"。"协调者"是既具有农业技术，又具有商品开发和销售能力的复合型人才。日本注重对"协调者"的培养及其活动的支持，建立从中央到地方的"协调者"组织。二是召开交流会。在中央层面开展全国产业集群协议会、先进事例研讨会、品牌培育研修会等，在地方层面开展农林水产商品展示会等，促进经验交流和销路对接。三是提供信息支持。在中央层面推广农工商协作的典型事例、支持措施、研修会和产地信息等，在地方层面提供以食品产业为核心的产地信息。四是提供技术指导。包括制定全国食品产业开发战略，开展区域性农业技术开发合作，召开农工商协作技术交流会，对实施地域食品品牌化战略提供技术指导等（王志刚、江笛，2011）。

第二节　荷兰：延伸农业产业链

一　强化产业链整合与分工协作

荷兰政府高度重视农业产业链整合与分工协作，农业产业链经营已经成为荷兰"链战略行动计划"的重要组成部分，"链网、链群和信息通信技术研究中心""农业产业链竞争能力中心"更是跻身农业供应链管理领域的全球知名研究机构。荷兰农业产业链管理主要包括稳定农产品价格的信息链管理和降低农产品交易成本的物流链管理，同时也注重区域内和跨区域的产业链整合。近年来，荷兰政府投入数千万美元资助产业链和价值链试点项目，农业产业链经营基本涵盖所有大宗出口农产品，花卉产业链则是典型代表（刘丽伟，2011）。荷兰花卉产业链涉及花卉产品的育种、种植、收购、加工、储运和销售等诸多环节，各个环节高度整合并共享产业链整体价值。具体而言，花农专注于生产高品质鲜花，花农之间广泛开展上下游产业协作；花商专注于提供高效率冷藏供应链，并在花卉包装和运输方面不断创新；花农和花商每年共同缴纳营业额的1%作为花卉推销基金，由花卉协会专门负责运作。

二　重视创新因素提升产品附加值

荷兰政府高度重视农业科技创新，同时融入制度、组织、文化等非技术因素，促使农业产业链各环节附加值和整体效率大幅提升。荷兰政府对农业领域实行从生产、加工到销售的一体化、全过程管理，作为农业行政管理机构的农业部，其职能涵盖"从农田到餐桌"的全过程（曹金臣，2013），并通过严格的准入制度和公平的交易制度对市场活动进行有效管理，这为农业产业链经营提供了良好的制度保障。花卉产业链创新尤为突出，专门研究国家竞争力的美国波特教授曾赞誉荷兰花卉产业是"全世界最具创新的产业集群"（刘丽伟，2011）。一是在研发和育种环节，每种花基本都有专门的育种公司，花卉新品种、新工艺、新设备层出不穷；同时倡导花卉新品种体现荷兰的地域文化。二是在生产、收购和加工环节，超过70%的花卉生产面积采用现代化温室无土栽培，电脑自动控制并实现播种、移栽、采收、分级、包装的全程机械化作业。三是在储运和销售环节，拥有便捷高效的花卉流通体系。例如，荷兰首都阿姆斯特丹的阿尔斯梅尔花卉拍卖市场是全球最大的花卉拍卖场所，进入该拍卖市场的花卉按照国际标准进行质量检测后送到库房或冷库储藏以待拍卖，拍卖成交的花卉按照客户要求进行包装后送到发货中心，发货中心设有植物检疫和海关，海关放行后通过集装箱货车送到斯希波尔机场，整个流程分秒必争以保证花卉新鲜度。四是在市场推广和营销环节，注重运用文化元素提升市场吸引力。荷兰是全球最大的郁金香生产和集散地，花农基于历史悠久的郁金香文化，将郁金香生产及其产品打造成为符合现代消费需求的时尚创意载体，如每年举行的大规模郁金香花车游行不仅吸引了世界各地的游客，而且极大拓展了郁金香的全球市场。

三　发挥社会组织及拍卖市场作用

荷兰发达的农业产业链离不开合作社、协会等社会组织以及拍卖市场的支撑。合作社遍及荷兰农业产业链经营的各个环节，其服务内容主要包括购买和销售工业投入品、加工和销售农产品及园艺产品、提供贷款、进行拍卖、签订劳动合同、提供保险和会计服务等（厉为民，2011）。合作社多提供单一的专业服务，服务对象和服务内容较为集中，便于引导农民针对单一产品进行质量改进、科技研发、精深加工和市场营销等。农民还通过各种行业协会和商品协会联合起来，以增强其政治和社会地位。例如，荷兰农产品营销主要依靠商品协会，其职责主要包括质量监督、信息交流、市场研究、执行欧盟共同农业政策等。此外，荷兰农产品从生产到消费基本遵循以下流程：生产者—拍卖场—批发商（连锁店）—零售（超市）—消费者（李远东，2009）。荷兰拍卖业可以理解为最早的"第三方物流"，"荷兰式拍卖"不仅可以实现快捷高效的销售，而且拍卖场本身就是花农和菜农的合作社（厉为民，2011）。拍卖场由生产者建立和经营，具有合作社性质，合作社成员即生产者必须把所有产品提供给拍卖场，拍卖场则有义务销售所有成员的产品。拍卖场作为农产品集散地，不仅提供农产品储存、冷藏、标准化包装及运输等服务，还按照标准核定产品类型、质量等级、竞拍价格等，为买卖双方提供市场信息服务。花卉生产者成为拍卖场会员后，拍卖场当天未能卖出而销毁的花卉甚至可以得到同类产品当日最低售价80%～90%的赔偿。荷兰拍卖场的高效运作既大幅降低了农产品销售成本，也有效避免了生产者同质竞争，使生产者没有后顾之忧，专心于农业专业化生产。

第三节　广东：发展新型经营主体

截至2016年底，广东省的农业龙头企业、农民合作社、家庭农场、种养大户分别达到3324家、3.9万家、1.33万家、13.8万户，其中省重点龙头企业633家，省级以上农民合作示范社近1500家。各类农业产业化组织从业人数159.8万人，多种形式带动农户797万户，带动农户从事产业化经营增收总额达367亿元，新型农业经营主体在推进农业转方式调结构、引领农村三次产业融合和带动农民增收致富等方面发挥了重要作用。依托农业龙头企业等新型经营主体，广东省重点建设了11个国家级和省级现代农业示范区、8个粤台农业合作园区以及76个省级现代农业"五位一体"

示范基地。

一　在新型经营主体分类培育上下功夫

广东省在新型经营主体分类培育上下功夫，推进龙头企业转型升级、农民合作社创新发展、家庭农场规范发展、种养大户增量提质、社会化服务组织加快发展，抓好产业链、创新链、组织链、安全链、资金链和政府服务链的"5+1"全链条建设，实施新一轮龙头企业培优工程，重点打造一批行业领军龙头企业和 100 家上市龙头企业。

二　在主体融合发展上下功夫

广东省在主体融合发展上下功夫，大力支持探索"家庭农场 + 社会化服务组织""龙头企业 + 规模种养户""龙头企业 + 合作社"等新型产业组织形式，构建完整的农业产业链条。在完善政策扶持体系上下功夫，在继续推进"政银保""投贷补"等金融支农政策和完善设施农业用地政策的基础上，加强政策创设，打好政策组合拳，在财政税收、金融信贷、保险、投入等方面加大扶持力度。

三　坚持家庭经营基础性地位

广东省坚持家庭经营基础性地位，正确处理新型农业经营主体和普通农户之间的关系。在发展的过程中，既支持新型农业经营主体做优做强，同时也不忽视、削弱对普通农户尤其是贫困农户的政策扶持；既帮助新型农业经营主体提升竞争力，又增强其辐射带动普通农户发展的能力；既促进农业生产发展，又促进农民增收致富。通过完善订单带动、利润返还、股份合作、就业吸纳等多种模式，完善现代农业发展的利益分享机制，带动更多普通农户参与规模经营，促使新型农业经营主体与普通农民共生、共舞、共赢。

四　坚持市场的决定性作用

广东省坚持市场的决定性作用，把握好加大政策扶持和市场化导向之间的关系。在培育新型主体的过程中，坚持市场导向，尊重市场规律，依靠市场的办法推进生产要素向新型农业经营主体优化配置，依靠市场的力量促使新型农业经营主体不断发育壮大。政府重点做好引导和服务，不搞行政命令，发挥好政策引导作用，优化存量、倾斜增量，撬动更多社会资本投向农业。既在政策上扶持和倾斜，又通过市场选择优胜劣汰，努力为新型农业经营主体发展创造公平的市场环境。

五　协调数量与质量、发展与规范之间的关系

广东省在加快新型农业经营主体发展的过程中，注重协调数量与质量、发展与规范之间的关系。当前，新型农业经营主体正处于发展的关键时期，各地培育新型农业经营主体的热情很高，发展势头很好。广东省强调既要注重数量，也要提高质量；既要扶持发展，又要引导规范。根据各类新型农业经营主体的发展阶段，采取不同的更有针对性的引导措施。

第四节　四川：拓展农业功能

一　优化产业结构，全面拓展农业供给多种功能

优化产业结构，全面拓展农业供给多种功能，农村新产业新业态已成为加快农村发展的新动能，也是潜在的增长点。四川省委一号文件明确提出要加快发展休闲农业和乡村旅游、森林康养、创意农业、农业电子商务、农产品加工业、农产品冷链物流业等 6 大新产业。文件明确表示，要大力发展农产品加工业，提出围绕特色优势农产品，开展原产地清洗、挑选、榨汁、烘干、保鲜、包装、贴牌、储藏等商品化处理和加工，加快培育农产品精深加工领军企业。四川还大力支持发展农产品冷链物流业，提出规划建设农产品产地运输通道、冷链物流配送中心和配送站，推广"产地集配＋销地分拨""电商＋冷链快递＋智能菜柜"等农产品直销模式，开展国家冷链物流发展试点、农产品冷链流通标准化示范。

二 加快建设现代农业示范园区

四川省加快建设现代农业示范园区，开展农民增收新产业新业态示范县创建和全国农村三次产业融合发展试点县建设。加快现代农业（林业、畜牧业）重点县和现代农业示范市、县及国家现代农业示范区建设等。与此同时，四川省还推动农村劳动力转移就业和返乡创业。稳步扩大农民外出务工规模，引导农村劳动力转移就业。保护外出务工经商农民的土地承包经营权、宅基地使用权、集体收益分配权等财产权利，统筹推进农业转移人口社保、住房、子女教育等改革。鼓励有条件的市（州）、县（市、区）设立农民工返乡创业扶持基金。依托现代农业产业融合示范园区、工业园区等，盘活闲置土地、厂房等资产资源，建设农民工和农民企业家返乡创新创业基地。

三 大力发展品牌农业，以品牌引领供需结构转型升级

四川省是农业大省，农产品种类丰富，"三品一标"产品数有 5000 多个，居全国第六位。但是农产品品牌市场影响力不足，农产品数量、产量地位与质量、品牌地位不对等，农产品市场竞争力不强。四川省把品牌建设作为农业供给侧结构性改革的着力点，以品牌引领推进全省农业的区域结构、产业结构、品种结构的全面调整。一是大力实施农业品牌战略，加强品牌建设，制定实施特色农产品优势区建设规划，着力打造区域公用品牌，使每个具有一定规模的特色产业都建有自己的区域公用品牌；推动"川品出川""川品出境"，提高"川"字号农产品市场占有率，推动形成四川知名农产品品牌体系。二是继续立足资源禀赋和区位优势，进一步明确区域发展定位和主攻方向，推动生产要素向优势产区聚集；建立特色农产品优势区评价标准、创新技术体系，出台扶持政策，鼓励各地争创特色农产品优势区。三是大力推进农业标准化生产，完善农产品标准体系建设和"三品一标"认证支持政策，强化监管。

四 加大农业科技创新力度，强化农业科技创新能力

四川省农业科技成果有效供给相对不足，农业科技创新突破性成果较

少，川茶、川果、川菜、川猪、川药等优势特色产业关键技术供给总体不足，优质专用品种比例偏低，优质专用粮油品种比例仅占30%；农业新技术及新品种转化、吸收、推广能力还比较弱，成果转化率低。近年来，四川省加大了农业科技创新力度。一是瞄准农业转方式、调结构的新要求，调整农业科技研发的方向和重点，加快培育优质专用、营养健康的新品种。以特色优势产业发展需求为导向，协同农业科技力量联合攻关，着力破解制约现代农业发展的重大技术瓶颈，加快推进重大科研攻关。二是完善利益激励机制，使科技推广成效与科技人员利益挂钩，切实打通围绕市场需求进行农业科研选题立项的"最初一公里"和科技成果推广的"最后一公里"。三是采用直接投入和购买优质特色品种等核心科技成果相结合的方式，支持科研单位加快创新和转化步伐，并引导新型经营主体与农业科研单位紧密合作，探索市场化、股份制的运作和管理模式。

第五节　经验与启示

广西总体上仍处于农业现代化初级阶段，农业发展基础薄弱，城乡发展差距扩大趋势尚未得到根本扭转。现阶段推进广西农村产业融合发展，既面临着促进农民增收、增强农村活力的根本任务，还存在改造传统农业、发展现代农业的区情发展需要。借鉴前文阐述的日本"六次产业化"战略、荷兰延伸农业产业链、广东发展新型经营主体、四川拓展农业功能的经验，广西可以从以下四个方面推动农村产业融合发展。

一　市场机制与政府引导相结合，加强组织领导和政策支持

鉴于农民和农村相对弱势的地位或者提升农业国际竞争力等考虑，日本"六次产业化"战略、荷兰延伸农业产业链均重视政府组织协调和政策支持。例如，日本政府出台一系列政策文件乃至法律法规推进"六次产业化"战略，还成立"六次产业化"推进委员会和农林渔业成长产业化基金等；荷兰政府资助农业产业链和价值链试点项目。当前广西推进农村产业融合发展，在健全市场化资源配置机制的同时，同样需要充分发挥政府的

引导作用。

第一，建立自治区农村产业融合发展推进委员会，组织制定农村产业融合发展规划或实施纲要，统筹协调农村产业融合发展各项工作。第二，自治区财政设立农村产业融合发展引导基金，重点支持农村产业融合发展中的新技术、新产品、新业态、新模式。加强涉农资金统筹整合，新增补贴向农村产业融合发展的公共服务平台和新型经营主体倾斜。探索政府和社会资本合作模式（即 PPP 模式）在农村生产和生活设施建设中的应用，全面改善农村产业融合发展的基础设施条件。

二 产业链延伸与功能拓展相结合，培育农村内生发展新动力

基于防止农村衰退、培育内生动力的根本出发点，日本"六次产业化"通过"地产地消"将与农业相关的工商活动内化于乡村地域系统，其本质是基于产业融合发展的农业产业链延伸和农业多功能拓展。四川通过加大农业供给侧结构性改革、加快建设现代农业示范园区、加大科技创新力度、加强品牌建设等方式，拓展农业发展功能。广西可以借鉴这方面的经验，以农业和农村为基本依托，推进农业由"生产导向"向"消费导向"转变，促进农业生产功能与拓展生活和生态功能有机结合，推动农村产业融合发展，培育中国特色社会主义新时代下农村内生发展新动力。

三 农民自主与多元主体相结合，保障农民分享产业链增值

日本在实施"六次产业化"战略时、荷兰在延伸农业产业链时、广东在鼓励新型主体参与时，均尊重当地农民意愿并切实保障农民利益。例如，日本实施的"六次产业化"，存在农业生产者主导型、社区主导型、企业主导型、自治体主导型、农工商连带型等多元化经营主体，本土化农业生产者与植入型食品加工和流通企业形成的农工商利益联合体则是最普遍和最有效的经营主体；荷兰拍卖场由生产者建立和经营，拍卖场本身就是花农和菜农的合作社。当前广西推进农村产业融合发展，同样需要以尊重农民意愿、保障农民利益为前提，引导不同类型融合主体联合开发、优势互补、利益共享、风险共担，建立健全紧密型利益联结机制。

第一，农民在农村产业融合发展中处于弱势地位，需要完善多元融合主体的利益联结和风险防控机制，有效保障农民从产业链增值中获取更多利益。借鉴日本推进农工商合作但限制工商资本股权比重、荷兰花农和花商共同出资成立推销基金的经验做法，建立工商资本参与农村产业融合发展的资格审查、项目审核和诚信公示制度，完善土地流转和订单农业等风险保障金制度，推进订单农业、股份合作、联合营销等多种形式的利益联结机制。借鉴日本通过培养"协调者"推进农工商合作的经验做法，实施新型职业农民培育工程和现代青年农场主计划，为农村产业融合发展注入"新鲜血液"。第二，龙头企业、合作社、家庭型农业经营主体在资源整合和市场开拓等方面优势突出，需要将其培养成农村产业融合发展的主力军。支持大中专毕业生、新型农民、务工经商返乡人员等兴办家庭农场和合作社，推进示范家庭农场和示范社创建活动。特别是发挥供销合作社根植农村、贴近农民、组织体系完整、流通网络发达的优势，拓展农业产业链全程服务和城乡社区综合服务，将其打造成为具有广西特色的农村产业融合发展综合服务商。第三，城市工商资本参与农村产业融合发展可以给农业农村带来现代生产要素和新兴商业模式，有利于加快形成以工促农、以城带乡、工农互惠、城乡一体的新型工农城乡关系。需要鼓励和引导工商资本与本土化农业生产者开展多种形式合作，发展现代种养业、农产品精深加工、农业社会化服务等，推动农村大众创业、万众创新。

四　统筹规划与因地制宜相结合，推进分类指导和试点示范

日本"六次产业化"强调因地制宜进行资源综合开发，荷兰延伸农业产业链也重视挖掘本土的郁金香文化提升其市场吸引力。当前广西推进农村产业融合发展，同样需要在统筹规划基础上加强分类指导和试点示范，因地制宜探索农村产业融合发展的有效路径。

第一，鼓励各地结合实际制定农村产业融合发展具体方案、规划或专项行动计划，引导农民念好"山海经"、唱好"林草戏"、打好"果蔬牌"，因地制宜培育农村特色产业集群。推动村镇建设与特色产业发展相

结合，扶持发展"一村一品""一乡一业"，加快培育特色农产品专业村和专业乡镇。借鉴日本推进农产品区域品牌化战略的经验做法，鼓励和支持各地建设特色农产品原产地保护基地，创建拥有自主知识产权的农产品区域品牌。第二，重点围绕农村产业融合发展的主体培育、业态拓展、品牌创建、政策创新等，选择不同区域分类开展试点示范，形成可复制、可推广的农村产业融合发展经验和模式。以国家级现代农业示范区、农业科技园区、农业可持续发展试验示范区等为重点，着力打造农村产业融合发展的样板。

第十三章
广西农村三次产业融合发展的总体思路和对策

第一节 广西农村三次产业融合发展的总体思路

目前，中国特色社会主义已经进入新时期，国民经济发展进入新常态，农业农村发展环境出现新变化，农产品成本上升，农业竞争力下降，农产品质量安全问题凸显，农业环境污染令人担忧，农民增收难度加大。为了应对新时期、新常态下"三农"问题的新旧矛盾与挑战，2015～2017年，我国每年的一号文件都提出了推进农村三次产业融合发展的战略举措。农村三次产业融合发展是新表述，目前国内学术界对我国推进农村三次产业融合发展的研究尚处于起步阶段，关于广西农村三次产业融合发展的研究则更少。本章将提出广西农村三次产业融合发展的总体思路，并对该领域的主要任务提出建议。

农村三次产业融合发展是农业产业化的"升级版"。广西推进农村三次产业融合发展要全面贯彻落实党的十九大精神，主动适应中国特色社会主义新时期的发展要求，以市场需求为导向，以紧密型利益联结机制为纽带，以制度、技术和商业模式集成创新为动力，着力完善产业融合服务，着力培育产业融合主体，着力营造公平竞争的市场环境，推进现代技术、创新理念与传统农业的深度融合，促进农村产业链延伸、产业功能扩展和产业形态创新，加快建立现代农业产业体系，为农业增效、农民增收和农村繁荣注入新动力，为广西的国民经济持续健康发展拓展新空间。

一 以创新、协调、绿色、开放、共享五大理念为引领

农村三次产业融合发展会突破现有农村产业边界，出现产业间的交叉、渗透和有机融合，这就需要创新理念引领，采取制度创新、技术创新和商业模式创新来推进。目前，广西农村的第一产业发展较好，农产品加工业和农村服务业等第二、第三产业发展迟缓，产业发展与村镇建设有些脱节，因此必须坚持协调发展理念，推动农村三次产业以及产业与村镇建设协调发展。农村三次产业融合发展过程会遇到水源污染、加工业污染和休闲旅游消费污染等破坏生态环境行为的挑战，这就需要坚持绿色发展理念，依靠严格保护生态环境来保驾护航。农村三次产业融合发展仅靠封闭的农业、农民和农村系统无法实现，必须以开放理念为引领，在有序监管的前提下，充分吸收国内外工商资本参与，鼓励城市的先进技术、管理经验和消费者加入其中。农村三次产业融合发展的核心强调农民分享发展成果，这是共享理念的具体体现。

二 以紧密型利益联结机制为纽带

参与农村三次产业融合发展的普通农户、新型经营主体、协会及各类服务组织，通过市场交易，天然形成了一种市场化的松散型利益联结机制。众多分散的小农户、家庭农牧场、种养大户、合作社面对企业，都是弱势群体，农民很难分享加工、流通及其他增值服务环节带来的收益，从而影响农民增收，不利于社会和谐发展。因此，在推进农村三次产业融合发展的过程中，为了促进社会公平，增加农民收入，需要帮助农民在农村产业融合发展中合理分享第一产业之外的第二、第三产业环节中的增值收益，依靠紧密型利益联结机制的纽带作用，促进农村三次产业更好更快地融合发展。

三 以制度、技术和商业模式集成创新为动力

政府的制度创新与新型经营主体的管理创新、技术创新和商业模式创新相互协调、互动发展，各方协同创新的方式，有利于促进农村三次产业

融合发展。目前，广西农村存在诸多不合理的政府管制，新型经营主体管理创新、技术创新和商业模式创新的动力和能力不足，集成创新不够，严重制约了农村三次产业融合发展。因此，必须强调以制度、技术和商业模式集成创新为动力，通过政府放松管制等方面的体制机制改革，合理引导工商资本参与产业融合，激发新型经营主体管理创新、技术创新和商业模式创新动力，为农村三次产业融合发展提供不竭的动力源。

四　着力完善产业融合服务

良好的农村产业融合服务是农村三次产业融合发展的基本保障。目前，广西农村产业融合服务依然比较薄弱，明显增加了涉农生产经营主体的公共成本，削弱了其营利能力，不利于农村三次产业融合发展。政府推进农村三次产业融合发展的重要抓手，就是要靠完善农村产业融合服务，降低各类生产经营主体的公共成本，增强其营利能力，激活市场主体的内在动力，来实现农村三次产业融合发展。

五　着力培育产业融合主体

新型农业经营主体和工商企业是推进农村三次产业融合发展的主体。普通农户传统农业理念重，现代经营意识不强，无法承担农村三次产业融合发展的带动重任。目前日本较有实力的规模化农业生产者，也存在自主发展"六次产业"的巨大困难，"六次产业"需要工商业的连带和协作支持。广西农村的种养大户、家庭农场、农民合作社、产业化龙头企业等新型农业经营主体现代经营理念较强，生产经营素质和能力都大大超过普通农户，其将在农村三次产业融合发展中发挥带动作用，普通农户将成为跟随者。特别是近些年来工商资本进入农业成为新一代产业化龙头企业，不仅资本比较雄厚，而且拥有现代经营管理理念和专业化管理团队，有些企业领办农民合作社，与农民形成利益共同体，这类工商资本创立的产业化龙头企业及其领办的农民合作社将在农村三次产业融合发展中发挥领头羊作用。

六 加快建立现代农业产业体系

农村三次产业融合发展是建立现代农业产业体系的重要抓手。广西是在传统农业向现代农业转型过程中推进农村产业融合发展的，其现代农业产业体系尚未建成。从广东、四川等地情况看，农村三次产业融合发展往往伴随着农业发展方式的转变，传统以生产环节为主的农业生产体系将逐步转变为规模化、集约化、标准化、链条化、集群化的现代农业产业体系。因此，广西推进农村三次产业融合发展必须同步加快建立现代农业产业体系。

第二节 广西农村三次产业融合发展的总体对策

一 强化政府部门的联动效应

农业管理体制中条款分割，产加销、贸工农相互脱节的现象一直是制约农业产业化的重要因素。在农业产业融合过程中，更是涉及科技、农业、工业、旅游业、流通服务业等多个部门，政策措施很难形成合力。因此，在实践过程中，应加强体制机制创新，依靠组织网联、结盟和合作，实现多层次、多环节和跨空间的组织协同，力求打破部门分割局面，在不同地域政府间、政府各部门之间，实现资源和政策联动共享，形成巨大的工作合力，从而推动农村三次产业的融合发展。

二 夯实产业融合的基础条件

对于范围广阔的农村地区，要较好地实现三次产业融合发展效果，需要强化道路、通信、电力、供气、供水、排水等基础设施建设，为社会投资主体参与现代产业融合提供良好条件。其中，应重点加快信息和流通基础设施建设，为农村信息服务业和流通服务业发展奠定基础。一方面，继续推进农村信息化示范和农村商务信息服务等工程建设，整合资源，共建平台，强化精准农业、智慧农业、3S等信息系统的应用，积极探索信息服务进村入户的新途径和新办法；另一方面，积极运用财政贴息等政策措施，加大对农产品批发市场、物流配送中心等流通基础设施建设的投入力度，推进农村流通设施和农产品批发市场信息化提升工程，加强农产品电子商务平台建设，完善流通环节食品检疫检测体系，拓展现代流通体系的覆盖范围。

三　引导现代要素向农村流动

要素聚集是三次产业发展壮大的基础。对于要素聚集度相对较低的农村地区而言，则需要出台相关的优惠政策来吸引现代要素流入。因此，可依据国家和广西的产业政策建立农村产业发展负面清单，从财税、信贷、土地和价格等方面进一步健全促进农村产业发展的政策体系。对积极开拓农村市场的研发、信息、金融、流通等服务企业，实行一定程度的财税优惠。对服务产业融合的金融机构实行差别化的货币政策，进一步推动县域农村商业银行获得定向降低准备金；加大对农业产业化龙头企业的信贷支持和上市扶持力度。对新设立的农村企业在注册资本、工商登记等方面降低门槛，对在农村开展连锁经营的服务企业实行企业总部统一办理工商注册登记和经营审批手续。具备条件的地区，可以安排专门的产业融合用地，并在土地出让金或租金方面给予补贴。使列入国家和广西鼓励类的农村产业逐步实现与工业用电、用水、用气、用热基本同价。

四　做好新型经营主体培育

农村三次产业融合发展是一项系统性工程，涉及面广、复杂性强，新技术、新业态、新商业模式贯穿其中，对经营主体的要求相对较高。而以普通农户为代表的传统经营主体，如果不能向新型经营主体转型，往往难以在产业融合发展中发挥主导作用。因此，相对于一般意义上的现代农业，推进农村三次产业融合发展，通常更需重视新型农业经营主体的作用。此外，一些本土化的新型农业经营主体受到资源、能力、理念和营销渠道的限制，推进农村三次产业融合发展往往非常缓慢，在提升农业价值链、增加农业附加值方面取得的效果也不太理想。这就迫切需要加快新型经营主体培育，并引进外部植入型的新型农业经营主体来发挥引领、示范作用，带动本土化的新型农业经营主体更好地实现提质增效升级。

五　促进农业适度规模化经营

从国内外的成功经验看，要充分实现农村三次产业融合发展，需要进行基础设施、科技创新、品牌培育等方面的投入，小规模经营的农户很难负担起如此高昂的成本。从另一个角度看，较小的经营规模也无法为产业融合提供发挥作用的平台。因此，还需要进一步推进农业规模化经营，为农村三次产业的交叉融合创造条件。《国务院办公厅关于推进农村一二三产业融合发展的指导意见》明确提出，要引导土地流向农民合作社和家庭农场；2017 年中央一号文件也强调，要发挥多种形式农业适度规模经营引领作用。所以，推动农业适度规模化经营，既是对中央要求的落实，也是推进农村三次产业融合发展的前提。

|第十四章|

广西农村依托产业融合发展新业态的对策建议

第一节　广西发展旅游休闲农业的对策建议

一　政府出台相关政策，实现规模经营

第一，政府应对休闲农业产业发展增加资金投入和相关财政补贴，加快休闲农业产业基础设施建设，为休闲农业发展打下坚实的基础；第二，补充和完善相关法律法规，为休闲农业的发展提供法律保障，以提升休闲农业产业发展的标准化和正规化，保证休闲农业市场的良性竞争；第三，制定相关优惠政策，实现对休闲农业产业的政策倾斜，如降低银行贷款利率、实行税收优惠政策，都是推动休闲农业产业不断发展的积极措施。

二　以技术融合打造特色产品

充分利用艺术、科技、创意等技术手段，开发与创新农业景观、农产品，改进农业生产与经营方式，涉及以下三个方面。一是田园景观化。以农业景观学、园林学、美学等理论为指导，采取一系列生物技术措施，对农业自然景观、生态景观进行规划，形成现代田园景观。二是生产科学化。通过科技介入，推动休闲农业产业由传统粗放型生产向标准化生产转变，由产量效益型向质量效益型转变，由只重视生产向产销并重转变。建立健全技术支撑、农资供应、农产品销售、科技培训和示范带动4级体系，并培养一批农村科技协调员，在标准化生产、优质新品种推广、安全食品

开发、特色产品开发等方面发挥模范带头作用。三是商品品牌化。改变农产品销售只重视数量的传统理念，将优质农产品及其加工品转化为旅游特色商品。

三　以企业融合培育新型主体

为改变分散的小规模农户自身存在内外部规模不经济的劣势，围绕农业产业化链条构造出新的产业组织形式，使旅游休闲农业焕发生命力。

（一）村集体＋公司＋农户合作模式

农户把土地承包权和使用权交给集体，集体建立土地股份公司，实行股份合作制经营。农户成为公司员工和股东，获得薪金、股金、租金收入。基于这一模式，公司代替农户参与市场竞争，有效地解决了小农户与大市场之间的矛盾。

（二）合作社＋农户的产销合作模式

在土地承包经营权为农户所有的基础上，通过专业大户领办合作社，带动农户经营产业。合作社与农户之间关系相对松散，在家庭分散经营的基础上，农户主要进行休闲农业生产，合作社为其提供产前、产中、产后的各种服务。在这一模式下，农户既可以自己面对市场，也可以通过合作社联系市场，灵活选择产品销售形式，从中获取最大收益。

（三）公司＋农户的产业链经营模式

公司通过承包一定规模的土地进入产业，依靠自身的技术、资金、人才优势进行整个产业链的经营，将第一产业的农产品新品种研发与生产，第二产业的农产品加工，第三产业的观光采摘、休闲度假、会议展览等在企业内部完成融合。

四　以市场融合拓展销售渠道

依托农产品品牌的市场感召力，通过开发多样化产品，并采取有效的市场营销手段，将农产品销售与休闲旅游市场开发结合，实现由农产品市场向旅游商品市场、田园休闲度假市场升级。

（一）文化创意农业带动旅游业发展

采取创意设计、节日庆典等方式将农产品销售与休闲旅游结合，开展艺术、文化、创新等综合诸多要素的主题节庆活动，全面宣传推广农业旅游品牌形象。

（二）多角度构筑营销系统

在细分消费群体基础上，不断完善直销网络。可在国内一些大中城市的超市、商场、社区建立产品直销点，与互联网企业签订合作协议，建立销售网站，并通过多种信息传播渠道，发布旅游产品、经营服务时间和交通情况等信息，进行广泛宣传和推介，扩大品牌在消费者中的影响力。

（三）加大宣传，促进营销

增强旅游休闲农业经营管理人员对其品牌的宣传促销意识，促使宣传促销手段多样化，加大资金投入和人才投入，利用各种宣传媒体进行宣传促销，如利用公民休息日开展促销活动，定期举办宣传展览会，加强与其他休闲农业产业经营者的交流与合作，扩大自身市场份额，增强市场竞争力，吸引更多的观光者前来观光消费。

五　丰富产业化产品，走可持续发展之路

第一，制订指导性的规划方案，明确休闲农业产业管理方法和管理制度。

第二，针对当地休闲农业产业发展的优势、劣势及市场需求进行详细的调查研究，根据自身所具备的优势资源和对市场需求的深入了解推出具有自身特色的休闲农业产品。

第三，增强休闲农业项目的多元化和趣味性，明确发展规划和市场定位，对自身、竞争对手有深入的了解，避免盲目发展，实现休闲农业产业发展的针对性和有序性，进一步促进其可持续发展。

六　提升从业人员的素质

第一，组织从业人员进行专业业务知识和服务礼仪知识的培训，增强

工作人员的服务意识，提高其服务水平，提升团队的整体形象。

第二，旅游休闲农业产业经营管理人员要学习先进的经营管理知识，摒弃陈旧的经营管理理念，改善经营管理方式，提升经营管理水平，自身发展由粗放型向集约型方向转变，发展水平由低效性向高效性方向迈进。同时，充分利用自身优势和特色来增强其在休闲农业产业市场中的竞争力。

第二节　广西发展循环农业的对策建议

大力发展循环农业经济，保护农业生态环境，是推进现代农业，建设资源节约型、环境友好型社会的重要举措，事关广西农业的长远发展，是广西经济整体发展的一个战略性课题。近年来，广西农业农村经济发展取得了一定成就，但也存在发展模式粗放、结构不尽合理、资源消耗大、污染加剧等问题，因此要采取切实可行的措施，加快推进循环农业发展。

一　充分发挥政府在循环农业发展中的引导和推动作用

循环经济本质上是政府行为引导和规制的经济模式，政府作为循环农业的设计者、推动者和监督者，必须充分发挥引导、协调等职能。

一是规划引导。实现经济发展模式由传统线性模式向循环农业模式转变是一项综合性的系统工程，也是一项长期任务。要制定和完善科学的循环经济发展规划，科学确定循环经济的发展目标、战略重点、路径选择、保障措施等内容。二是加大政府投资。首先，财政政策。将节能、节水、节地、节材、资源综合利用等项目列为重点投资领域。设立循环农业发展专项基金；支持循环农业发展的示范项目和重大项目；开展循环农业的宣传、培训、教育和能力建设；开展循环农业信息网络体系建设；等等。其次，税收优惠政策。在国家政策允许的范围内，大力发展循环农业企业，尤其是资源的循环利用、综合治理项目，实行税前留利，并对地方税收部分实行适当减免或先征后返。

二 转变观念，科学规划

充分利用各种媒体开展多种形式的宣传教育及培训，扩大循环农业的影响力，加强农民对循环农业的认知，在其实际的农业生产中渗透循环农业发展理念，转变其生产观念。以发展循环农业为基础，通过改善人居环境、建设美丽农村等加强循环农业示范点的建设，以典型引路突出循环农业示范区的辐射作用，从宏观角度做出地区循环农业发展的总体思路及长期规划，积极探索适宜各地市自身特点的循环农业发展道路。

三 完善相关的政策法规

应加强完善循环农业发展的相关政策法规。制定绿色消费、资源循环再生利用、开发安全优质农产品等法律法规，明确政府部门、企业、农业生产者的职责及责任；制定财政、金融、投资、土地等方面的优惠政策，加大财政补贴力度，鼓励农民采用新技术等。

四 建立健全农业循环经济多元化投资机制

建立健全农业循环经济多元化投资机制，把农业综合开发、扶贫开发和林业、农田、水利、草地建设与生态农业建设结合起来；鼓励发展农村合作基金会、建立开发基金以及以农民自筹资金和引进外资等，大力发展采用环保工程的农业产业；引导有关单位和个人投资兴办农业生态重点工程和龙头企业项目，对重大项目可给予直接投资或资金补助、贷款贴息等。

五 加快推进循环农业技术创新

一是加大循环农业新产品、新技术和新模式的研究及开发力度，重点开发农业废弃物的资源化技术、清洁生产技术和乡村废弃物物业化管理技术等；探索农产品反复加工、深加工的模式与技术；加大对"白色农业"的研究开发力度，开发微生物资源；建立促进农业循环经济高新技术、增效技术转化为生产力的考核体系和激励机制，形成适合广西各地农业特点的循环农业技术和模式。二是强化循环农业技术培训和服务，积极组织开展循环农业技术交流、技术推广、技术服务、信息发布和宣传培训等活动，推进循环农业技术的交流与合作，引进和消化先进的循环农业技术。三是坚持循环利用，推进农业废弃物资源化。大力推行标准化规模养殖，因地制宜推广畜禽粪污综合利用技术模式，探索规模养殖粪污的第三方治理、PPP 模式等机制。加大秸秆深翻还田、炭化还田改土、以村为单位的成型燃料代煤等示范推广，启动一批秸秆全量化利用试点县建设。加快地膜标准修订，鼓励使用加厚地膜，开展农田残膜回收区域性示范，逐步健全回收加工网络。继续推进农村沼气工程，发展农村可再生能源。

六　加强循环农业示范和推广

一是积极推广循环农业试点。通过循环农业试点村、试点乡、试点县（区）建设和循环农业技术及其产业化示范工程建设，推广应用农业资源节约集约、清洁生产、生态种养、新能源开发利用、废弃物无害化处理与资源化利用等技术。大力推广节地、节水、节肥、节药、节种、节能技术，推进生态养殖，建设优质高效农产品生产基地、循环农业特色园区、生态观光农业园区等。二是加强乡镇、村级服务网络建设。完善循环农业信息网络，及时搜集、整理传递和发布循环农业技术及生产资料供求信息；依托各级农业科研和技术推广机构、合作组织、农民科技示范户等，鼓励农业科技人员通过技术承包、技术入股和转让成果等形式进行有偿服务；建设循环型农业工业园区，大力发展农业产业化龙头企业，发挥专业协会和中介服务机构的作用，推进农产品的清洁生产，开发无公害农产品、绿色食品和有机农产品等，促进广西循环农业的全面发展。三是加强循环农业技术推广体系的建设，做好新设施、新机械、新技术的示范与展示，使农民更好地接受新技术，通过提高技术水平突出循环农业的积极效应。

七　完善农业社会化服务体系

遵循"主体多元化、服务专业化、运行市场化"的原则，实现公益性服务与经营性服务的有机结合，促进专业性服务与综合性服务的协调发展，构建一个"一主多元"的新型、高效的循环农业社会化服务体系，大力发展家庭农场、农民专业合作社、农业龙头企业等新型农业经营主体，支持资质齐全的经营性服务组织从事农业公益服务，为农民提供标准化技术、融资担保等新型的循环农业支持服务。

第三节　广西发展会展农业的对策建议

一　健全引导机制，推动会展农业全面发展

会展农业作为一种新兴的产业，政府应当在会展农业发展中发挥主导作用，增强政府部门的服务功能，引导会展农业向正确的方向发展。政府部门、行业组织应对全区会展农业发展进行整体规划，根据区域优势和产品分布情况，打造主题明确、功能完善的会展农业园区，合理布局展览中心、交流中心、教育基地、加工厂房、配送中心等设施，为会展农业活动的举办提供场地支持，有效促进城乡联动发展。一是政府加强宏观调控。建设完善的会展农业园区，并规划长期农业展厅；制定相应的会展农业发展政策，促进会展农业实现产业化发展；选择有发展前景的会展农业项目，在资金、政策方面给予扶持，提升项目的综合实力；建立部门联动机制，沟通农业、城建、国土、商贸、市政、公安、旅游、教育、科研等多个部门，协调处理各部门职责，共同推进会展农业的发展。二是推行会展农业项目登记管理制度，对会展活动举办实行登记管理制，能有效把控活动开展的独特性和监测活动的开展效果，树立品牌思维，发展重点项目。三是成立会展农业相关的协会，制定会展农业项目举办的标准，并对会展项目开展行业监督与管理，扩大会展农业活动的规模和提高其影响力。

二　完善配套设施，为发展会展农业打好基础

完善的基础设施是会展农业活动开展的必要条件。一是会展场馆的修建，为大型会展农业活动提供举办场地。二是加强农业园区建设，提升园区接待能力。应运用现代化的理念进行重新规划，便于广大参与者的参

观、休闲，配套合适的产品展览与销售平台；对交通环境进行改造，搭建合理的区—镇—村三级公路体系；对餐饮住宿环境进行标准化建设，开展专门的技术指导，提高园区餐馆、酒店的服务质量，并根据全区要求，配套修建一些高档次酒店，提升园区接待能力。三是完善农业加工厂和科研基地建设，增加农业附加值。通过多种途径延长农产品销售时间，扩大农业效益。四是加强农业科研投入，组建专门的研究团队，加强科研成果的推广，扩大广西农业的影响和知名度。一方面为后续的重大会展农业项目引进做准备；另一方面更好地服务地方农业的发展，推动产业结构的调整。

三 提炼会展主题，打造农业会展品牌

一是依托优势农作物创办特色会展主题活动，打造广西知名农业会展项目。丰富展会的主题内容，改变原有单一的展览和销售模式，增加贸易、科研、比赛、体验等综合性会展项目，围绕农产品全产业链开展形式多样的活动，提升活动的影响力；提升参展商、观众、嘉宾的档次，邀请国内外在展会主题领域具有代表性的企业和嘉宾，以名企名人带动会展活动的升级。二是引进国内外知名的农业会展项目，带动会展农业发展。广西可根据现有条件，引进国内大型农业会议，学习先进的活动理念，带动经济、产业结构的调整。三是结合本地区的优势资源，依托优势资源策划一些大型的农业会议活动。

四 整合宣传资源，树立会展农业整体形象

为了更好地促进农业发展，提升农业经济在国民经济中的地位，应充分整合现有宣传资源，树立会展农业的整体形象，做强广西的农业特色。一是增强宣传主体实力，扩大农业节事的规模和影响力。春季"赏花"、夏秋季"采果"，不同的季节有不同的节事主题，合并现有产业资源，延长活动时间，保证宣传热度，扩大会展活动在周边城市及国内其他地区的知名度，更好地带动产业发展。二是整合宣传渠道，搭建立体化宣传系统。在宣传上应构建线上线下相统一、传统与现代相结合的宣传模式，搭

建全方位的立体宣传系统。采用电视广告、新闻发布会、推介会、平面广告、网络广告、路演活动、自媒体宣传等多种形式和渠道发布活动信息，扩大宣传的广度和力度，增强广西会展农业的美誉度。三是搭建会展农业网络平台，助推"互联网＋农业"模式快速发展。建立完善会展农业信息收集、传递、处理等环节的电子化和自动化。促使广西的会展农业项目与国内、国外的一流农事网站实现互联，让宣传与国际接轨，提升本土名牌在国际的影响力，吸引国内外知名企业参加活动。通过平台的建设，把实物展览、网上展览统一起来，增设网上交易模块，推进农业电子商务和O2O经营模式的发展，打造"互联网＋农业"的优质平台。经过统一的网络交易平台，引导龙头企业与基地农户对接，实现育种、种养、加工、营销、物流配送的联合发展，使产业链产生更大的增值收益。

五 提供资金支持，保障会展农业项目扩张

会展农业根植于当地的经济发展，立足于特色农业产业带动相关产业的发展，拉动特色农业的产业链，能产生强大的经济乘数效应。会展农业能吸引大量的优质资源，包括信息、技术、商品、人才等，通过相关活动，把产品、技术、生产、营销等方面进行优化配置，增强综合竞争力。政府提供资金支持，大力引进大型的农业会展项目，有助于当地经济的发展，城市的美化，增强广大民众的幸福指数。在资金的投入上，一方面从土地流转、贷款、税费、补贴、奖励等方面制定会展农业发展资金使用政策，对新型的会展农业项目发展给予一定的政策倾斜，培育特色会展农业项目，推动广西特色农业发展，把会展农业发展成为广西现代都市农业的支柱性产业；另一方面鼓励非公有制经济和民间资本进入会展农业行业，制定相关的制度，根据企业和个人投入资金的多少适当减免所得税或给予直接补贴。紧跟广西会展农业的发展现状，按照农业消费市场的梯级分成若干的等级，做好精准的市场定位，组织专门人员到相应的区域进行宣传推广，扩大客源规模，增强广西会展农业的影响力。

第四节　广西发展农业电子商务的对策建议

广西丰富的农业产品为发展农业电子商务提供了产品基础，而不发达的电子商务现状阻碍了农民的增产增收，严重影响了不少农民从事农业生产的积极性，发展农业电子商务成为当务之急。

一　选择适合广西的农业电子商务发展模式

电子商务的蓬勃发展，刺激了农业电子商务的产生与发展。目前，我国农业电子商务已出现多种发展模式，在经济相对比较落后的广西，选择一种适合本地农业电子商务发展的模式是重中之重。

广西特色农业生产的特点：一是种植分散、个体规模小，生产成本高；二是生产管理水平较低，经营粗放；三是农产品质量不高，产量不稳定；四是经营分散，没有形成统一品牌。广西农业电子商务可采用提高农村网购规模，降低农民消费成本的模式。

二　构建以企业主导的农业电子商务平台

（一）引进电商巨头，共建农村电商运营中心

政府可通过"电子商务进农村"引进电商巨头，积极与阿里巴巴、京东、苏宁等大型电商企业对接、合作，拓展农产品流通渠道，共建农村电商运营中心、村级服务站及淘宝村，建成"工业品下乡，农产品进城"的双向流通渠道。

（二）深化供销社改革，全力打造"网上供销社"

2017 年中央一号文件指出，要把供销合作社打造成全国性为"三农"提供综合服务的骨干力量。目前，广西已有多家企业和机构入驻中华全国供销总社建立的供销 e 家全国平台，比如灵山县供销社电子商务中心、桂特广西特产网、中农控股等。经过近几年的发展，广西已经出现了多家知名农产品电子商务平台，如广西食糖网、广西特产网、广西网上商城、广西电子商务网、广西购物网、住购帮等，但这些农产品电子商务平台普遍

存在用户审查不严格、页面简陋、功能不完善、产品种类不齐全、宣传力度不够等劣势。政府应引导电子商务企业对电子商务平台进行完善，并加强推广，以更好地为农产品电子商务服务。

三　加快基础设施建设，推动农产品电子商务支撑体系建设

目前，广西农村电商基础设施差，主要是存在"三无"问题：一无网络光纤线路，二无建立覆盖到乡（村）的三级物流配送体系，三无物流仓储和货物的交货点。针对以上问题，可以从以下三个方面加强基础设施建设。

第一，修建农业信息高速路，把农村无线通信网络、宽带网络等信息化设施纳入农村基础设施建设规划，实施由政府主导、企业参与、群众享用的"信息公路村村通工程"，建立起多层次、有特色、全覆盖的农村信息网络。

第二，加快农产品专列产销两地冷库、冷链批发市场等冷链设施建设，同时建好销地便利店等营销网络，协调铁路部门缩短运输时间、降低运输价格。

第三，建立农产品质量检查站。由农业、工商、质检等主管部门牵头建立农产品安全信用等级，借助移动视频监控、二维码、物联网等新技术，实现农产品的溯源管理和实时监控，实现生态农产品生产看得见、查得到、管得住。

四　树立品牌形象，推动农产品品质升级

广西农产品具有地域特色明显、种类繁多、质量优良等特点，但多数农产品并没有形成品牌化、标准化，知名度不高。为在产品竞争中树立自己的地位，广西农产品应加强品质及标准化管理，在产品包装及内在品质方面统一标准，申请注册品牌，使其成为具有地方特色的地理标志农业产品。同时，应通过电视广播、网络、户外广告、报刊媒介及展销会等多种方式加大产品宣传力度，使广西独特的农产品成为市场上家喻户晓的品牌。

五　加快建设农村物流网点，提升农村物流配送能力

农村物流配送能力差，特别是农村"最后一公里"配送困难的问题，依然是制约农业电子商务发展的一个主要因素。为了提升广西地区农村物流配送能力，自治区正努力构建覆盖全区电子商务网络体系，2015 年 6 月出台了《2015—2017 年全区农村电子商务工作实施方案》；同时与中华全国供销总社建立的供销 e 家全国平台合作，构建广西地区的供销社电子商务网络体系。

在广西全区范围内，计划 3 年内建 1 万个村级电子商务服务点、一批县级电子商务配送与服务中心，初步达到电商示范县（融安县、横县、灵山县等）实现快递到乡镇，物流配送到村屯的目标。

六　实施电子商务人才培养战略，推进农业电子商务发展

第一，将电子商务专业学生创业与专业教学和企业运营相结合，推进专业毕业生实际动手能力的培养。鼓励在校大学生积极参与企业运营项目，以"冠名创业"方式将企业电子商务运营项目嵌入学生创业实践，将创业活动教育贯穿于整个专业教学体系。

第二，加强校企合作，实现合作共赢。企业与学校签订人才培养协议，由企业和学校共同培养人才，实现"双师"课堂，即由企业一线工作人员和学校专任教师合作完成一门课程的教学；同时鼓励高校实施"引进来，走出去"的校企合作方式，引进企业人员参与学校的教学工作，让专业教师走出课堂参与企业实际工作，实现多方共赢。

第三，政府牵头并提供政策和资金支持，与广西各地方培训中心合作，实施农业电子商务人才业务能力提升项目。

参考文献

卞建军，2015，《欠发达县域经济转型升级的现实选择》，《唯实》第 5 期。

曹金臣，2013，《荷兰现代农业产业化经营及对中国的启示》，《世界农业》第 5 期。

陈丽娜，2015，《国外支持农村一二三产业融合发展的实例》，《农村工作通讯》第 18 期。

陈晓华，2015，《推进龙头企业转型升级，促进农村一二三产业融合发展》，《农村经营管理》第 12 期。

崔振东，2010，《日本农业的六次产业化及启示》，《农业经济》第 12 期。

崔振东，2010，《日本农业的六次产业化及启示》，《农业经济》第 12 期。

戴孝悌，2012，《产业空间链视域中的美国农业产业发展经验及启示》，《世界农业》第 2 期。

广西壮族自治区统计局，2010，《广西统计年鉴 2010》，中国统计出版社。

广西壮族自治区统计局，2011，《广西统计年鉴 2011》，中国统计出版社。

广西壮族自治区统计局，2012，《广西统计年鉴 2012》，中国统计出版社。

广西壮族自治区统计局，2013，《广西统计年鉴 2013》，中国统计出版社。

广西壮族自治区统计局，2014，《广西统计年鉴 2014》，中国统计出版社。

广西壮族自治区统计局，2015，《广西统计年鉴 2015》，中国统计出版社。

胡汉辉、邢华，2003，《产业融合理论以及对我国发展信息产业的启示》，《中国工业经济》第 2 期。

胡永佳，2008，《产业融合的思想源流：马克思与马歇尔》，《中共中央党校学报》第 2 期。

黄祖辉，2011，《论西部县域经济的产业发展能力——湄潭和蒲江绿色发展、农业兴县的实践与启示》，西部省区市社科联第四次协作会议暨西部发展能力建设论坛论文集。

加快广西服务业发展的若干政策研究课题组，2015，《加快广西服务业发展的若干政策研究》，《广西经济》第 9 期。

姜长云，2015，《推进农村一二三产业融合发展新题应有新解法》，《中国发展观察》第 2 期。

今村奈良臣，1996，《把第六次产业的创造作为 21 世纪农业花形产业》，《月刊地域制作》第 1 期。

孔祥智、周振，2015，《发展第六产业的现实意义及其政策选择》，《经济与管理评论》第 1 期。

李凤荣，2014，《日本农产品"地产地消"流通体系剖析》，《世界农业》第 7 期。

李吉华，2015，《特色产业集群对县域经济的影响》，硕士学位论文，山东师范大学。

李世新，2006，《产业融合：农业产业化的新路径》，《甘肃农业》第 2 期。

李小红、孔令孜、覃泽林等，2016，《新常态下广西农业转型升级研究》，《广西社会科学》第 7 期。

李远东，2009，《荷兰现代农业发展的经验与启示》，《安徽农学通报》第 5 期。

厉为民，2011，《都市农业是农业现代化不可或缺的部分》，《农村工作通讯》第 23 期。

厉无畏，2002，《产业融合与产业创新》，《上海管理科学》第 4 期。

梁伟军，2011，《产业融合视角下的中国农业与相关产业融合发展研究》，《科学经济社会》第 4 期。

梁伟军、王昕坤，2013，《农业产业融合 农业成长的摇篮》，《北京农业》第 32 期。

林江鹏、黄永明，2008，《金融产业集聚与区域经济发展——兼论金融中心建设》,《金融理论与实践》第 6 期。

刘红,2008,《金融集聚对区域经济的增长效应和辐射效应研究》,《上海金融》第 6 期。

刘丽伟,2011,《荷兰:创意农业发展迅速产业链条完整发达》,《经济日报》8 月 14 日。

卢东斌,2001,《产业融合:提升传统产业的有效途径》,《经济工作导刊》第 6 期。

马洪君,2014,《多举措解决城乡结构性难题》,《中国社会科学报》12 月 29 日,第 2 版。

马健,2002,《产业融合理论研究评述》,《经济学动态》第 5 期。

马健,2005,《产业融合识别的理论探讨》,《社会科学辑刊》第 3 期。

马晓河,2015,《推进农村一二三产业深度融合发展》,《农民日报》2 月 10 日。

聂子龙、李浩,2003,《产业融合中的企业战略思考》,《软科学》第 2 期。

《农村工作通讯》记者,2015,《融合层次简析》,《农村工作通讯》第 18 期。

欧阳韬,2016,《如何利用"互联网 +"加速农业经济发展》,《农业科技与信息》第 16 期。

潘海岚,2011,《服务业发展水平的评价指标的构建》,《统计与决策》第 7 期。

庞丽萍、廖明霞、梁源、陈家芹,2015,《当前广西服务业面临的差距及对策》,《市场论坛》第 6 期。

师艳玲,2016,《广西关于推进农村一二三产业融合发展的思考》,《市场论坛》第 5 期。

施少扬,2016,《广西壮族自治区钦州市观光休闲农业发展研究》,硕士学位论文,华中师范大学。

孙中叶,2005,《农业产业化的路径转换:产业融合与产业集聚》,《经济经纬》第 4 期。

陶增胜,2012,《广西休闲农业开发研究》,硕士学位论文,广西大学。

滕明兰,2012,《广西农业现代化测评与路径探析》,《南方农业学报》第 10 期。

万千欢、千庆兰、陈颖彪，2014，《广州市生产性服务业影响因素研究》，《经济地理》第 1 期。

王春林，2015，《广西农村文化产业发展前景分析》，《广西经济管理干部学院学报》第 3 期。

王昊，2006，《日本"一村一品运动"的精髓与启示》，《北京行政学院学报》第 2 期。

王坚，2008，《中国服务业低度均衡状态及对策》，《商业文化》（学术版）第 1 期。

王晓芳，2008，《东北地区县域经济发展的地域类型与演进机理研究》，博士学位论文，东北师范大学。

王志刚、江笛，2011，《日本"第六产业"发展战略及其对中国的启示》，《世界农业》第 3 期。

魏后凯，2006，《现代区域经济学》，经济管理出版社。

亚瑟·梅丹，2000，《金融服务营销学》，王松奇译，中国金融出版社。

杨剑英、李燕君，2011，《承接制造业转移的欠发达地区现代服务业发展影响因素探讨——以江苏淮安为例》，《企业经济》第 9 期。

张鼎良，2012，《我国欠发达省发展县域经济的主要措施探析》，《边疆经济与文化》第 4 期。

张露、刘俊杰，2011，《刘易斯转折点的到来与广西农业发展方式创新》，《广西财经学院学报》第 4 期。

张媛，2012，《广西县域农业循环经济发展水平评价研究》，硕士学位论文，广西师范学院。

赵海，2015，《论农村一二三产业融合发展》，《农村经营管理》第 7 期。

郑风田、崔海兴、程郁，2015，《产业融合需突破传统方式》，《农业工程技术》第 9 期。

植草益，2001，《信息通讯业的产业融合》，《中国工业经济》第 2 期。

周仁标，2011，《市领导县体制的战略意涵、历史嬗变及重构理路》，《社会主义研究》第 2 期。

周振华，2002，《信息化进程中的产业融合研究》，《经济学动态》第 6 期。

朱进华、王进、杨建等，2016，《抢抓"互联网 + "行动机遇大力发展农产品电子商务》，《江苏农村经济》第 9 期。

Anthony G. O. Yeh, Fiona F. Yang, Jiejing Wang. 2015. "Producer Service Linkages and City Connectivity in the Mega-city Region of China: A Case Study of the Pearl River Delta." *Urban Studies* 52（13）: 66 – 79.

D. B. Yoffie. "Introduction: CHESS and Competing in the Age of Digital Convergence." In *Competing in the Age of Digital Convergence*, edited by D. B. Yoffie, pp. 1 – 35. Boston.

D. Sahal. 1985. "Technological Guideposts and Innovation Avenues." *Research Policy* 14（2）: 0 – 82.

E. Gerum, I. Sjurts, N. Stieglitz. 2003. *Der Mobilfunkmarkt im Umbruch*. Deutscher Universitätsverlag.

European Commission. 1997. "Green Paper on the Convergence of the Telecommunications, Media and Information Technology Sectors, and the Implications for Regulation." http://www. ispo. cec. Be.

Sanat Sarangi, Jayalakshmi Umadikar, SubratKar. 2016. "Automation of Agriculture Support Systems Using Wisekar: A Case Study of a Crop Diseasead Visor Service." *Computer Sand Electronics in Agriculture* 122: 86 – 102.

S. Greenstein & T. Khanna. 1997. "What does industry convergence mean?" In *Competing in the Age of Digital Convergence*, edited by D. B. Yoffie, pp. 201 – 226. Boston.

Shih-MingHsu, Pei-HungHsieh, Soe-TsyrYuan. 2013. "Rolesof 'Small and Medium Size Denterprises' in Service Industry Innovation: A Case Study on Leisure Agriculture Service in Tourism Regional Innovation." *The Service Industries Journal* 33（11）: 121 – 138.

图书在版编目（CIP）数据

广西新产业新业态培育与发展研究/柯丽菲著. --
北京：社会科学文献出版社，2019.10
ISBN 978 - 7 - 5201 - 5593 - 9

Ⅰ.①广… Ⅱ.①柯… Ⅲ.①服务业 - 经济发展 - 研
究 - 广西 ②农业发展 - 研究 - 广西 Ⅳ.①F726.9
②F327.67

中国版本图书馆 CIP 数据核字（2019）第 210623 号

广西新产业新业态培育与发展研究

著　　者／柯丽菲

出 版 人／谢寿光
组稿编辑／恽　薇
责任编辑／冯咏梅
文稿编辑／孙智敏

出　　版／社会科学文献出版社·经济与管理分社（010）59367226
　　　　　地址：北京市北三环中路甲 29 号院华龙大厦　邮编：100029
　　　　　网址：www.ssap.com.cn
发　　行／市场营销中心（010）59367081　59367083
印　　装／三河市龙林印务有限公司

规　　格／开 本：787mm × 1092mm　1/16
　　　　　印 张：16.75　字 数：253 千字
版　　次／2019 年 10 月第 1 版　2019 年 10 月第 1 次印刷
书　　号／ISBN 978 - 7 - 5201 - 5593 - 9
定　　价／128.00 元